蘭醫生媽的老台灣故事

| 風土、民情、初代信徒 |

連瑪玉 *Marjorie Landsborough* 原著

鄭慧姃 漢譯　阮宗興 校註

感 念

台灣經典寶庫 8

《蘭醫生媽的老台灣故事》

本書由

彰化基督教醫院

認養贊助出版

蘭大衛家庭照(左起:蘭大弼、蘭大衛、連瑪玉、蘭仁愛,攝於1921年,彰基提供)

目　次

Book 1
《美麗島之旅》
In Beautiful Formosa (1922)

Book 2
《福爾摩沙的故事》
Stories From Formosa (1924)

Book 3
《福爾摩沙的故事・續集》
More Stories From Formosa (1932)

| 出版緣起 |

那些人·那些事──道地的台灣故事！

鄭仰恩
台灣神學院教會歷史學教授
台灣基督長老教會·教會歷史委員會前任主委

從台灣的醫療宣教談起

　　眾所周知的，台灣的醫療宣教工作是由長老教會開始的，它也成為長老教會最初的主要宣教模式。一百五十年前首位來台的宣教師是英國長老教會的馬雅各醫師(James Laidlaw Maxwell, 1836-1921)，自 1865 年 6 月起在台南府城工作。他醫術高明，在漢人和平埔族人中工作，救人無數。1866 年 6 月他在旗後建造了一間可容 8 名病患的醫館，可以說是台灣第一所西式醫院的誕生。馬雅各深深體認到，基督教文明除了宣揚福音之外，更可以醫治身體病痛，促進人類社會的福祉。

　　回顧十九世紀中葉，隨著西方醫學及醫療技術的快速進展，象徵著一個近代科學時代世界觀的浮現。當時，西方醫療宣教師帶著進步、開明的世界觀和文化觀來到亞洲，不久也進入台灣。或許，當時的他們仍帶著「家長式」(paternalistic)的優越感和作風，對非西方的社會及文化也存有相當程度的偏見，然而，打從一開始，醫療宣教師們也確認他們的首要工作是解除病人的肉體病痛，特別是幫助社會裡貧苦無助的弱勢者。也就是說，雖然醫療工作不可避免地

會帶有宣教的動機，但宣教師對病患的醫療服務卻是出自眞誠的人
道關懷。

在台灣醫療宣教史上最能夠表現出這種高度人道關懷的典範故
事，應該就是蘭大衛醫師(David Landsborough, 1870-1957)及其夫人連
瑪玉姑娘(Marjorie Learner)的「切膚之愛」了。1928 年，在蘭醫生
娘的主動提議下，老蘭醫生將其夫人的右大腿皮膚移植在病童周金
耀右腿的創口部位上，以具體行動來表達愛心，讓人深深感懷。老
少蘭醫生兩代夫婦總共服務台灣人超過一百年，竭盡心力，別無所
求，可以說充分展現出令人敬佩的愛心與耐心。

就關懷社會及改造社會風俗的角度來看，醫療宣教師對現代醫
學的引介也是一種怯除迷信、克服無知、禁絕惡習的過程。舉例來
說，當日本政府在統治初期全力防治傳染病、建立新醫院、禁絕鴉
片時，教會可以說是和日本統治當局形成一種既競爭又合作的微妙
關係。此外，早期台灣人都是向來自西方的醫療宣教師學習現代醫
學，特別是在北部偕醫館、中部蘭醫館、南部台南醫館這三個地方
接受學徒醫師和護理人員的訓練。一直到 1930 年代爲止，這樣的
「學徒制」才漸漸被正式的日本醫學校所取代。當然，這種「牽師
仔」的做法難免有所缺失，也容易淪爲本地人尋求「生財致富之
道」或追求社會地位提昇的門路，但當時的宣教師卻也都特別注重
門生的人格、道德，以及學識能力，因此這種訓練也成爲台灣現代
醫學教育的啓蒙和濫觴。不管是受到外籍醫療宣教師的栽培，或是
因就讀教會學校而得以開啓心智、研讀醫學，這些基督徒醫護人員
必然長期受到宣教師的人格感召和薰陶，因此在醫療服務的精神上

也相當能反映後者的奉獻和犧牲的心志，以及認同台灣、關愛人民的服務心志。

從蘇格蘭到台灣的文學寫手

此次由前衛出版的《蘭醫生媽的老台灣故事》內容包括三部分：《美麗島之旅》、《福爾摩沙的故事》、《福爾摩沙的故事續集》，原本是由「老蘭醫生娘」連瑪玉女士爲英國年輕讀者所寫的三本台灣故事集，都是道道地地的台灣在地故事，詳細內容可以請讀者自行閱讀或參照王昭文老師所寫的導讀。

原來，老蘭醫生娘不只是一位充滿愛心和人道精神的醫療工作者，還是一位業餘的青少年文學作家。值得注意的是，像她這樣以「外地人」的觀點將台灣人的在地故事撰寫出來並介紹給西方讀者的作家，還有他們夫婦一生最好的同工和朋友梅監務牧師(Campbell N. Moody, 1865-1940)。梅監務所撰寫的《國王的客人》(The King's Guests, 1932)以及《山上的茅屋：一個福爾摩沙的故事》(Mountain Hut: A Tale of Formosa, 1938)也都是以在地的台灣故事寫成。

檢視這三位老朋友，老蘭醫生是愛丁堡人，梅監務則是格拉斯哥人，連瑪玉雖生於英國諾福克郡，卻曾在愛丁堡的女宣教師學院就讀兩年，三人都深受蘇格蘭文化傳統的影響。可以確定的是，由於受到十八世紀蘇格蘭啓蒙運動(Scottish Enlightenment)及福音奮興運動(Evangelical Revivals)的雙重影響，早期來台的英國長老教會宣教師都展現出一種帶有「啓蒙宣教」(enlightened mission)特質的工作模式，讓宗教精神與價值跟當代的法律、哲學、文學、自然科學進

行跨學科的對話與整合，並共同見證普世眞理。其中，最具代表性的是甘爲霖(William Campbell, 1841-1921)、馬偕(George Leslie Mackay, 1840-1901)和巴克禮(Thomas Barclay, 1849-1935)將「宗教與科學」交織整合的教育典範，而老蘭醫師娘和梅監務則是將「宗教與文學」做美好結合的寫手。

　　幾年前，當台灣基督長老教會在規劃宣教一百五十週年各項慶典的歷史時刻，教會歷史委員會也開始籌劃一些翻譯和出版的工作，本書的出版就是這歷史系列的一部份。在此特別感謝鄭慧姃女士的翻譯、阮宗興長老的校注、王昭文老師的導讀，黃哲彥牧師的幕後協助，更感謝彰化基督教醫院的贊助，以及郭守仁院長和前衛出版社林文欽社長的鼎力支持，讓本書得以順利出版。

　　在此誠摯地將本書推薦給台灣的讀者──不只是年輕人，更是每一位關愛這塊土地上的人、事、物的台灣人！

| 推薦序 |

一本值得閱讀與典藏的好書

郭守仁
彰化基督教醫院院長

　　近一世紀前，連瑪玉女士來台從事宣教的工作，當時台灣仍以福爾摩沙稱著。她把親身在這塊美麗島嶼所見所聞，從工作、風景、人物、文化，到食、衣、住、行、地理等方面，鉅細靡遺地描繪出當時的景緻，細心地刻畫與敘述她的見聞，令讀者有如聽故事般的被吸引著，感覺有種欲罷不能的吸引力。

　　文中對當時台灣的生活環境、生活習俗、習慣、日常用品、原住民村莊、大自然的原始風貌等，描述得非常細膩，原來一百多年前的台灣是這樣的。住在這土地上的台灣人，不一定會注意到這些細節或是給予清楚的描述，但是從一位外國宣教師筆下栩栩如生的紀錄，卻能把讀者帶到她所經歷的世界，令人有如身歷其境般的感覺。

　　當時連瑪玉女士寫下這些見聞，是要給遠在英國家鄉的青年男女，一、了解不認識上帝的漢人之宗教、習俗與迷信；二、在這背景下成為基督徒的困難；三、成為基督信徒後的轉變；四、激發讀者的愛心，進而群起效尤。裡面提到許多文化的元素，有家庭方面 (結婚儀式、男尊女卑、階級地位、名字由來、貧富差異等)、衣著方面、

住宅方面等，遠遠與西方社會明顯的不同。這些我們習以為常的
事情，對一位來自不同文化背景的外籍宣教師而言，卻是深刻的體
驗。例如，為何當時漢人平民有許多怪異的名字(如阿狗、歪嘴、塌
鼻、阿嫌、阿雞等)。文中佐以珍貴的照片，除了說明故事的真實性
外，更加深了讀者的印象，尤其是從未接觸到東方文化背景的讀
者。

　　令我最感動的是，連瑪玉女士與蘭大衛醫生結婚後，她時常在
醫館服務求診的患者。其中連瑪玉女士自願捐出自己皮膚移植給周
金耀，也是台灣首例皮膚移植。這則「切膚之愛」的故事，卻在紀
錄主角「金耀」一文中隻字未提，僅以「……取自一位健康強壯者
肢體上的皮膚」帶過。這種為善不欲人知的美德與效仿基督無私奉
獻、謙卑愛人的精神，實在令人敬佩。

　　如果說台灣的醫療史源自於外籍宣教師的醫療宣教史，那麼有
關百年前台灣的風土人情、初代信徒的縮影，則可以從本書窺得端
倪。本書分成三部，《美麗島之旅》、《福爾摩沙的故事》、《福
爾摩沙的故事‧續集》，誠摯地推薦給您，這是一本值得閱讀與典
藏的好書。

| 導讀 |

蘭醫生媽講台灣故事

王昭文
歷史學博士
台南神學院兼任助理教授

《美麗島之旅》(*In Beautiful Formosa*)、《福爾摩沙的故事》(*Stories From Formosa*)及《福爾摩沙的故事・續集》(*More Stories From Formosa*)是 20 世紀初來台灣工作的英國宣教師連瑪玉(*Marjorie Landsborough*)爲她母國的青少年而寫的故事書。內容由一篇篇短篇故事組成。描寫她自己身邊熟識的台灣人,以及她所知道的台灣風俗民情、生活文化,大部分的故事也著重在主角怎樣成爲基督徒的過程。三本書分別於 1922、1924 及 1932 年在英國倫敦出版。

連瑪玉,即教會中所熟知的「蘭醫生媽」或「老蘭醫生娘」。身爲中部最受敬重的宣教師蘭大衛醫生的太太,除了相夫教子、協助醫院和教會的工作之外,活力十足的連瑪玉,也是來台宣教師中相當勤於寫作的一位。除上述三本書之外,退休回英國之後,則寫了丈夫的小傳《蘭醫生》(*Dr. Lan*, 1957 年出版)。

《美麗島之旅》、《福爾摩沙的故事》及《福爾摩沙的故事・續集》最初寫作的目的,是爲了向英國教會的主日學學生介紹台灣的宣教工作,激勵教會繼續關心海外宣教,鼓勵年輕人投入宣教師行列,可以說是主日學的課外讀物。另外,由於描寫的是英國人眼

中遙遠地方的生活，也可被歸類於旅行文學。

宣教師最早針對英國兒童介紹台灣宣教的著作，可能是巴克禮牧師娘的遺著：《台灣遙寄——給男孩和女孩的書信》(*Letters from far Formosa to Boys and Girls*, 1910 年出版)。再來就是連瑪玉的三本著作。

連瑪玉生平

連瑪玉，本名Marjorie Learner，1884 年 4 月 15 日出生於英國諾福克郡，一個虔誠的基督教家庭，有七位兄弟姊妹。她和二姊同時決心獻身為宣教師，可惜二姊雖成為護士，卻必須留在家中照顧雙親，只有她走上海外宣教之路。她的一位兄弟Frank也成為宣教師，受派到青海向藏人傳教。

1907 年她入愛丁堡女宣教師學院就讀，畢業後於 1909 年 10 月派往台灣。到台灣學習兩年台語，之後任職於台南女學，執教英文、音樂。愛運動，個性幽默，很受學生歡迎。週末也在阿猴(屏東)地區巡迴傳道。

1911 年在宣教師會議上認識在彰化工作的蘭大衛醫生(David Landsborough III)。經過幾次通信，蘭大衛向她求婚。1912 年 11 月 22 日和蘭大衛在淡水英國領事館舉行婚禮，當時新娘 28 歲，新郎 42 歲。婚後連瑪玉就專心做「先生娘」照顧丈夫，並關懷醫院中的病人、向病人傳福音。她在彰化教會中教主日學、帶聖歌隊、司琴，也常和教會信徒一起探訪出院患者，並到鄉村旅行佈道。

1914 年 12 月 16 日蘭大弼(David Landsborough IV)出生，即以後

蘭大衛與連瑪玉婚禮照(1912.11.12攝於淡水英國領事館，彰基提供)

的小蘭醫生。1916 年全家返英休假，因爲歐戰而無法回台灣，至
1919 年 2 月才回來。住在英國時，蘭仁愛(Jean Landsborough IV)於
1918 年出生。歐戰結束後再度回到台灣工作，蘭大衛醫生的聲譽
日隆。1923 年日本皇太子到台灣巡視，特別褒獎蘭大衛。而蘭醫
生在百忙中仍力求進步，利用返國假期再去進修，1925 年獲得醫
學博士學位。

　　1925 年，年僅十一歲的蘭大弼遠赴中國山東的芝罘(Chefoo, 即
煙台)，進入中國內地會所辦的中學。兩年後，蘭仁愛也前往就學。
夏天，蘭醫生夫婦就去山東渡假，和孩子們在一起；聖誕節假期，
兩個孩子則回台灣到父母身邊。孩子就學後，連瑪玉開始花更多的

時間在醫院病人身上。她教病人編織,以打發養病時的無聊;教病人唱聖詩、學白話字,向他們傳福音;為窮苦的病人尋找資助。

1930 年蘭醫生六十歲生日,地方舉行祝賀大會;1935 年 1 月台中中會舉行蘭醫生來台四十週年祝賀大會。蘭醫生娘與有榮焉。

有關連瑪玉最為人所熟知的事蹟,就是 1928 年「切膚之愛」事件。少年周金耀求診時腿部嚴重潰爛,蘭醫師決定採用當時還沒聽說過的植皮手術,而第一次手術所用的皮膚,是從蘭醫生娘身上割取的。這次手術並未成功,第二次用周金耀自己身上的皮膚,才成功。但是蘭醫生娘的愛心卻成為最好的見證,感動許許多多的人。連瑪玉在《福爾摩沙的故事‧續集》中寫到周金耀的故事,並未直接提及自己就是奉獻皮膚的人。

連瑪玉還有一件對台灣教會貢獻良多的事。她來台灣的時候,家鄉的教會送她一台風琴,為她的音樂教學工作帶來不少幫助。她非常愛好音樂,即使離開學校的教學工作,仍在彰化培養不少司琴者,藉帶領聖歌隊做音樂教育。她曾擔任台灣教會的聖詩編輯委員,是聖詩的譯介者之一,對台灣教會音樂的發展有不小的貢獻。1936 年 3 月蘭醫生夫婦退休離台,返回英國,居住於倫敦的紅丘鎮(Red Hill)。1957 年 12 月蘭大衛醫生去世。1984 年連瑪玉慶祝百歲生日過後,同年 8 月 29 日去世。

連瑪玉的作品

連瑪玉的寫作生涯可能始於 1919 年,歐戰結束再度回台灣之後。此時她一邊照顧先生和小孩,一邊在假期為英國的主日學學生

寫作。首先誕生的作品是 1922 年出版的《美麗島之旅》。該書以簡明活潑的文字帶領英國孩子遊覽台灣，這趟旅程用到很多有趣的交通工具，如轎子、人力車、台車等等，還帶著他們上到台灣最美的風景區：阿里山和日月潭。這本書是她在大屯山上寫的。蘭醫生一家夏天常在大屯山渡假，他們在此蓋了一幢石造的渡假小屋。1970 年代成文出版社曾經重印這本《美麗島之旅》，本次則首次翻譯成中文呈現。

　　接下來，她寫了《福爾摩沙的故事》，由六個動人的故事組成。「阿春兄」(Brother Spring)，描寫一位愛拉胡琴的農人，為了改造壞脾氣而到禮拜堂聽道理，後來成為熱心的傳道人，在彰化醫館有很好的服事。「德壽」(Long-life)，一個農村少年因為到教會學白話字而入信，卻因不願拜父親的神主，被母親趕出家門。後來他成為蘭醫生家的廚子，也引導家人信主。「清水」(Clear Water)，描寫清水某大戶人家的內眷在張有義傳道夫婦帶領下信主的經過，富太太和她們的女僕一起學習白話字，學會互相體諒，透過二太太的帶領，本來應該互相忌妒不合的三位太太都成為基督徒，生命有很大的變化。「阿嫌」(Not-wanted)是蘭家的保母，這篇故事描寫她如何經歷喪子之痛、從信仰中得著力量，以及她如何為自己兒子娶親的故事。「阿雞」(Chicken)，或稱阿喜嫂，是一位有著坎坷身世的寡婦，透過教會醫治了腳傷、戒除了鴉片煙癮，努力求道，最後成為一個巡迴各地傳道的「宣道婦」。「吳鳳」(Gaw Hong)，寫的是連瑪玉當時聽來的吳鳳捨身取義事蹟。她將自己在異邦人中傳教的經驗，投射到吳鳳身上，把吳鳳描寫得像深入蠻荒的西方傳教士，為

蘭大衛家庭照(左起:蘭大衛、蘭仁愛、蘭大弼、連瑪玉,攝於1924年,彰基提供)

感化蠻族而犧牲自己的性命。

　　《福爾摩沙的故事‧續集》的內容較為龐雜。大致上可分為兩大類：生活集錦和人物故事。生活集錦方面，包括：介紹台灣歷史地理常識的「史地雜談」、以台灣生活中用途最廣的「竹子」為主角的故事、描寫傳統婚俗的「漢人新娘」、紀錄在日常生活中讓人困擾的蟲類和小動物的「螞蟻的故事」、摘錄台灣特殊講道篇的「拾穗集」、描寫日治時代台灣在警察監督下進行的全民清潔運動「大掃除」。人物故事方面，包括：「阿和」(Harmony)，主角王寬和原本是個混江湖的流氓囡仔，上禮拜堂聽道理之後大為改變，努力成為一個洗心革面的基督徒，後來還曾擔任囑託傳道。這是個典型浪子回頭的故事，相當動人。「文章」(Bright)，描寫的是一位出身基督教家庭卻不幸失去聽覺的孩子，在連瑪玉的協助下得以到台南盲聾學校受教育，後來在彰化開店製鞋。「打毛線」(Knitting)，以彰化醫館的小病人「阿憫」和「小弟」為主角。連瑪玉教導住院病人打毛線，用以打發時間、保持愉快的精神，又讓兩位小朋友彼此良性競爭，互相鼓勵。「金耀」(Gold)，這篇寫的就是著名的「切膚之愛」故事。但是連瑪玉對捐膚做手術一事輕輕帶過，強調的是金耀如何在病癒後接受信仰，並且以十幾歲的年紀就勇敢在大眾面前做見證，後來還獻身成為傳道人。她為此深深感到欣慰。「鴻謨」(Hong-Baw)，描寫許鴻謨牧師信主的過程中，如何在重重困難中逐步克服家人的反對。這篇故事中兩代的拉鋸戰雖然激烈，卻也呈現出父子間濃厚感情。

　　蘭醫生媽退休回國後，寫了蘭醫生的簡明傳記：《蘭醫生》，

Book**1**

蘭大衛夫婦晚年的生活照(約攝於1950年代，彰基提供)

於 1957 年出版。她在這本書的獻辭中說：「本書是應我子女的要求，把他們的父親在美麗島的生活做個紀錄。」在序言中則指出：「除了描述外子蘭大衛醫生的生平之外，我也嘗試記載中台灣的宣教開拓工作。」這本書是了解日治時期長老教會中部宣教工作的重要史料。

　　97 歲時，應兒子蘭大弼醫師與媳婦高仁愛醫師之請，她寫下《童年與青少年時期的回憶錄》(*Memories of My Childhood and Youth 1884-1909 For my big family Marjorie Landsborough*)。後來又寫了這本小冊的《補遺》。中譯文收錄於 1985 年出版的《蘭醫生媽紀念專輯》(蘭大衛紀念教會發行)中。

三本故事集在今日的意義

　　今日重新出版這三本蘭醫生媽的老台灣故事，非常有意思。

　　首先，這三本書呈現了日本統治中期的台灣基督教會實況。生活化的描寫，讓我們能夠更親切地看見早期信徒、宣教師的言行，了解當時一般信徒生活的面貌，以及以數字計算的宣教成果之外「質」的一面。

　　其次，她所描寫的主角大部分並非教會領導階層，讓我們可以從中得到「基層觀點」和「平信徒觀點」。

　　第三，作者是女性宣教師，好幾篇故事的主角也是女性，透過故事內容及作者的描述方式，我們可以聽到教會歷史中素來被忽略的女性聲音。而幾位女信徒的生命史，更是殊為難得的史料，讓我們得以了解台灣女性在重重限制中和基督教對遇的情境，以及信仰

Book 1

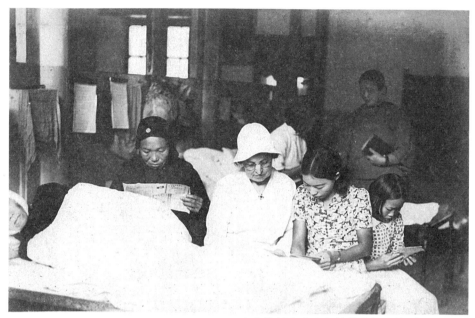

女宣教師在病房內教讀聖經的情景(彰基提供)

帶給她們生命的改變。

　　第四，這三本書也讓我們更了解「宣教師的眼光」。做為一個英國人，連瑪玉對台灣的文化和風土有她身為「他者」的觀察，也依其本身的價值觀加以評價。這些觀看台灣文化的方式，事實上影響台灣人基督徒甚多，是台灣教會史研究上必須去了解的重要課題。

　　第五，這是中部宣教史和醫療史相當重要的資料。連瑪玉最主要的活動區域在彰化附近，還有清水、和美等地，成為故事發展的重要舞台。彰化醫館在書中也扮演重要角色。宣教師梅監務、蘭大衛的工作，是許多故事中的重要素材。

　　第六，這些信徒的故事，也可以成爲宣教學探討的個案。而透過這些個案，我們也得以了解第一代信徒所遭遇的問題及其克服之道。

　　第七，除了教會史料的意義之外，這三本書對其他的研究領域也提供了難得的素材。女性史、醫療史自不待言，豐富的場景描寫，讓我們對日治時代的台灣人社會有更多了解，是常民生活史的重要材料，豐富了台灣民俗學。

　　第八，另一值得注意的地方，是作者對日本政府統治台灣的正

1907年彰化醫館正式完工，這棟兩層樓的院舍
病房為當時彰化地區最現代化的建築(彰基提供)

面肯定，以及對日本官方宣傳的接納度。她在介紹台灣史地時，相
當稱讚日本統治後所帶來的現代化建設。又特別寫了一篇「吳鳳」
來呼應日本政府所塑造的仁義英雄。可見在 1940 年代日本和英美
正式敵對之前，在台灣的西方宣教師們似乎對日本殖民政府相當有
好感。或許因爲英國當時也擁有許多殖民地，英國人並不認爲殖民
統治是值得批判的事，而日本的統治在他們眼中的確帶來台灣的現
代化。

　　最後，這是重要的教會史料，也是歷久彌新的見證故事。書中
人物的信仰歷程，至今讀來仍然新鮮有力。

　　遺憾的是，這些故事的人物，我們有些實在找不到她(他)的生
平資料，連眞實姓名都不得而知。由於連瑪玉在人名、地名的語言
轉換上充滿創意，讓我們頗難找出故事內所提到的人名究竟漢字如
何寫？究竟是誰？有些小地方的地名也很難準確掌握。

　　連瑪玉提到人名和地名時多半採用意譯，地名方面如Clear-
Water(清水)、Gourd-Hill(葫蘆墩)，人名方面如Joyful Spring(楊福
春)、Righteousness(張有義)；但是有時候又用音譯，如Gaw Hong(吳
鳳)、Hong-Baw(鴻謨)。比較大的地名容易猜，人名方面如果可以在
其他文獻中看到相關的記事和人名，也可以對號入座。不過她寫到
的人物有很多並非教會名人，要找到眞正的名字相當不易。我們儘
可能找出這些人的正式名字，沒有辦法從其他文獻對照出來的，就
暫時再「意譯」成漢文。

Book 1

In Beautiful Formosa (1922)

《美麗島之旅》

前　言

這封信的作者是在福爾摩沙工作的英格蘭長老會宣教師，文中也提到同一差會的其他工作者。「福爾摩沙」意即「美麗」，這些信件來自東方大海的美麗島嶼，可以藉此教導英格蘭的男女孩們，讓他們瞭解來自各個教會的基督僕人，如何在遙遠的地方協助將上帝的名廣傳給當地人認識。

作者要向好意出借相片的同事、朋友們致謝，本書經他們同意刊載了其中一些做為插圖。也要特別感謝 J. M. E. Ross 牧師的校閱及各方面的協助。

拜訪鄉下教會

有誰想去鄉下走走啊？有一個村莊名叫下半天(Halfway-to-Heaven House, 即今嘉義縣鹿草鄉下半天)，我要去拜訪那兒的小教堂，想去的話可以跟我來喔。

首先我們得收拾行李。

你會說：「那不會花很多時間，只是去看看鄉間的人們，在一個村子裡你不需要帶太多東西的。」

你等著看就好，是我在收拾行李，你一定要安靜坐著，否則我恐怕會把重要的東西給忘了。

首先要請陪我一塊兒去的童僕拿出籃子，放在大太陽下曬。然後我去房裡拿出要當床墊用的棉被，還有毯子、蚊帳、枕頭、床單、浴巾、搪瓷洗臉盆、肥皂、衣服。然後下樓到儲藏室去，看要在食物籃裡裝些什麼。我拿了一些糖、西穀米、玉米粉、茶葉、可可、幾罐不甜的牛奶、一兩罐奶油、果醬、一些魚罐頭與鹹牛肉罐頭。或許還要帶四分之一磅的罐裝乳酪和一小包無籽葡萄乾，拿來當點心。我需要在村子裡買的只有米、蛋、雞和甘藷。

然後請廚子幫我烤麵包和蛋糕，他在烘焙時，我一面拿出了搪瓷盤、一個杯子和淺碟子、湯匙、叉子、刀子。然後叫男孩從廚房拿個水壺和平底鍋來，我還找到一小盞燈和一些火柴。最後，我上

樓去書房拿文具、幾本中文書和一些單張圖片。我也拿了一捆舊的
聖誕卡，也許還要拿點你們這些英國孩子從家鄉送來的洋娃娃、珠
子或毛線織的護腕。

就是這些啦！希望我沒忘了什麼。

隔天早上，我和童僕出發了，首先要搭三個小時的火車。抵達
水堀頭(Poolhead, 即今嘉義水上)站下車時，看到我們的行李在月台上
一路顛簸運送著，真希望當初在玻璃燈罩旁多塞點稻草。

前面走來一個面帶微笑的鄉下人，我們互道「平安」，這是基
督徒通常彼此問候的用語；他說自己是來幫我運送行李，並且帶我
們前往六、七英里外的教堂。他帶來一根扁擔，將我那些沉重的籃
子綁在扁擔兩端。

不巧的是，我們有三包行李，第三捆是比較輕的寢具，所以我
的童僕說他可以自己扛。可是他不能只扛一包，就去撿些沉重的大
石塊，要和那些寢具等重，才能分別掛在扁擔兩端，平衡地挑在肩
上。

我們就這樣上路了。我們走的是田間小徑，美麗、新鮮、看起
來很健壯的稻子隨風搖曳。雖然是還有點寒意的三月天，太陽卻已
開始射出暖意，很高興我是戴著太陽眼鏡，手上撐了陽傘，還戴著
遮陽帽呢！

我們一路跋涉，途中我想知道這位親切的朋友的身分，他自謙
地說，自己忝為那間小教堂的執事。接著告訴我那一小群基督徒的
情形，他們只有十二戶左右的人家在敬拜上帝，禮拜日沒有傳道人
協助講道。

他說：「每年我們都請求派個傳道人來，卻年年都說騰不出人選可派，所以我們只好靠自己盡可能維持運作。至於外來的援助，偶而才有住在最靠近我們的傳道人來探訪，以及一年一度在週末來訪的外國牧師。我們甚至從未有個『姑娘』(Koniu, 早期台灣教會對未婚的女宣教師的尊稱)派駐教會，雖然我們從『教會報』❶上知道你們的名字，但在此之前，卻從未見過你們任何一位呢！」

我們繼續走了一陣子後，他又說：「我希望你能來住久一點，因為我們需要指導。」

我回答：「希望這趟能住一個月。」

他說：「太好了！」

我們一面說，一面路經其他村莊，各個村子都有高大的竹林環繞，因為聽說有外國人要來，所以村子入口處都跑出一大群小孩，來看長相奇怪的外國婦女路過。

這時走在前頭的執事卸下重擔，說要歇會兒。說的也是，你看他脫下外衣，涔涔汗水都流下裸露的棕色背部了呢！所以我們坐下聊了一會兒，附近村子裡有個好心的婦女，端來一小杯一小杯的茶讓旅客提神。

不久我們又上路了，走著走著，來到一處寬闊的溪流，執事說我們非渡溪不可。他問能否背著我過溪，我謝謝他，說我可以自己

---

❶ 校註：「教會報」創刊於1885年，名為《台灣府城教會報》，其後數度變更其名：《台南府城教會報》(1892年)、《台南教會報》(1906年)與《台灣教會報》(1913年)，最後才定名為《台灣教會公報》(1932年)，發行迄今已逾一百二十七年矣，為華語世界中，歷史最悠久的報紙。

走過去。我脫下鞋襪，開始涉水。結果水眞的太深了，當溪水高過我的膝蓋時，我趕快告訴執事，如果他能背我過去，那就太感謝了。所以我又回到起點，等他將籃子都放在對岸，才又回到這邊，讓我爬上他赤裸滑溜的背上，於是我們一同過溪。我已經好多年不曾被人家背過，往對岸走過去的路上，看著我縐掉的白洋裝濕答答地擦著這位好心朋友的背部，不由得對自己微笑。

　　不久，我們就遇見一小群從下半天來的婦女和兒童。一陣寒暄之後，大家一起繼續跋涉，我一面問有多少人願意每天來上我的課。我們去拜訪鄉下時通常會開班授課，我們開設的小型學校常常有二十幾個學生。但是這回令我大失所望，他們沒有人挪得出時間按時來上課，因爲他們的工作太忙了，要做一些田裡的農務，還要操勞自己家

上圖：下半天的農舍；下圖：番薯收成(原書附圖)

中所有的事。

現在到達村子了，其他基督徒也出來歡迎我們。此時日正當中，他們都從田間回家來吃午飯。我注意到其中有些看起來很快活的男孩，臉上充滿調皮有趣的神情，我想教他們學一些東西呢！

然後他們帶我去禮拜堂，真是小小一間很有意思的建築，是用竹子和粗糙的灰泥蓋的，上面再覆著濃密的稻草。裡面的地板是打得很結實的泥土，但是並不怎麼平整，所以長板凳一坐上去，全都搖搖晃晃的。

禮拜堂後面有間很小的屋子，裡面包含兩個小房間。其中之一讓我住，另一間就用來當作小廚房，可以讓我的童僕在那兒煮食。這些房間都沒有門，所以我就問執事，能否想辦法去找一扇備用的門。此刻他正忙著用一根竿子撐起一面竹編的簾子，以此來充當我的門呢！

我的房間裡，有張竹床、一把竹椅、一個小桌子和一條長板凳。沒有玻璃窗，泥巴牆只有一個洞，幾根竹條跨在洞上。地板比禮拜堂的更不平坦，所以我坐在椅子上，就好像玩蹺蹺板。

我馬上開始整理行李，但是大部分的東西還是得放在籃子裡。我將蚊帳綁到床上高高的竿子，鋪好床，展開毯子。我的洗臉盆放在長板凳上，叫童僕在盆裡裝滿水，他已經在像花盆一般的小炭爐上煮我們的米飯。

這期間，十幾雙閃亮的黑眼睛從竹條外窺視著我，讓我覺得自己很像動物園裡的猴子呢！此刻我正在請他們離開，我應該找出行李當中那條防塵布來蓋在窗洞上。

Book 1

執事的太太下午來帶我到各基督徒家庭去拜訪。我發現那些媽媽雖然沒空按時來學習閱讀，但是有大約十五個男女孩很渴望來學。

晚飯後，不少基督徒來禮拜堂，一同由那位執事帶領做家庭禮拜。然後我就道晚安，準備好上床睡覺了。但是小男孩們注意到我腕上的錶，滿臉渴望地要靠近看看。他們問現在是幾點鐘，我告訴了他們。能知道村子裡的正確時間，可是了不起的大事啊！他們想到一整個月都能看到我的錶，就覺得興味盎然。哎呀！我實在睏極了，就儘快回房間睡覺，卻忘了要替手錶上發條，結果隔天一早才發現，錶已經如中文所說「死掉了」。男孩們為此相當難過，所以我就憑著猜測，調好時間，讓錶繼續再走。

你會不會奇怪，他們沒有時鐘如何過日子？

嗯，他們就像亞當那樣，使用上帝所創造的那又大又熱的時鐘。

有天我問他們：「禮拜日是幾點做禮拜？」

他們說：「太陽上升到距地平線三竿竹子高的時候。」

我在硬床上睡了一夜後，起床叫童僕預備早餐。現在他就端了一盤滾燙的白米粥和一顆蛋進來。但是，悲慘的時刻就在眼前。老鼠吃了我的麵包，螞蟻在我的糖裡面爬，而且我居然忘了帶鹽。看吧！一定是我在打包食物籃的時候，你跟我講話，才害我忘了帶！

螞蟻倒容易處理。我把糖罐帶到外面，把糖倒在報紙上曬太陽，好幾百隻螞蟻馬上就跑走了。唉！那天我為什麼不選個恰好可以蓋得更緊的罐子裝糖呢？

　　至於麵包，唉！情況實在糟得一塌糊塗，只好很不情願地將四天份的麵包，都丟到養豬槽去了。從現在開始，直到同事寄來麵包之前，我不得不成為以米為主食的漢人。我應該寫信請他們還要在包裹裡放些鹽，因為村民用的是深灰色的那種鹽，粗糙得像英格蘭的「黑糖」(brown sugar)一般。今天晚上，我應該把食物籃懸在我房間正中央的茅草屋頂下。

　　你會漸漸習慣這些鄉間到處都有的小動物，但是看到蟑螂，還是很難令我覺得友善，只要黃昏一到，這些兩英寸長的大蟑螂就從每個裂縫、破口、角落出現，在你房間到處爬或飛行。而且牠們幾乎會吃所有找得到的東西：你的食物、衣服、海綿、藥瓶子上的軟木塞、肥皂。這兒也有許多蝙蝠，還有許多綠色蚱蜢，用袋鼠似的跳躍，從房間這頭跳到那頭，然後降落在你的頭上或飯裡。或許你會露出微笑，但是我遇到這些討厭的事，可常常都笑不出來喔！

　　這個月在下半天要怎樣安排呢？我沒辦法依照造訪前所計畫的，按時教導村民，但是可以教那些前來找我的熱心婦女和兒童。一整天都斷斷續續有一兩個人進出禮拜堂，能這樣教他們就已經太高興了，記得耶穌不就是花很多時間在一兩個人身上嗎？

　　這個村子裡，大多數母親雖然讀得很慢，又支支吾吾地，卻都能閱讀❷。所以我拿出她們從沒見過的中文舊約聖經故事，一起和她們研讀。她們都忙得沒時間坐下教自己的孩子閱讀，所以我有時

---

❷ 校註：在此乃指閱讀閩南語羅馬拼音之文字，泛稱「白話字」，現稱「教會羅馬拼音」，簡稱「教羅」。

間和這些孩子好好相處。但就連這樣的時光也很不規律,因為這兒的人都很窮,小孩都得去工作。他們牽水牛到田裡(這兒的農夫使用水牛,就像我們英格蘭用馬匹一般),等田裡的活忙完,就再帶牠們回家。他們也看羊、餵豬、在田裡幫忙。所以整天多半在外活動,可是他們一回家,就盡快跑來禮拜堂。中午,當女孩們忙著煮飯菜時,我就給調皮的男孩開了很不錯的一個小班級,我們成了很好的朋友。

晚上,男孩女孩都會來,我們忙著學習閱讀、寫字以及聖經課程,共渡歡樂時光。

台灣早期的農村田舍(引自《蓬萊舊庄》)

　　我時常在下午到村民家中四處探訪，特別是去那些未信主的家庭拜訪，有時我會請一位基督徒婦女帶我到鄰近的村子去，那些人都很高興聆聽福音信息。

　　薄暮時，我喜歡偶而暫停說台語，只用英文來思考一會兒，或許，會走出被高大竹林包圍的村子，去看夕陽西沉。或許正當我的思緒還停留在遙遠的英格蘭時，我那群男孩們就跑來找我，說他們已經把水牛牽回家，準備好要來讀書了。那時飯已經快煮好，我說要先等吃過飯才行。有點起風了，經過中午的豔陽照射後，這陣風帶來涼意，所以我開步跑，要他們來追我。這對他們而言是新鮮的趣事，我們常玩這樣的遊戲，到後來，他們稱之為「抓姑娘」，就在他們收割時曬稻穀的寬闊地面跑起來。有時我們會把遊戲變化成用跳的，這是他們從未見過的玩法，小男孩、小女孩和成人都一起加入同樂。

　　有時村民會想表達他們很高興有我同住。有天，我正忙著教學，有個學生的母親來找我，手放在背後，站著和我說話。她說著說著，突然把一隻活生生的雞塞在我手臂裡就跑走，嚇了我一大跳呢！我向她喊著道謝，她回答說那不算什麼。隔天，我和童僕就有一頓好吃的晚餐了。

　　禮拜日，有位住在鄰村的年老駝背長老前來主領禮拜。首先有一堂聖經課程，接著是「大禮拜」。然後有段午休時間讓大家吃飯，接著是第二堂的禮拜。禮拜後，婦女們會留下來跟我上另一小時的課，她們也會在禮拜二下午，來參加一場小型的特別聚會。

　　我就這樣住在村民當中，利用每個機會幫助他們，在他們當中

Book **1**

進進出出，看到他們非常熱心盡力跟隨基督。

這趟拜訪已是從前的事了，後來我再也沒去過那兒，但是那位執事的太太(現在已經是長老娘了)曾來過我們彰化醫館，我聽到一些老朋友們的好消息。當地一些男孩、女孩已經告白基督是自己的救主，其中一個男孩當選了執事，我當年去拜訪時一些新來的慕道友，仍按時來做禮拜。人們學會真心去愛這些鄉下人。他們既單純又樸實無華，且充滿了人情味。

現在回台南的時候到了，我又要整理打包啦。這次就沒花多少時間收拾，你們也可以隨便講話。我只需把所有的東西捆進籃子裡，食物籃就像你去野餐後所提的那麼輕。

現在我要離開了，大家一起進禮拜堂唱首道別的聖詩。那位年紀大的長老特地趕來參加，他獻上了感恩與祈禱。接下來我開始向大家道別，但是他們說要陪我走一小段路。於是和藹的執事又用扁擔挑著我的行李，我們出發了。走了大約半小時的路，他們有些人就回村子去，但其他人則堅持和我們一同走到水堀頭。

最後說再見的時候，大家都含著眼淚，然後火車就把我載走，那一小群基督徒也回村子，不知道還要再等多久，才會有另一個宣教師能去住在他們當中。

回來和同事們重聚是不錯，能再用英文交談真好。能回到漂亮的住家也好棒，最舒服的，或許是睡在柔軟的床上，房間裡沒有小動物到處爬、到處跑、到處蹦蹦跳跳或到處飛翔。

到未開化原住民村莊一日遊

　　小時候，我和兄弟們扮成野蠻人玩遊戲，卻從沒想過有一天眞的會見到活生生的未開化民族。或許你們也想像著同樣的情景，不過，我希望你們當中某些人，有朝一日會見到福爾摩沙的未開化民族，甚至能有極大的榮幸，獲派來向他們傳講耶穌。

　　1911 年二月，我來福爾摩沙剛滿一年，才首次見到眞正的未開化原住民。我離開台南一個月，去住在一間很像下半天那款的小型鄉下教堂。在那兒，有位年輕的傳道和我辦了一間小小的學校，我們每天早晚定時授課。因爲我才學了一年的台語，台語還講得不好，因此很高興能和傳道夫婦同工。

　　這個村子正好在未開化原住民居住的山腳下。當時他們都很友善，會拿自己的東西下山來和平地人交易。你若問我那是怎樣的交易，我只能說是「以物換物」。他們帶著鹿、野豬、刀子、皮革，來交換鹽、米、煙草、布料。

　　這個村子的人全都是所謂的「平埔番」(Pepawhoans)，也就是住在平地的原住民，他們當中已部分開化，且會講台語，然而他們多半還是會講自己舊有的語言。我就是在這個村子，第一次看見未開化的原住民下山來和村民交易。

　　台南中學有位名叫「王阿」(Ong-a)的男孩，家住這個村裡，他

有一次來請傳道和我去一間小屋，探視待在那兒的未開化原住民。我們去到那兒一看，發現約有二十幾個人蹲伏圍著小屋中央的柴火，唱著自己的山歌。我們躡手躡腳地進到裡面，我永遠忘不了那奇異的畫面。炙熱的火苗竄高，映出他們古銅色英俊的臉龐，他們的服飾鮮豔，還配掛亮閃閃的武器。屋內沒有其他亮光，火燄躍升又墜落，形成怪誕的陰影。我覺得自己好像突然跳進一本書裡面，只不過更棒，因為這是真實的場景。

最不可思議的是他們的歌聲，奇妙得讓我不可能形容給你聽，只能坐在那兒整整八分鐘，試著想看看該怎麼說，好比從前在學校考試時遭遇的狀況。

這時未開化的原住民發現我們了，他們的歌聲就轉成談話。接著讓我大感意外的是，「王阿」告訴我，他們請問我是否願意唱一首自己國家的歌給他們聽。所以我也加入表演了，雖然我曾在許多不同場合聆聽「Ye banks and braes o' Bonnie Doon」(蘇格蘭民謠)這首歌，卻從未在這麼奇異的氣氛下聽過呢！

既然未開化的原住民現在蠻友善的，他們在山上離我們最近的村莊又是從我們教堂走路就可以到達，所以傳道、「王阿」和我就想去走訪一趟。首先我們必須取得日本人的許可，你曉得現在是他們在治理這個島嶼，於是我們寫信給最近的派出所。好幾天後才收到許可證，有兩位住在山上未開化原住民村落的警察，受命要下山來帶我們上去。

你一早醒來，有時會想「今天我們去海邊！」或「今晚我們去參加派對！」是不是？我有一天黎明時醒來，感覺就像這樣，想著

「今天我要去未開化的原住民村落！」馬上一躍而起，童僕已經在叫開飯了。

七點時，我們已經上路了。看到我們這有趣的小隊伍，你可能會發笑。警察走在最前面帶路，他是身材矮小、很整潔的日本人，身穿荷蘭麻布服裝，腰帶配著劍，肩上扛著槍。跟在後面的是傳道，接下來是我，隨後是「王阿」，還有一個苦力挑著我們要送未開化原住民的禮物跟著他。第二個警察走在最後面。他是漢人，所以我一路上能和他交談。

我們最初的一個半小時路程走的都是山路，多少還算平坦，因為天氣還不是很熱，所以我們走得相當輕快。當我們走到一個要開始爬坡的地點時，前面的警察下令停止前進。大家休息幾分鐘後，開始認真行動了，因為接下來我們要持續往上爬三個小時。太陽簡直要把我們烤焦了，遮蔭的地方很少。在最陡峭的地點，未開化原住民安放了大石頭或碎石片，弄成階梯。我很高興能靠自己的腿爬山，而不是聽從日本人的建議，由未開化原住民用登山椅扛上來。

半路上，我們在一個小山谷休息，那兒有一道溪流和瀑布。我們泡到水裡清洗一番，還喝了清涼甘美的水，我欣喜地在石頭當中發現可愛的小羊齒。神清氣爽後，我們就繼續上路了。

我們一直往上爬，往上爬，往上爬，終於抵達一個村子，突然發現我們被一群活生生的未開化原住民包圍了。

日本警察首先帶我們去他家，我們坐在地上擺的坐墊上，喝著綠茶。

然後他就帶我們去逛逛這個村子，蓋在山邊的小屋集成一小群

Book**1**

聚落。有些小屋是板岩蓋的，有些則是竹子和乾草蓋的。板岩蓋的
是他們的住家，其他小屋則用來當作儲藏室。

警察帶我們進去一個人的住家，我們幾乎要手腳匍匐前進，才
能穿越低矮的門口。屋內很暗，剛進去時簡直什麼都看不見，但是
一個未開化原住民伸手推開屋頂的一片板岩，那塊石板只是覆蓋
著，並不是封死的。於是我見到的全是刀、槍、矛、弓與箭，還有
一些黑色生鏽的平底鍋，以及一排又一排的動物顎骨，用繩子串起
掛著橫跨小屋。屋裡的灰塵和蜘蛛網很厚，讓我覺得自己好像一把
打掃煙囪的掃帚，除非站到屋子的正中央，否則我的頭會一直掃到
上面的板岩呢！

我幾乎期待會看見人頭的骷髏，你曉得福爾摩沙的未開化原住
民雖不是吃人族，卻是獵人頭的。我問警察，他們把人的頭蓋骨放
在哪，他說村民有特定的洞窟專門存放，連他都沒見過呢！寫下這
段內容讓我覺得遺憾，因為在這趟拜訪後沒多久，村民就起了反叛
而殺掉他，也砍了他的頭，恐怕他的頭骨現在就佈置在那個洞窟裡
呢！

有人告訴我，當一個年輕人想結婚時，首先就必須獵個人頭，
表明自己是英勇的獵人。獵得越多人頭，就證明他是越傑出的戰
士。這一切令人覺得悲哀，但是告訴你這些事，是為了讓你瞭解，
他們需要在心裡和生活上有上帝的愛。

他們沒有強邀我們在小屋裡久待，我們很高興能再走出來呼吸
新鮮空氣。我們被高山環繞著，景色極為壯麗。

不久，我們又回到警察的家，吃自己帶來的午飯，然後將甘

蔗、米、火柴分送給前來圍繞著我們的未開化原住民。他們顯得非常高興，不過，我想最吸引他們的，就是我自己。婦女們擠著靠近我，很是親切。她們在我身上到處撫摸，好像我是隻小貓似的，說我的手

四個原住民少女(原書附圖)

好白，我的臉頰好漂亮，我的皮膚好嫩！她們仔細查看並欣賞我穿的樸素白洋裝；我卻著迷於她們鮮麗的服飾、珠串，還有頭上盤繞的那頂新鮮綠葉編成的花冠。男人們身上穿得很少，大刀插在腰帶上，看起來令人生畏。

我們獲准在午後自己到處走走，所以又花了兩個小時在村子裡逛。村民都很和藹、友善，我們坐在幾個人家的小屋外，看著小孩玩耍。孩子們沒穿衣服，看起來很快樂的模樣，但是一想到我們在詩歌裡所唱：「成千上萬流離失所又墮落的人，從未聽過天家的信息」，就是指那些人，就覺得難過起來。

有趣的是，我們是從在村子閒逛時親眼所見，而不是光從地理課本，來學習未開化原住民究竟吃些什麼食物，有怎樣的習俗。我們看見幾頭豬、幾隻雞，但是他們多半靠打獵維生，獵物主要是野豬和山中的鹿。他們種植甘藷，也種香蕉。他們吃的白米，只能到

Book**1**

山下以物換物取得，但是他們也種小米，那就像我們在英格蘭餵金絲雀吃的穀物，這才是他們的主食。

我們在村子一個角落找到鐵匠舖，裡面的人正忙著製造配戴在腰帶上那又大又鋒利的刀子，以及打獵用的長矛。

這些未開化原住民對我的相機既感興趣又害怕，但是他們很願意接受拍照，否則你現在就看不到這些相片了。

太陽逐漸西沉，我們得離開了。他們許多人看著我們離去，叫我們回到山下後，還要快點再來探望他們。

下山的旅程比早上更快也更輕省，我們回到小教堂時，恰好晚飯也煮好了。

你一定贊同這是令我難忘的一天，那天晚上我躺在竹床上，睡前禱告著，但願很快有辦法，能讓可憐的未開化原住民聽見耶穌。

你願意時常紀念他們，為他們禱告嗎？當你唱著：

　　我想讓他們知道在天上有房間給他們每個人，
　　是耶穌吩咐他們來行天路。

難道你不會自問，是否有朝一日你能成為上帝的使者，將信息帶給未開化原住民嗎？

第三章

小琉球的珊瑚灘

　　福爾摩沙的西南岸，有一個小島叫小琉球(Lombey)。島長四英里、寬二英里，約有四千漢人住在島上，此外還有一位日本警察、一位男校長和他們的家人也住島上。

　　我一定要告訴你有關小琉球很特別的一件事：它是個珊瑚礁島嶼。

　　這並不是說那兒有黑人男童四處奔跑，有高大的棕櫚樹，長滿圓滾滾又有乳汁的椰子。而是意指，你若搭飛機來這個海灘玩一個下午，就能在珊瑚上玩水。珊瑚會讓你光著的腳丫子感到非常刺痛，因此你會想要馬上走出水裡，到沙灘上玩。

　　你會玩得多麼高興啊！你可以撿到最精緻的粉紅色、紅色、白色珊瑚，還有各種大小、形狀、顏色的漂亮貝殼。你收集那麼多，重得讓飛行員說飛機幾乎飛不回去呢！

　　你知道舢板是什麼嗎？

　　它是一種漢人的船隻，微風輕拂的時候，升起帆，舢板就能自己愉快地前進。沒有風的話，就要划槳了。

　　舢板最重要的是它的眼睛，漢人認為舢板若沒有眼睛，就看不見要往哪兒去，一艘瞎了的船怎能筆直行進呢？於是他們在船頭畫上一隻又大又鮮豔的眼睛，這樣舢板就看清楚她要走的方向啦！

找找看，那艘船有眼睛呢？(引自《法國珍藏早期台灣影像》)

　　好幾年前，一小群漢人站在珊瑚灘，看著一條舢板駛近海岸。船上載了一些漢人基督徒、兩位宣教師和他們的男嬰。他們要在小琉球住一陣子，協助當地少數基督徒，並且向還不知道上帝之愛的人傳道，也要發送藥品給他們。

　　人們聽說宣教師醫生要來，都非常高興能取得身體所需的藥品。可惜小琉球的人心很剛硬，不想接受宣教師和他們那些朋友帶來的福音信息。

　　小琉球一處峭壁上有間小小的屋子，可以眺望藍藍的大海。這

是好幾年前蓋的，台南或彰化的宣教師們可以在疲倦時到這裡休息。小屋旁有間小教堂，但是基督徒人數很少，而且他們不曾像下半天的村民那樣熱心敬拜上帝。這或許是因爲他們與其他教會相隔離；或許因爲島上固有的壞習慣及罪行；或許因爲傳道人太少，不夠分派讓小琉球有自己的傳道；但是最大的原因是，他們不讓上帝充滿自己的心。

搭舢板來的一群人，就住在峭壁上的小屋。當時是四月，他們已經開始感受到夏日炎炎的熱浪。宣教師醫生身體疲弱，每天都要挪出休息的時間，但是早晨都會幫來自全島的病人看診。病患看診之前，宣教師和助手們會和他們一起在小教堂聚集，告訴病人那大有能力的醫生不但會醫治他們的身體，也能醫治並拯救他們的靈魂。

教堂外有棵很大的榕樹，枝葉伸展得很寬闊。每天早上做完禮拜，在成蔭的大樹下，你會看見許多傷殘的、跛足的、瞎眼的病人，圍著宣教師和助手們，渴望得到醫治痊癒。於是開始分送藥物、包紮傷口、拔出牙齒；需要進行小手術的，就給他們吃些入睡的藥物。看完最後一個病人時，早已過了吃午餐的時間。藥和繃帶都收拾好，榕樹親切的蔭影到明天早上才會用得著。

有些病人非常感謝得到醫治，當他們疼痛的地方治好了，或是眼疾痊癒，或是退燒了，就回小屋來道謝。有時他們會帶禮物來：好大一隻看起來毛骨悚然的龍蝦，或超過一碼長的鮮魚。但是他們夜裡捕撈的成果不好時，就送來蛋、花生，或是美麗的貝殼或珊瑚。

他們自己種花生，稱之為「土豆」。因為是長在土裡，就像馬鈴薯一樣，不是長在樹上，這麼說，或許你能想像那是怎樣的農作物。

他們送來的貝殼有的非常巨大，大到可以製成珍珠湯匙或小茶杯。但是這樣的貝殼並不是在海邊撿得到的，而是潛到海裡才拿得到喔。

有天太陽剛下山，宣教師們在懸崖上散步，就看見兩個人正要潛進水裡，找這種很大的貝類。宣教師們停下腳步和他們說話，問

小琉球的教會(引自《南部台灣基督長老教會設教七十週年紀念》)

他們是怎樣取得大貝殼。以下就是他們所說的內容。

　　他們一定要在晚上游泳出海，一個人手裡要拿著點亮的火炬，以便照亮貝殼所在的位置，因為珊瑚灘這一帶的水域清澈如玻璃。一看見不錯的大貝類在下面的海床爬行，其中一個人就迅速潛入水裡撿起它，放進腰間懸掛的小袋子裡，然後像玩偶匣跳出的玩偶一般蹦出海面來。

　　醫生問那個人可以潛多深，他們說最厲害的人可以潛入達六十英尺。你想想看，得憋那麼久的氣呢！

　　正當他們還在交談時，宣教師們注意到其中一個潛水夫手持一根約兩英尺長的細鐵條，尾端還有個鉤子。宣教師問那是做什麼用的，他們說是潛入水裡取貝殼時，用來刺一般的魚類。

　　醫生問：「魚兒游來游去，你怎麼辦到的呢？」

　　潛水夫答：「我們只能趁魚兒熟睡，用這方法捉牠們。」

　　你曉得魚會睡覺嗎？

　　宣教師的男嬰一直很喜歡看那些小男孩每天到海裡玩海水浴，每個小男孩都拿一根差不多和自己身高等長的粗竹竿，各個緊抱著竹竿，涉水步入海裡，一直走到海浪碎裂的地方。當他們看見一道完美的巨浪捲來時，就爬到竹竿上，轉身面對海岸，然後讓浪峰把他們帶回沙灘上。那真是非常好玩的遊戲，他們愉快的笑鬧聲響徹峭壁，而我們的小屋正是蓋在那處懸崖上。

　　小男嬰有時也會去泡在浪花邊緣，那些被陽光曬得很健康的小琉球男童很喜歡盯著他看。他們對那胖嘟嘟的粉紅小身體大感好奇。

Book1

每天夕陽西下，捕魚的筏子夜間出海，都是很美的景色。有時夜裡好幾百艘筏子一同出發捕魚，那真是壯觀。每艘筏子由兩個人划。漢人划船的方式不同於英國人。他們是一腳前一腳後站在筏子上，面對著要去的方向划。你不覺得這樣比較合理嗎？因為你可以看得見自己行進的方向，不會去撞到別艘船。不需配備方向舵，也不用舵手操控。還有另一項差別，我們都是把槳拉向後方，漢人卻是往前推槳，看他們身體靈活地隨著槳彎曲，真是優雅的景象。

夕陽轉成薄暮，再從微暗轉成星光點點，筏子都點亮了燈，整個看起來就像美麗仙境，海面上是漁民們閃爍的燈火，天空則是上帝點亮的星光。

黎明時分，他們全都從海上返航。有時他們的漁獲量極豐盛，就會在吃過早飯後，將筏子划到對岸名叫東港(Tang-Kang)的市場，賣掉捕獲的水產。偶而，他們就像耶穌的門徒那樣，「辛勞一整夜卻無所獲」。悲哀的是，他們並不像彼得、約翰知道耶穌是自己的朋友、是主，所以整晚一無所獲就高興不起來。

我還想告訴你們另一件傷感的事。離我們小屋不遠處，沿著懸崖走，就會去到一個又大又深的黑暗洞穴。洞口約有十英尺寬，深約四十英尺。大海衝擊著下面，發出像打雷的隆隆怒吼聲。這個洞窟名叫「女嬰洞」(The Baby-girls' Hole)，意思就如同其名：人們將自己不想要的女嬰投入洞中。

當宣教師們看見那又深又黑的洞穴，以及形成洞穴的那些殘酷、醜惡、粗糙不平的珊瑚岩，一想到哪個父母竟能如此狠心，就讓他們非常不高興。我相信你聽了也會很難過，但是你一定要記

得，不信主的人，沒有耶穌的愛可教導他們變得更良善。

　　我很高興地告訴你，這殘忍的習俗，已經在 1895 年日本從中國接管福爾摩沙後被禁止了。但是洞窟的名字依然是「女嬰洞」，我想這個名字會一直沿用下去。

　　宣教師們終於要結束在小琉球的行程了。回醫院的時候到了，在這裡的醫療事工都已結束。於是他們收拾好東西，在某一個大清早，有一隻眼睛的舢板就載著他們航行，越過小小的海峽，前往東港。宣教師們和他們的漢人朋友，注視著小小的珊瑚島漸漸變得越來越小，想著他們已經盡力協助當地人，很遺憾的是，居民冷漠的心聽不進耶穌之愛的故事。

　　我們盼望有那麼一天，他們的心會軟化，福音的種子撒落的地方不再是石頭地，讓我們祈求那些種子能扎根在好土裡。

　　你猜得出這篇文章裡的男嬰叫什麼名字嗎？你會看到一張相片裡有奶媽背著他。

Book 1

第四章

阿清嫂

　　你喜歡有個漢人奶媽來照顧幼小的弟妹嗎？我可以送一位讓你試試嗎？恐怕起初你不會喜歡她，畢竟她和你熟悉的英國奶媽是那麼不同啊！不過，我還是很有把握，你一定找不到比插圖上看見的這位更和藹、更有愛心的奶媽。

　　她名叫「阿清嫂」(Mrs. Clean)。她背上背的、手裡抱的，就是我們的小男嬰：大弼(David)，但是他現在已經是個大男孩了。

　　她常這麼說：「我愛小大弼(Tai-pit)比愛自己的嬰兒還深呢！我曾經打自己的孩子，可是絕不會打大弼，我太愛他了，怎下得了手。」

　　你可能覺得用這種方法背著大弼很怪異，那是因為你不習慣這付模樣。漢人都是像這樣帶小嬰兒，他們的媽媽就能一面洗濯、煮食、上菜市場，還同時照顧到幼小的孩子。小大弼就像漢人嬰兒般喜歡這個方式，總是快樂舒適地偎在小小的布袋裡。

　　有時他無論怎麼哄都不睡，阿清嫂就會將他綁到背上，一邊唱歌，一邊上上下下地走著，兩分鐘內他就睡著了呢！可是她唱歌的方式真古怪，你若聽得見，肯定會嚇一大跳。她的聲音很大，有時讓我聯想到鴨子嘎嘎叫，聲量大得足以吵醒你的小弟或小妹。她唱的當然是台語歌，歌詞的意思大概是這樣：「笨囝仔啊，想愛睏

阿清嫂背蘭大弼醫師(Dr. David Landsborough IV,
1914-2010, 蘭大衛醫師之子) 讀聖經故事(原書附圖)

Book**1**

呀……欲要人家搖啊……傻囝仔啊……睏吧，睏吧。」

偶而我們這些大人會因為天熱晚上睡不著，小大弼也覺得很難入睡。他一醒來哭鬧時，阿清嫂就過來幫著哄他。她會說：「幹麼晚上這時候醒來呀？你想當強盜或是想出去偷南瓜呢？」或者她會說：「傻囝仔啊！你醒來做什麼呢？要去偷水牛，還是要出門去捕魚呢？」然後就把孩子抱在手裡，開始唱著古怪的搖籃曲，他很快就又睡著了呢。

你看見她手裡拿的書本嗎？那是舊約聖經故事，當時她天天和我一塊兒讀這本書。她邊走邊大聲讀給自己聽，小大弼就像你在照片裡所見那樣心滿意足。

她第一次聽見耶穌，大約是九年前的事了。她是個寡婦，住在台南附近，三個孩子都已長大。滿雄才夫人(Mrs. Montgomery)透過洗衣婦得知，有個和藹可親的婦女適合照顧他們家的小摩里斯(Maurice)。那個人選就是阿清嫂。所以她去和滿雄才夫人同住，因此第一次聽見耶穌的名。

不久之後，滿雄才夫婦要回國休假，就將他們的「阿嬤」(amah, 我們是這麼稱呼漢人奶媽)送往女子學校，在那兒由萬珍珠姑娘❶教她閱讀。但是她不習慣花整個早上上課，因為她以前沒上過學，覺得對她的耐心是很大的考驗。於是當我的小兒子誕生後，她也來我們家了。

你如果等到三十八歲才要開始去上學，會是怎樣的情形呢？

---

❶ 校註：萬珍珠姑娘(Miss Margaret Barnett)，在台期間為1888-1926。

　　第一次離開土生土長的村子到台南去，是她這輩子首度出門遠行，在此之前，她從未離開過家鄉。她來和我們同住後，就有許多出門走動的機會。第一次是和我們去小琉球，她從沒見過大海或是船。你曉得我們必須搭乘舢板過去小琉球。海面頗不平靜，舢板顛簸得很厲害，除了小大弼以為那很好玩之外，人人都暈船了。星空下，我們在舢板上待了一整夜，在只夠三、四個人躺的小甲板上，我們七個人緊靠著躺成一排。

　　儘管阿清嫂是暈得很慘的乘客，卻在暈船的間隔休息時段相當快活。每回暈吐後，她會說：「醫生！振作起來，吃根香蕉！」或是拿一片鳳梨戳我的鼻子下面，這當然讓我們更覺難受了。

　　後來，有一年我們必須到日本渡假，她又與我們同行了。但是，自從經歷過前往小琉球那不平靜的夜晚，她怕海怕得每天都祈求上帝，讓我們的旅程能夠安穩平順。她很確信我們會有個愉快的航程，不斷地說：「上帝會預備我們的路。」海面果真相當平靜呢！

　　她對輪船極感興趣，一直想不透船是怎麼航行的。當我們行駛在大海中，除了一望無際的藍色海洋，什麼也看不見，她說：「到處看起來都一模一樣，他們怎麼曉得要往哪兒走呢？」真是一個好問題，不是嗎？我們告訴她羅盤，或漢人所稱的「指南針」的用處。但是同一天，她又問蘭醫生(Dr. Landsborough)：「大海有底嗎？」這是不是相當明智的問題呢？另一天她又說：「為什麼沒人來這兒捕魚？」(你還記得她曾在小琉球看到那麼多筏子出海捕魚。)「為什麼不來呢？如果他們到這麼遠的地方，就捕得到那麼大的魚啊，那些魚有的重達好幾百磅喔！」

　　雖然對她而言，所有的東西都那麼新鮮又奇妙，但是她並不那麼喜歡住在日本。她會告訴你有馬(Arima)美麗的瀑布、東京的動物園、淺間(Assama)的火山，這座火山每天晚上都在天空映出耀眼的光輝，白天看得見噴發的煙霧。當我們回到福爾摩沙，儘管是九月的酷暑，她卻非常開心。

　　大弼剛滿一歲的時候，因為我們要回英格蘭休假，阿清嫂不得不和大弼告別。我們離開那天，她好傷心，一定哭濕了好幾條手帕。

　　她說：「將來大弼長大回福爾摩沙當醫生，或許那時他就需要照顧我了，現在是我照顧他，等到我老了，生病了，會到彰化來找醫生拿藥。」

　　我們和藹可親的阿嬤，想到我們回英格蘭要橫越大海和加拿大，這趟又遠又寒冷的航程頗令她焦慮，不能和我們同行，來幫忙照顧她的小男孩，讓她很傷心。但是她除了感到遺憾，卻還為我們做了更多。在我們離開的好幾個禮拜前，她每天晚上都祈求上帝為我們預備平靜的海面，讓蘭醫生和我都身體健康才能照顧大弼。

　　她特別掛念的是大弼正在長牙，一顆接著一顆長出來，每當牙齒從他小小的牙齦長出來時，大弼常會發燒。她常為此大聲祈禱，因為她的小房間相當靠近我們的房間，門窗都大開著，我們有時就聽得見她在說什麼。就在我們離開的前一個晚上，她請求上帝讓大弼的牙暫時不要長了，等我們安全回到英格蘭時再長。她很怕大弼像往常那樣發燒的話，萬一孩子的爹和我又生病，就沒辦法顧好他。雖然不是完全照她所求，但是上帝回應了她的禱告。旅途中，

大弼長了兩顆牙，過程卻順利得連我們都沒發現，直到新長的牙齒已經相當大了，才曉得有這麼回事呢！

　　阿清嫂再也沒回來我家，因為她又回去照顧滿雄才家的摩里斯和亨利(Henry)了。但是我們永遠忘不了她的愛心，以及照顧我們家小男孩的種種。我們去台南時偶而會見到她，每當大弼用台語和她交談，她都特別開心。她還是常問大弼，是否長大後要回福爾摩沙給她開藥，大弼說：「是的！」

第五章
林庚子的慶生會

1.

　　你知不知道，這兒的人，大多說不出自己的生日是哪天？他們當然是年年都增添一歲，但是他們都在農曆一月一日替自己增添歲數。因此新年那天就像一個盛大的生日，是一年中的大日子。

　　為了迎接這天到來，要準備許多事。首先，要替全家人製新衣。然後屋子前面和門口，都必須重新貼上細長的鮮紅色紙張，也要烹煮特別的料理。漢人不像我們每天吃布丁，他們的飲食全是魚、肉、蔬菜配著米飯。但是某些場合他們會吃布丁，過新年那天，就有特別的布丁(譯註：年糕)可吃。這是將米煮成漿，然後摻大約等量的糖，拌成光滑的黏糊，再弄成圓形塊狀，放在香蕉葉上，並用香蕉葉包起來蒸熟。

　　漢人朋友曉得我們不會製作這種布丁，所以過年時，我們會收到大家送來的幾個年糕，可以保存二到三個月呢！把它切片炸過後，沾糖吃就很美味。

　　新年還要預備另一件事。所有的債務都要還清，像漢人這麼會從事金錢借貸，這可不是件小事喔！

　　這快樂的日子一到，就要大肆慶祝。不過，首先要事奉的是神明，也要祭拜那些住在偶像旁的祖先牌位內的祖父母、曾祖父母的

神靈。將煮好的一整隻雞、鴨供奉神明，然後供奉祖先，他們吃的只是食物的美味。中午一到，全家人就吃掉這些肉了。那天也要焚燒額外的香火，還放鞭炮取悅神明，這也讓家中的男孩、女孩非常開心。

拜完偶像與祖宗牌位後，家人就可以開始作樂。沒有人在工作，大家都穿上漂亮的新衣，吃很多年糕，出門上街玩或去拜訪朋友。每到一處拜訪，就又遞上更多的年糕，一整天下來吃那麼多年糕，我恐怕有許多小男孩、小女孩上床時，圍兜下的肚子一定發痛了。

如果你以為漢人無法準確算出自己的歲數，那可就錯了，你現在接下來會看到更奇怪的事呢！

當一個小嬰兒誕生時，算是一歲大，下個新年一到，就算是兩歲了。所以一個小男嬰或小女嬰的生日若是十二月，在一個月大時，就已經被算成兩歲了。

你會說：「可是這章的題目是慶生會呀！是不是在新年舉行的呢？」

不，這是在九月二十日舉行的一場很不尋常的慶生會，讓我來說給你聽。

當我告訴你，照片中央坐著的那位漢人紳士那天是六歲大，不曉得你會怎麼說。無論如何，這是他本人說的，當天為他舉行了盛大的慶生會。賓客們到達後，首先就是圍繞著他們夫婦拍照，你現在看的就是這張相片。

「祝信道禧年紀念」，林庚子夫婦及其賓客(攝於1919年9月20日，彰基提供)

你一定認為林庚子先生❶，或是我搞錯了什麼，怎可能一個大人會只有六歲大？

但願你能親自要他說明給你聽。你若能說台語或日文，有機會見面請問他的話，他會告訴你，正好六年前的這個日子，他初次進到教會，聽見耶穌的福音。

我想你們有些人會說：「就只有這樣嗎？」然而，或許你們年長些的幾位就能瞭解其中的意義。

你若不甚明白，就想想那位有錢人尼哥底母(Nicodemus)的故

---

❶ 校註：林庚子，彰化人，在1913年9月20日信耶穌，1915-16年間擔任彰化教會執事，1916年改任長老，同時亦為彰化醫館的事務長。

事❷，他一天夜裡，在星光下和耶穌談話，耶穌告訴他一件不可思議的事，說他一定要重生，我想耶穌也向林庚子說了同樣的話。

當林庚子第一次進到彰化教會，就展開了他的新生活，全然不同於過往的生活。他就在那天「重生」，爲耶穌而活，所以每年的九月二十日就是他的生日，對他而言，那是快樂的日子。

這個慶生會不同於你的生日派對，我們沒有玩「橙子和檸檬」(oranges and lemons)或「盲人虛張聲勢」(blind man's buff)的遊戲，其實我們根本沒玩任何遊戲。但是慶生會並不因此就顯得無聊，人人都很開心。

你想照完相之後，接著做什麼呢？我們全進到教堂去(照片中的背景就是禮拜堂)，舉行簡短的禮拜。我料得到你會認爲那好奇怪，但你應試著理解，這場禮拜是爲了感謝上帝讓林庚子這麼快樂，也祈求上帝，讓他的父母、兄弟、姊妹，有朝一日也能有新的生日。直到最近，林太太才開始到教會來，這也是林庚子舉行慶祝會的原因之一。

禮拜結束後，就是晚餐時間。或許你馬上想到長長的漂亮桌子，擺滿了臘腸捲、果醬餡餅、不停顫動的果凍，還有甜點、無花果……全都等著大家享用。但是林先生準備的晚餐很不一樣喔！

有六張沒鋪桌巾的小桌，有的圓，有的方。八位賓客坐一桌，每人有雙筷子、一個小玻璃杯與一根中式湯匙。謝飯之後，六碗熱騰騰的魚湯端進來，放在各桌的中央，晚餐開動了。

---

❷ 校註：尼哥底母的故事記載於聖經《約翰福音》第三章1至21節。

Book **1**

中式筵席的每道菜都以同樣方式上菜。我們全都用筷子朝中央的碗盤挖，除非半途掉在桌上，否則夾起任何食物就直接送進口裡——我們外國人就常把食物掉在桌上，因為食物總是滑溜溜地。

你會說：「那會把桌上弄得一團糟。」沒錯，就是這樣，可是沒人介意，等我們大快朵頤之後，除了桌上亂糟糟，地板也是一塌糊塗呢！

這場盛筵有好多道菜，或許是十五至二十道之間吧。有些菜色非常怪異。你會喜歡吃鯊魚鰭嗎？或是海參，或多汁的青蛙？你若不喜歡，丟在地板上就行了，桌底下四處覓食的餓狗，馬上狼吞虎嚥去了。

筵席中通常會有許多美味的肉汁或湯，桌上的湯匙就是為這擺放的，你只要把湯匙伸到大碗裡，舀滿湯汁後喝下。

從頭到尾，每道菜都是鹹的。但是你總會曉得上甜食的時候到了，因為在此之前，都會先端上一小盆的清水，這不是用來洗手，而是將喝過鹹湯汁的匙子浸泡一下，以便用來喝最後一道甜湯。

小小的玻璃杯一直是滿滿的，各桌都有一壺鮮奶，只要一看見誰的玻璃杯尚有空隙，大家都可以持壺將牛奶倒入其中，即使只能倒幾滴也行。

你們有些人可能會問：「林先生有沒有收到生日禮物？」

奇怪得很，他不但沒收到禮物，反倒說有禮物要送每位朋友呢！但是他又說很抱歉，禮物尚未準備好。然而，我們每個人不久就收到禮物了，大家都擁有一張當天拍下的合照，保存著當作那天的紀念品。

黃俟命(前排左四)夫婦的結婚照(前排左三為連瑪玉,後
排左二為梅監務牧師,後排左四為蘭大衛醫生,原書附圖)

賓客當中,有些人比大家更幸運。

林先生在筵席中宣佈,他想送出四個特別的禮物。於是走向文
安姑娘❸及一位漢人婦女,各送她們一個漂亮的小時鐘,因爲是她
們首先邀請他來教會的。接著又拿出兩個腕錶,其中一個送給年輕
的黃俟命傳道❹,林庚子第一次到教會來的那天早上,就是黃傳道

❸ 校註:文安姑娘(Miss Annie E. Butler, 在台期間爲1885-1924),英國長老教會女宣教師,
　 早期主要工作是台南「女學」,其後亦曾在彰化地區,擔任助產士與協助各教會事工。
❹ 校註:黃俟命牧師(1890.3.3-1950.4.16),屏東東港人,父黃能傑牧師(字誌誠,1853-
　 1927),1909年入台南神學校,1913年派駐彰化教會擔任小學教師,並在同年與林金結
　 婚。

Book**1**

主領禮拜，另一個手錶則送給教會的牧師❺。

賓客吃完最後一道燉蓮子，全都起身準備離席。他們謝謝林先生夫婦招待的「山珍海味」，林先生則回答說，那不過是粗茶淡飯罷了，不配領受眾人的謝意。快樂的漢人慶生會就這樣結束了。

2.

現在我要再說點有關林庚子本人的事。

林先生的父母很有錢，生了許多兒女。他是家中的長子。父親向來都給他很多錢花用，他長大後成了非常放蕩的青年。

他還是個小伙子的時候就結婚了，年輕的妻子按照漢人的習俗，和他住在老家。有時她沒法取悅他，他就動手把她打得傷痕累累。他花錢非常奢侈，時常出門一整天，花三或四英鎊作樂，卻什麼也沒帶回家。他會酗酒，且醉得不醒人事，然後坐在轎子裡被抬回家。他也會上賭場及其他不良場所，在在表現出年輕人最惡劣的行為。

但是他腐敗的生活中最悲哀的一面，是他恨惡且輕視基督徒。林先生和他的父親擁有一間製糖廠，其中有些工人是基督徒。林先生頭一次看見他們在飯前禱告。他問：

「你們在幹什麼？」

「感謝上帝賜給我們餐食。」

---

❺ 校註：蘇育才牧師(1883.7.20-1939.7.16)，乳名生，彰化快官人，1907年畢業於台南神學校，1919年7月在彰化教會封立牧師，任期為1919年至1923年，前後曾任鯉魚潭、大肚、豐原、屏東、鹿港、清水與麻豆等諸教會牧師。

　　林先生非常生氣地說道：「什麼？你們的餐食才不是來自上帝。是我給你們飯吃的，因為是我給你們錢去買才有得吃。如果要這麼禱告，我就把飯拿走，我們來看你的上帝是否能拿回來給你吃。」

　　有一天，一位基督徒婦女帶著文安姑娘去探訪隔壁鄰居。之前這名婦女曾試圖向鄰居傳講耶穌的事，但是他們不聽，事實上是對她的拜訪大為光火，所以她請文安姑娘陪著一同前往。

　　她們走在繁忙的街道上時，文安姑娘問：「他們家姓什麼？」

　　她回答：「他們姓林，是很有錢的人家。我好幾次試著要跟林老先生夫婦說耶穌的事，但是他們都發脾氣，用難聽的話罵人，所以我去都沒有用。他們的長子是非常惡劣的年輕人，而且討厭我們這些基督徒。」

　　現在你猜得到文安姑娘要去拜訪誰了嗎？我想你是猜對了。

　　林老先生一聽見文安姑娘來訪，就避不見面，林夫人也不高興見她，因為她曉得，文安姑娘一定是要來說些關於上帝的事，她不想聽呢！可是她必須很有禮貌，因為這是漢人的待客之道。

　　婢女奉茶後，文安姑娘就坐下，和為數不少的婦女、兒童、女佣說話，他們全屬這個家的成員，她將奇妙的信息刻意傳講給大家聽。

　　她不曉得有個年輕人躲在門後聽。他聽見文安姑娘能講那麼流利自然的台語，好像是個漢人女子，就好奇地想出來看看。林老夫人介紹說，這是她的長子，他穿的是美好的絲綢，還戴了好大一個金戒指，但是臉龐肥胖又泛紅，且表情醜惡。

Book1

文安姑娘問他，是否曾聽人傳講耶穌的道理，他一回答：「沒有」，文安姑娘就請他下禮拜日到教會來親自聽聽看。

他口裡說著：「好啦！好啦！」然後就笑著離開，根本無意前往。

但是你知道嗎？下個禮拜日他真的去了呢！那天是九月二十日，也就是他所稱的第一個生日。他聽人說過「做禮拜」，只是好奇地想去看看，基督徒到底在做什麼。他沒讓家人知道他到教會去了，根本不敢說，而是在禮拜都已開始了，才偷偷溜進去坐在後面。

眼前的景象讓他有什麼感受呢！教會裡坐滿了人，大家都安靜聽著一個站在講壇上的年輕人說話。這些基督徒至少也該找個年紀大一點，更有學問、對世事更有經驗的聰明人來發言才對呀！

首先，這個年輕人從一本他稱作「神聖經典」的書中讀了一段，然後閉上眼睛，和一位他看不見的上帝說話，這時大家也都閉著眼。這個年輕人不怕祂，甚至還稱祂為「父」，這和林先生家拜的神明大不相同，和廟裡叫人害怕的神明也很不一樣。林先生詫異地靜坐不動。

之後，有位外國女士開始彈風琴，大家都站起來唱。他從前也沒聽過風琴聲或詩歌聲，覺得實在太美妙了。

然後大家坐下，講壇上那個年輕人開始講一個故事，說到一個內心剛硬的青年離開老父去到遙遠的國家。故事內容很吸引人，林先生張開雙耳仔細聽。

和他原先以為會聽見的多不相同啊！他以為這間「外國道理

廳」傳講的，一定都是勸人放棄邪惡行為，如果不這麼做，憤怒的上帝就要……，這和他曾讀過的經典多麼不同！也和他的老父親，或別的聰明學者大聲朗讀的典籍多麼不同！孔夫子勸人為善，但這樣說誰不會呢？而現在這位年輕人卻說，有一位天父能幫助他成為良善。

　　當林庚子坐在那兒詫異地聽著黃俟命傳道講道時，不可思議的事發生了。他突然吃驚地坐直，告訴自己：

　　「哎呀！那就是我嘛！他正把我的事告訴那些人，因為我就是浪子，逃離上帝。他說的就是我！是我！」

　　之後，他幾乎聽不見黃俟命傳道講的其他內容了。他覺得簡直就像被人在臉上揍了一拳。他被罪惡感與羞恥刺痛，心臟在身體裡怦怦跳。

　　這一切如果是真的，該怎麼辦？會是真的嗎？他坐在那兒，不知不覺忘了周圍還有人，上帝輕聲在向他的心靈說話，他曉得那是真的。

　　該怎麼辦才好？從前無論是賭、是恨惡基督徒、或用髒話罵人，所做的一切都徹頭徹尾壞到極處，林先生曉得自己眼前只有一件事得趕快全力以赴。

　　教會禮拜結束後，他馬上離開，決定照傳道吩咐的去做，從過去居住的遙遠國度回到天父懷裡。從那天以後，他就過著新生活了。

　　我得用另外一整章的篇幅，才能告訴你他產生奇妙改變的所有情況。他的面容變得相當不一樣，醜陋的紅色褪去了，模糊不清的

眼神也變得銳利，全都顯現出嶄新又美好的亮光。對他而言，舊事全都過去了，整個生命變成新造的。

父母對他大發雷霆，父親再也不給他錢。但是他都不曾走回頭路。從前那班邪惡的同夥不能絆住他，父親的威脅也不能動搖他，母親的諷刺與弟弟們的嘲笑，只讓他感到悲歡，這麼久以來，他都輕視、厭惡基督徒，現在卻將自己的命運和他們牢繫在一塊兒。

他一點也不浪費時間，很快就開始試著帶領別人來信主。他的見證多麼感人啊！他的「生日」過後沒多久，就在教會每週的祈禱會上第一次做見證，從此以後直到現在，他的亮光都大放光明。

林庚子有兩個不錯的男孩，一個十二歲、一個十歲。我們盼望這兩個孩子漸漸長大，能像父親一樣榮耀上帝。

這篇關於林先生的故事，多半發生在七年前。他現在已是教會的長老，非常盡力在教會服事，牧師不在的時候，他也能主領禮拜日的崇拜。他直到最近都是我們醫院的事務負責人，不斷給我們無止境的關懷，減輕我們的煩惱。從清晨一直到深夜，他總是面帶微笑，快樂又親切地為人服務，經常掛念著我們這些宣教師，為我們著想；時時刻刻感謝讚美上帝改變他的生命，也藉著為同胞服務及向別人傳揚耶穌，來表達心中的感恩。

感謝上帝賜給我們這麼忠誠的同事與朋友。

搭乘人力車

　　在福爾摩沙旅行的方法有很多種，有的舒適，有的很難受，有的安全，有的危險，有的平順，有的顛簸。

　　我想像你們這些英格蘭的孩子要來拜訪我們，就能親自體會一下不同的旅行方式。抵達福爾摩沙之前，你會先經歷一段長時間的有趣旅程。但是本章要從那段旅程結束後講起，想像你正抵達福爾摩沙南方的高雄港。我當然會從彰化南下接你，我們馬上會認得出彼此，因為那兒只有我們倆是外國人。周圍都是漢人，還有幾個日本人。

　　我們一上岸，就知道半小時內有班開往台南的火車，所以我們跳上人力車，幾分鐘之內就到了火車站，快得讓你很難搞清楚人力車像什麼。沒關係！以後還有很多機會。我們看見火車已經在月台邊等著了，群眾推擠著通過柵欄，拿票讓站務人員夾一下。

　　日本警察注視著長長的隊伍，看大家是否按秩序走向月台。我們排在最後面。你看見那位樸實的漢人農夫了嗎？他不太曉得規矩，以為可以比別人更快通過，所以他上前靠向柵欄，希望能擠過去，但是被警察看到，警察抓著他的肩膀，送到隊伍最後面來，他就排在我們後面了。大家終於都坐上火車，戴著白手套的站長吹哨，我們突然顛撞一下就出發了！

Book**1**

這是一班慢車，通常都客滿，比快車便宜，另外一種特快車，幾乎可以走完全島，每天早晚各開一班車。

現在我是故意買三等車廂的票，要讓你見識一下漢人。車廂很長，裝配了狹長的木頭座椅，全都擠滿了乘客。火車不停顛簸搖晃地停靠每一站。有更多人擠上火車，下車的只有少數人，車廂越來越擠，許多乘客站在座位之間的走道上。他們會緊盯著你看，交頭接耳地說你的皮膚好白，你的鼻子好漂亮。但是你的頭髮如果捲曲，他們會認為太凌亂不整齊，你的眼珠如果是灰色，他們會說你眼睛混濁無神。你如果有棕色眼睛與棕色直髮，他們會跟我說你最漂亮。

我納悶的是，你會怎麼看這些人。起初當然會覺得他們看起來好奇怪，你會不喜歡他們盯著你看，不過，我希望你能看見他們許多人臉上單純又親切的表情。

你會注意到他們大都穿著同樣的衣服，那是用賞心悅目的藍色粗棉製成的。他們多半是男人家，其中也有幾個婦女，都有兒童隨行，這些有著黑眼珠的奇特小傢伙，有的聰穎乾淨，有的卻髒髒地不怎麼迷人。

你的目光突然看到，遠遠那邊的車廂，有個男人手裡拿著看起來很奇怪的東西。

你問：「那是娃娃或裝飾品呢？」

都不是。那是一尊偶像。他們家有人病重，說不定是他的小男孩生病了，他去某個著名的廟宇，借來一尊神像。他家當然有自己的神像，但是卻治不好家人的病。所以火車上這個人緊抱著珍貴的

神像，一回到家就
必須在偶像面前燃
香取悅它，還得燒
金紙錢，向神明祈
求治好家人。

　　好可憐，這麼
不快樂的人！

　　一路上，車廂
裡都有嘰嘰喳喳的
談話聲，你會覺得
台語是一種發音奇
怪的語言，聲調時
高時低，很有趣。

林安姑娘(Miss Livingston)搭乘人力車(原書附圖)

　　但是火車又顛了一下，這回是台南站到啦！我看到月台上有好
幾位宣教師等著歡迎你，我們常這樣歡迎來自英格蘭的特殊訪客。
看到那麼多人，話都講不完，但是你已經認得他們大多數人的名
字，很快就會和大家成為好朋友。

　　一夥人全都坐上人力車，一輛接著一輛，朝宣教師住所飛奔而
去，那間房子建在一大叢竹林環繞的地方。

　　這次你可以多觀察一下自己搭的人力車了。你看得出它們是製
造得很優美的小型運載工具，有點像大型的郵件推車，車子安裝了
很好的彈簧及充氣輪胎，行駛起來非常舒適。駕駛人力車的苦力都
穿白色制服，還戴白色遮陽帽。他們輕快地在路上跑，有的腳穿涼

Book 1

鞋，有的則光著腳。除了我們聊天的聲音和人力車上開路的鈴聲之外，沒有其他雜音。人力車的日文話：Ricksha，是不是聽起來很有趣？它是由三個漢字組成的名稱，人－力－車，意指靠人，出力，載運。

我們在大門口下車，付給每位苦力二十錢日幣，就走進宣教師住所。

現在我等不及要告訴你，許多可以在台南做的趣事，或者，你可以和宣教師共渡的快樂時光，他們會帶你進城去，你會看到寬闊的大馬路和漂亮的商店。他們會帶你去公園，去博物館，你一定會乘台車去三英里外的安平港，或許還會去玩海水浴。你在英格蘭早就習慣搭汽車來往，但是這兒的人，還是會特別招待你乘車繞台南市區一趟，因為他們本身更是樂在其中。

你在禮拜日會看到兩間坐滿人的大教會，還有三百多個孩子在主日學認真上課。你會看到一間忙碌的醫館，裡頭充滿窮困、生病的人。有人會帶你到神學校，去看看年輕人在那兒被訓練成傳道人，萬珍珠姑娘會帶你參觀她小小的女子學校，你會看到一些婦女，有老有少，都像小孩子般認真上課，因為她們愛耶穌，想學會自己閱讀與耶穌相關的書籍。她們當中也有人希望，受訓後能更熟練地向人傳講上帝，將來受派前往別的地方，擔任「宣道婦」的工作。

你一定要參觀宣教師住所大門內的那間書房，那是一棟小小的建築，卻沒有比它更重要的地方了。你會聽見印刷機忙碌的喀嗒聲，等印刷機忙完，你就會看到每個月發行一千五百份的「教會

報」。你會看見各種樣式、各種大小的「白話字」書籍，令人心動地陳列著。如果你需要鉛筆、郵票、筆記本，小櫃台後面有一位任職多年、面帶微笑的漢人朋友會替你服務。

對你而言，參觀男校和女校或許是最棒的行程，我想他們會用旗子、拱門、成串的鞭炮歡迎你。

幾天後，我們要搭特快火車北上，到八十七英里外的彰化。這次的旅程會舒服多了，我要買二等車廂的票。早上十點，我們走進長長的車廂，看起來很乾淨又涼爽，整個車廂的座位，都是兩排相對，有荷蘭布椅墊的雙人座。

哨音響起時，火車滑動了，平穩得讓你剛開始還感覺不到已經出發了呢！和我們同車的旅客大多是日本紳士，其中有些帶著太太和小孩。你的目光會被他們的孩子吸引，尤其是身穿亮麗花布和服的小女孩，她們就像蝴蝶似的，黑髮上還用色彩豔麗的緞帶綁了蝴蝶結喔。車廂裡也有幾位富有的漢人婦女與紳士。

這時我們肚子餓了，於是前往餐車買午餐。有個矮小、身穿潔白無瑕外套的日本服務生接待我們，我們如果用英文點魚或炸牛排，他都聽得懂。那兒沒有布丁，所以我們點了奶油土司，和水果：鮮美的鳳梨或多汁的橘子，橘子果皮鬆軟，果梗還有油亮的葉子呢。

特快車不會顛簸搖晃，而且中途只停靠兩站，我們下午一點十分就到達彰化了。這兒當然有一大群人等著迎接你，但是彰化的宣教師總共只有六位，大多數來歡迎你的都是漢人基督徒。你已經懂得如何用「平安」，**Pengar** (原文Pengar應為誤植，平安的白話字拼法為

Book1

Pêng-an)，意即平靜安詳，來回覆眾人的請安了。我們和女宣教師們都坐上人力車，沿著鎮上美麗的街道奔去。

　　這兒的宣教師住所和台南比起來小多了，我們在入口處遇見兩個宣教師的小孩：大弼和仁愛(Jean)，他們揮著旗子歡迎你。我們得意洋洋地帶你進去家裡面，旅行了大半個世界後，你會在這兒停留一段美好時光。

　　但是我們還想帶你去兩個地方旅行，美麗的秋天已經來到，所以我們一定要趕快動身去其中一個地方。這幾天，我和蘭醫生安靜地忙我們的工作時，你就在這兒休息、玩耍吧。然後我們就要再出門旅行囉！

搭乘台車

昨天當你和大弼在硬式網球場飛奔，試穿他的溜冰鞋時，我忙著收拾一大籃食物，準備第一次旅行時帶去。

你會問：「我們要去哪？」

我們計畫帶你去日月潭(Lake Candidius)，那是福爾摩沙最美的景點之一，然後從日月潭往埔里(Polisia)，當地有個很大的平埔族教會。你記得他們就是已開化的原住民。

我們搭縱貫線火車前往一個名叫二水(Twenty-eight Waters, 二水原稱二八水，即二溪流成八字形之意)的地方，然後再搭乘非常好玩的小火車旅行一個小時。這種火車有個噪音很大的小引擎，一路辛苦地噴著煙前進，讓我們被淹沒在討厭的黑煙裡。她也讓我們不停顛簸搖晃！你最好別將頭伸出窗外，因為她會突然往後扯，好像要停下來似的，或許正好有一頭水牛漫步跨過前面幾碼，你可憐的頭就會往旁邊撞得好痛。

現在車子噴出最後幾口濃煙和悶哼聲，並且再多顛簸、猛撞幾下，這可笑的小火車終於停在一個站，我們當中有些人被甩下座位，幾乎摔到地板上呢！

我們從這兒開始，要換一種新的旅行方式，我想這會是你最喜歡的一種。我們要乘台車了！

Book**1**

搭乘台車，車上的女士即連瑪玉(原書附圖)

　　頭一次見到這種車，你會覺得好像是倒過來的小桌子，再加上四個小輪子。「桌腳」一方面是讓乘客握住，另一個用處是讓苦力推車用。台車沿著相距約兩英尺的狹窄鐵軌前進，每輛台車載四個人。我們如果沒有行李，就會坐在小凳子或低矮的長竹凳上。但是我們有好多行李：寢具、食物、衣物，還有別的東西，所以我們把行李分開放在台車中間，然後坐在行李上，就這樣出發囉！

　　每輛台車都由一名苦力負責，你會欣賞他們結實強壯的棕色雙腿，以及他們敏捷跑步的模樣。他握住角落中的一根竿子，一路在台車後面跑，用力推車前進，當我們的車速夠快時，他也會跳上車。

　　我們今天的路程其實相當危險，因為鄉間丘陵起伏，鐵道又是

單軌，煞車裝置也很簡陋。當我們來到一處長長的緩坡，谷底也沒有轉角時，那情景像是乘著平底雪橇往下溜，只是我們的台車要彼此緊跟著一同往下滑。

　　遠遠的山谷下又是怎麼回事了？原來有一輛台車正要上坡來，苦力非常用力推著沉重的台車，氣喘吁吁，汗水從頭流到腳。我們實在幸運，因為台車運行的規定是，每逢會車，單獨行進的台車要讓給兩三輛同方向行進的先走。所以谷底那倒霉的苦力，眼看我們就要奔下山丘，只好請他的乘客下車，將車上的行李拋在地上，再把台車拉出鐵軌外，讓我們愉快地滑過去。

　　山路有許多轉彎處，每當接近轉角時，苦力會吹著尖聲刺耳的口哨，若對向有另一台車朝我們駛來，苦力也會吹出哨聲，雙方都減速慢行。

宣教師們搭乘相連的台車(原書附圖)

Book1

山地台車之旅(引自《台灣懷舊》)

　　現在又是一處轉角了！哇，是個非常陡急又相當危險的彎道
呢！我們向苦力大喊，要他小心行駛，拉上煞車。他們一面也吹出
口哨聲，沒聽見對向有回音，所以我們就繞過轉角了。每輛台車都
轉過彎道，除了最後一輛……是你們三個小孩和蘭醫生坐的那輛，
嗚呼哀哉！哎呀！苦力煞車的力道不夠，你們還來不及反應，台車
在轉彎時就躍出軌道了，頭下腳上地掉到正要跨越的橋下，你們和
行李、苦力還有台車，全都直接落在下面奔流的溪水中！

　　你在哪呀？希望我不至於悔恨地說：「但願你沒來福爾摩
沙。」可是你知道嗎，你再也不可能掉在比這更棒的地點了！等你
回過神來，搞清楚自己身在何處，明白究竟發生什麼事，就會發現

你下面是柔軟、友善的沙子，水深也不過才到你的肩膀而已。因此你雖然被摔了一大跤，卻沒受傷，還能大笑，好像潛入游泳池似的。

但是行李又怎樣了？前面的台車當然都停了下來，正當我們在觀賞你們特技表演時，也看見一大捆寢具喜洋洋地隨波往下流，幸好食物籃重得浮不起來，只是亂七八糟地顛倒在河裡，旁邊的流水快樂地汩汩流過，很像在說：「你不覺得我又棒又清涼嗎？」至於台車呢，它深深插進沙子裡，要三個苦力才能把它抬上去；正當此時，其餘的苦力則往下游去追那捆寢具，它這場小小的嬉鬧已被河裡一塊大石阻止了。

你不用多久就從水裡爬出來啦，大家都聚在一起，想看看接下來該怎麼辦。我們決定，既然已經離今晚要過夜的地點不遠，就儘快趕到那兒去吧！

天氣溫暖宜人，太陽耀眼地照射著，所以你的衣服不到一個小時就曬乾了。此時我們也到達一個被群山環繞的漂亮地點。這兒名叫集集(Chip-chip)，這個漢文名字你很容易記得，也能正確發音。我們在一間日本旅舍停步，這就是我們要過夜的地方。

現在我必須停下來深深吸口氣，才能告訴你有關日本旅館的事。

我們全都進到裡面，馬上有三、四個日本女服務生跑過來，跪著向我們鞠躬，額頭幾乎碰到地面。然後我們脫下鞋子，踏上高一階的地板，穿上他們提供的拖鞋，有位女服務生帶我們沿著磨得很光滑的狹窄走道前進。現在她停下腳步，拉開一小片牆，其實這是

Book1

白紙糊的拉門，裡面有個很不錯的小房間，已準備好給我們用。隔壁還有用紙門隔開的幾個小房間，夠讓我們這些人過夜了。

你會納悶傢俱都放在哪？因為你在每個房間看到的，都是看起來柔軟宜人、有光澤、鋪著蓆子的地板，處處擺放著一些扁扁的方形坐墊。我知道你在想什麼，所以就用女服務生聽不懂的英文告訴你，眼前所見的全都是傢俱呢！

我們把拖鞋留在走道上，走進房間，大家各坐在一個墊子上。正確的姿勢是要跪下，把腳摺疊平放在後面，就像鴨子游泳時那樣，然後坐在腳後跟上。

嬌小的服務生跑走後，很快就又端著茶回來。她是用很漂亮的漆器托盤端來，沒有把手的杯子，則是精巧的瓷器。我們端著茶會覺得指頭發燙，因為這是才剛泡的茶。你不會喜歡這種茶，淡綠且有些苦澀，喝的時候不加糖或牛奶。

雖然你沒注意，但是應該覺得餓了。蘭醫生在我們一進旅館時就點了晚餐。我看你們有些人的眼睛已昏昏欲睡，於是我慢慢地大聲拍手，立刻聽見「嗨！」一聲回應，女服務生再次沿著走道劈趴劈趴走來。

蘭醫生用日文請她們送來晚餐，她又小跑步離去。很快就聽見回來的腳步聲了，這次來了好幾位服務生呢。

不！我們不是要吃娃娃茶派對餐，而是最精緻的日本料理呀！一個四方形的四腳小托盤放在每個人前面，有的是紅色，有的是黑色，其餘是綠色。每個托盤上有好幾個小盤子和淺碟，大小、顏色、形狀全都各不相同，每個都裝有食物。還有一個小小的空瓷

碗，最重要的是每個托盤都有一雙筷子。女服務生最後拿來一個用銅線綁住的白色小木盆，裡面裝滿了熱騰騰的白米飯，及一根扁平的木匙，有點像小型的乒乓拍，是用來盛飯的。她跪在我們旁邊的地板上，準備為我們盛飯到小瓷碗裡。她拿著小小的圓托盤到蘭醫生前面，他應該要把碗放上去讓她盛飯，可是蘭醫生告訴她，我們要先禱告謝飯，等我們謝飯結束，她再次彎低身子拿出小托盤。但是蘭醫生告訴她，在我們英國，男人是最後才輪到的，於是大家輪流將碗放上托盤，都盛滿熱騰騰的飯。

現在大家都準備好了，就一手拿筷子，一手捧著碗，吃一口飯，再從托盤上的小碟子夾點自己喜歡的菜吃。我們多餓啊，這頓晚餐多麼可口！你第一次使用筷子，也用得相當靈巧嘛！

我看你是很享受這些食物，不停從前面的小碟子選可口的小東西吃。這兒有些豆子用鹽和糖煮的，有好幾片冷雞肉，也是有點甜。這兒有兩碟你不會喜歡的東西：醃漬的蘿蔔冷盤，以及切成薄片的生魚肉，日本人認為這是很美味的呢！這小小的方形盤子裡是很棒的東西：煎蛋捲，膨鬆又飽滿，最後這碟大概是你最愛吃的，一片炸魚，酥脆焦黃，就像直接從你家廚房拿出來一樣。我們都吃光了碗裡的飯，那個小拖盤馬上就又拿出來，大家又吃了第二碗。我們當中有些人還吃了第三碗呢！因為我們今天在清新的空氣下，搭台車走好遠的一段路。

大家終於把碗放在自己的小托盤了，服務生帶著更多的微笑和鞠躬，收走大家的托盤。現在我看你們是又倦又睏，一定要上床睡覺了。但是我們要先一塊兒唱首晚禱詩，感謝上帝今天一路保守，

Book1

特別是在那場意外中保護我們。

今晚要洗澡已經太遲了，你們有些人已經在河裡洗過了呢！於是我再拍了手，請服務生來準備我們的床。你猜得到床在哪嗎？是的，就在地板上！我們各有一件厚厚的棉被鋪著床單，可以躺在上面。還有另一條被單及比較薄的被子可蓋在身上，每個人還有一個又硬又古怪的小枕頭，它填滿穀殼呢！女服務生最後將好大的綠蚊帳掛上房間四個角落，讓我們睡覺時不會被蚊子騷擾。

你們全都進了夢鄉後，我和蘭醫生去查看我們的行李。幸好我們今夜用不著那捲寢具，也不需要食物籃！我們取出行李時，嬌小的女服務生圍著我們看，我把被子、毯子交給她們，看她們能否在明天早上之前弄乾。哎！食物可沒救了！其中有麵包、蛋糕、餡餅、烤餅……，全都濕答答。好傷心唷，但是我們努力想著，旅舍後面的豬和雞，享用這堆食物時該會多麼快活，讓服務生拿走那些食物後，我們也很快進入夢鄉了。

坐轎子

　　隔天早上叫醒你的時候，你以爲好像才剛睡了八分鐘，其實已經有八個小時了呢！很抱歉打斷你的美夢，因爲中午前我們還有很長的路要趕，快點起床囉！我們穿好衣服，嬌小的女服務生進房來拆下蚊帳，捲起鋪蓋收拾好，拿柔軟的掃帚很快掃乾淨蓆子地板，擺好扁平坐墊，我們的房間準備好吃早餐了。

　　我原本預備的是英式早點，但是台車苦力已經讓那些食物都跳進河裡了，只好另想辦法。還好我們都很喜歡吃蛋和白飯，而且我有許多罐頭牛奶讓大家喝個夠。

　　我們用台語說著「吃飽了」，沿著光滑的走道回玄關穿上鞋子，領受許多微笑和鞠躬，才離開漂亮的小旅館。

　　現在讓我跟你介紹轎子！

　　你從照片中可以看見轎子的模樣，我想你會很喜歡坐在裡面被抬著走。長長的竹竿會讓轎子舒適地搖擺，你們如果有人太早醒來沒睡飽，還可趁這時候打個盹，因爲坐轎子會使你像個嬰兒般入睡。

　　然而，一或兩個小時後，你就會被轎子落地的聲音喚醒，你會睜眼看到兩個轎夫正拿他們纏在腰上的小毛巾擦拭裸露、流汗的背部。

竹轎是當時旅行台灣山地的唯一交通工具(引自《法國珍藏早期台灣影像》)

　　我們都下了轎，四周一看，才曉得正置身於陡峭的高山下。我
們必須自己爬上山，因為坡度太陡，無法扛我們上去。於是我們開
始登山，苦力則扛著空轎子跟在後面走。真是辛苦喔，陽光炎炎照
射，不一會兒，我們的臉都紅得像小琉球的龍蝦一樣了。我們每隔
一小段路就休息，氣喘吁吁爬了大約一個小時後，終於上到山頂。

　　我們好渴啊！發現路旁有個小小的水果攤，真是令大家開心得
不得了。我們坐下來，吃著一大片多汁的鳳梨，和切成半月型、有
著黑籽的大片紅西瓜。

　　然後我們又坐上轎子，苦力把轎子抬上肩，踏著輕快的步伐上
路了。中午時分，我們抵達日月潭，轎夫來到一間蓋在山腳下的旅
館前，重重地將我們放到地上。

通往日月潭的道路兩旁景觀(引自《法國珍藏早期台灣影像》)

　　這是間美麗的小旅館，日月潭的景色聞名，向來遊客很多。潭面大約長四英里，寬一英里。岸邊有兩個小村莊，一個是漢人的，另一個是未開化原住民的村子。這地區的未開化原住民已經被日本政府治理很久了，是相當友善的。

　　我們一進旅館玄關，照例受到很有禮貌的歡迎，不一會兒就忙著享用漆器小托盤裝的食物。我們尤其愛吃剛從湖裡捕撈，炸得酥脆的鮮魚。

　　大家都渴望出去划船，當你發現我們要去搭乘眞正的未開化原住民小舟，眞是開心極了。他們稱之爲「獨木舟」，這也是他們打造船隻的方法。一根長長的粗樹幹可以造兩艘船。從中央鋸開，再

各將裡面的木材挖空，留下前後兩端不挖。兩截中空的樹幹下水後，瞧！就是兩艘未開化原住民使用的獨木舟啦！

我們在漢人村子附近湖畔，看見好幾艘懶洋洋地浮在水面的獨木舟。一位親切的漢人站在一旁，他說我們如果想划獨木舟，他就陪我們去。我們大表感謝。

我們是那麼渴望划獨木舟，不一會兒都跳進去了。每艘獨木舟各載了我們當中的六位。漢人朋友指導我們如何操槳，我們學得興味盎然。我們在藍色湖面渡過快樂的一兩個小時，隨意向前、向後、這兒、那兒地划。我們好喜愛那些環繞的山峰，真希望能住久一點。

有人說：「我們也可以在這兒釣魚喔！」

日月潭的原住民獨木舟(引自《台灣懷舊》)

　　不過，對你而言，特別有趣的，或許是去拜訪湖的最遠端那邊
一個小村落。我們划到村落旁的岸邊，酋長來歡迎我們，他幾乎是
以王者的風範來表示歡迎，他曉得我們是出於善意的關懷才到訪。
以前他也接待過別的外國遊客。

　　他帶我們去他家。這個房子比我在前幾章提過的板岩小屋更
大、更乾淨。因為是山腳下的建築，用的是比較涼爽的草料，而不
是板岩或石塊。屋裡茅草築成的牆，顏色黑得像煤灰，因為屋子沒
有窗也沒有煙囪，所以他們煮食的柴火冒出煙灰，把牆燻黑了。

　　酋長對著你們這些孩子溫柔微笑，知道你會想帶些小禮物回英
格蘭的家，他把懸在脖子上的煙斗，還有一些顏色亮麗的珠串、一

日月潭的水社(引自《高砂春秋》)

片條紋的織物、一個小籃子送給你們，全都是他家人手工製造的呢。我們的漢人朋友會講原住民語言，道別時，他替我們向酋長致謝，你則以微笑向他表示謝意。

我們在小村子逛了逛，那兒的人親切表示歡迎，但是因為「紅髮外國人」以前曾拜訪過他們，所以他們不會好奇地圍著我們。我們走一小段路，進到村子後面的樹林，享受涼爽的樹蔭。這時，不遠處有兩個未開化原住民朝我們走來。他們是來自群山中更遠的村落，從來沒見過像我們這種長相奇怪的人。他們害怕得躲在樹後面等我們走過去，以為這樣才不會遭殃。但是和我們同行的漢人朋友向他們呼喊，說我們不會傷害他們，請他們走出來和我們打招呼。

你能描繪出他倆向我們走來的情景嗎？那個男人表情和藹，男孩子卻還相當不安。看見他們帶的槍、弓、箭，以及身旁的刀子沒！他們是去打獵，可能是來湖邊拜訪朋友，把獵物先留在樹林裡。

天色漸暗，我們得回旅館去了。我們又坐上獨木舟。湖面清澈得像玻璃，划向對岸時，我們看見西邊落日最精美的倒影，有如蛋白石、紅寶石、琥珀，四周的山峰也跟著從藍色變成紫色，等夕陽沉入山後，再從紫色變玫瑰色。

回到旅館，我們提議先洗個澡再吃晚飯。你不懂為什麼要那麼早洗澡，讓我來說給你聽。

小旅館只有一間浴室，每天晚上大家都要去洗澡。浴缸是又大又高的橢圓盆子。浴缸的尾端被隔開，裡面可以放小小的火爐，有火紅的木炭燒著。下午晚一點的時候就會燃起爐火，炭火會讓水保

持溫暖，直到人人都洗過澡。旅館的服務人員最後進去洗。

　　浴室通常在五點就準備好，我們若想第一個使用，就得早一點從划船的地方回來。雖然現在將近六點了，我們還是來得及在比較理想的時段洗澡。現在旅館只有兩三位其他客人，因為日月潭是暑期渡假勝地，所以洗澡水還相當新鮮。旅館如果客滿，等到要上床睡覺才去洗的話，那個洗澡水喔……就沒那麼棒了！

　　蘭醫生去浴室看看是否有人正在使用。這很容易辦到，因為那扇拉門有好幾片透明的玻璃，不用拉開門來瞧，就能看出是否有人在浴室。他回來告訴我們浴室現在沒人用，所以你們大家可以輪流進去洗個日本澡。進去以前，我得先說明一下，你必須在浴缸外，用浴室裡已經準備好的小水盆和肥皂把身體洗乾淨。那裡也替每個人準備了一小條大約一英尺長的浴巾。

　　於是我們都輪流洗完澡了。浴缸的水滿到最高點，水溫燙得必須一點一點慢慢浸泡下去。你們這些小孩站在浴缸裡，水位會高到肩膀。

　　下一個鐘頭我們坐著吃晚餐時，大家都贊同洗過澡真的好提神，不過卻覺得自己就像口裡正在吃的魚，好像被煮過似的。我們好睏，很快就安頓在蚊帳和棉被下，在靜夜裡睡個好眠。

　　第二天早晨，我們又坐上轎子。這個湖美得讓我們很捨不得離開，眼睛一直注視著它，直到前面的路轉過彎，湖面才消失在我們眼前。

　　我們只坐了幾個小時的轎子，就又來到行駛台車的路線。今天我們路經壯麗的景色。我們看見很深的岩石峽谷，還有湍急的河流

日月潭景觀(引自《法國珍藏早期台灣影像》)

和綠樹繁茂的山峰，我們的台車進進出出、上上下下穿越而過。我們衝下長長的緩坡，在峽谷底下從石橋上跨過河流；現在又艱難地往另一邊的山丘爬了，這種時候我們會跳下台車用走的，苦力們很感激我們如此體貼。

我們爬到山頂後，又坐上台車，就是這樣一再上上下下。當台車震動地駛過搖晃的橋，或是往下坡衝看見底下有陡急的轉彎時，都會讓我們的心臟跳到口裡。不過，今天我們的苦力比較細心，也常拉起煞車桿，所以我們沒有發生意外。

埔里附近的台車吊橋(引自《攝影台灣》)

　　我們最後幾英里的台車旅程特別開心。轉彎處比較少，雖然看起來好像行駛在平面上，但我們很快發現，底下其實是緩緩下降的斜坡。因此我們以令人興奮的速度下滑，所有台車都接觸在一塊兒前進，我們自己和苦力都快樂極了。展開在我們眼前的路如果又長又平順，苦力就會放開煞車，我們好像乘著雪橇下滑，只不過比那更棒，因為真正滑雪橇的路程都很短暫，但是我們的台車卻接連這樣斷斷續續達一個鐘頭或更久呢！

　　現在前面開始出現小屋，告訴你，我們正在進入埔里的路上了，我們要在這兒度過禮拜日。台車慢了下來，幾分鐘後就停在教堂外。傳道夫婦出來迎接我們進他們家。

Book**1**

第九章

歌唱與行醫

　　我們的主人是「李」傳道(Plum)夫婦，他們很高興見到我們，大家坐著聊一會兒，喝幾小杯茶，這是用烤乾的馬鈴薯碎片泡的茶。他們力勸我們留住到禮拜日，幫他們帶領主日禮拜和主日學，但是我們要去的是三英里外的烏牛欄(Orgular, 即今愛蘭)教會。他們好失望啊！我們說希望下回再來時能住下。現在已經快四點了，我們還得走完其餘的路程，不能再多耽擱囉！

　　這是個蠻重要的鎮。有寬闊的街道，夜裡會點亮電燈，也有很好的商店，可買到各式各樣的東西，連手電筒、熱水瓶、克羅斯與布萊克威爾(Crosse and Blackwell)的罐頭食品都有呢！我們走在街上的時候，有位身穿荷蘭麻布制服，肩上背著皮袋的郵差，滿臉笑容向我們走來。他問候我們「平安」，我們當然也這麼回應。但是他看出我們並不認得他，就說：

　　「你不記得我了？四年前的三月，我曾到你們醫館治療生病的腿，我是在那兒第一次聽見耶穌。回家後，我每禮拜日都去教會，現在我已經離棄偶像，拜真神上帝。我的族人依然嘲弄我，也不願聽道理，但是我盼望能表現出好榜樣，好讓他們不久也來認識耶穌。」

　　郵差停下來和我們談話時，一小群人圍過來。

他們問：「那個人怎會認識這些長相奇怪的外國人？他們是來自哪裡？」

一聽見他說：「蘭醫生……」，圍觀的人就曉得，原來這位就是他們常聽那些被治好的人回來提起，住在遙遠的彰化的醫生。郵差在講他的事情時，他們也一旁聽著，然後郵差先生又轉向他們，鼓勵他們親自到教會聽有關獨一真神上帝的道理。

當我們繼續上路時，心中響起美妙的音樂。

我們離開小鎮，順著一條小徑，越過長滿草的平原，美麗的山峰環繞四周，太陽已經西下，天氣溫暖無風。

是什麼聲音從遠處悄悄傳到我們耳朵呢？

是歌聲，沒錯，起初聽起來模模糊糊，漸漸地越來越大聲，我們看見前方遠處有一小群人，是一群婦女，邊走邊唱來和我們相會。

你聽！那旋律是不是很熟悉，卻又好像有點奇異，不是嗎？

的確不同於你在英格蘭熟悉的歌聲。你一面聽，讓我來幫你寫下好嗎？她們唱的是台語歌，但是我要幫你寫上英文歌詞。

歌聲在寧靜的夜空裡聽起來好美，她們唱得很慢，也走得很慢，所以在和我們會合之前唱完兩節了。

你們有些人說：「我們總以為漢人歌唱得不好聽呢！」

這種想法是沒錯，但是這些婦女並不是漢人，我們已經離開漢人有一兩天了，現在已經來到「平埔番」當中。你從她們的臉龐和體型看得出差別。她們的膚色略深，五官也比漢人更佳。她們體態姣好，肢體比漢人婦女更靈活優雅。她們來歡迎我們時，臉上的微

樂譜(原書附圖)

笑好美。

　　她們轉身和我們一同走向烏牛欄，牧師夫婦及家人正殷殷盼著我們到來。還有別的基督徒也等著歡迎我們，但是現在天快黑了，不能聊太久，以免耽擱了今晚的時間。所以幾分鐘後，曾持衡❶牧師就請他們回去，跟我們說晚餐已準備好。

　　我們說自己帶了食物，但是他們堅持邀我們共進晚餐，大家就一同坐在他們的餐廳，享用美味的晚餐。我們吃的一半是中餐，一半是英國餐，因為曾牧師大約三十年前曾與甘為霖牧師夫婦❷一同住在台南，為他們工作，所以他懂得怎麼用英國料理招待我們。

　　我們吃過飯就回自己房間，每間教會或教堂都有一兩個加蓋的房間，就位在牧師或傳道的隔壁，好讓來訪的宣教師住宿。烏牛欄教會相當大，也蓋得很好，為宣教師準備的房間也比下半天那兒更寬敞、舒適。然而，我們還是住不下，所以曾牧師找附近一位親切的基督徒來招待我們住宿，但是我們還是會一塊兒用餐。

　　我們立即忙著打開行李準備寢具，雖然它們曾跑到河裡游了一趟，還好情況不是太糟。我們在自己房間打開被子、毯子、床單，放好枕頭，掛好蚊帳。大家不久都上床睡覺了，床好像變成台車，

---

❶ 校註：曾大量牧師，字持衡，高雄海埔人，1895年入台南神學校，1899年派駐社頭崙雅，1905年於埔里烏牛欄教會按立封牧。

❷ 校註：甘為霖牧師(William Campbell, 1841-1921)，清朝總理各國事務衙門奏摺稱他為「監物」(Campbell)，是英國派至台灣的宣教師，在台期間長達四十七年(1871-1917)，其著作甚豐，既專且雜：有早期台灣史料方面的書，有「教會羅馬字」相關的書，亦有宣教記錄的書……。此外，還首創「訓瞽堂」，以資教育盲人，可謂重量級、全方位的宣教師。

Book 1

烏牛欄教會(引自《南部台灣基督長老教會設教七十週年紀念》)

讓我們宛如乘著雪橇般，迅速、安靜地滑下無止境的軌道，直到跌入無意識的夢裡。

　　隔天是禮拜六，蘭醫生至少忙了一上午。剛吃過早餐沒多久，人們就開始絡繹不絕地來訪。他在我們房間前面的院子接見大家，所以你可以看得到那情景。他們把蘭醫生團團圍住呢！你看他們的微笑，還有熱誠的表情！你曉得他們都是基督徒。

　　這麼早就來的大多是婦女，有許多小孩也跟著來。他們或是為自己拿藥，或是為家人拿藥，有的並不是來拿藥。因為其中有的是超過二十年的老朋友，醫生難得回來探訪，所以他們都渴望和醫生說說話。蘭醫生開出好幾張處方箋，病人可以找蘭醫生從前的助手

拿藥，他就在我們昨天下午去的小鎮上開業。

當那些婦女和蘭醫生快樂相聚時，你和我也要出去溜達一下。你會看見烏牛欄是個分佈很廣的大村子，他們的露天庭院掃得很乾淨，整齊、清潔的屋子讓你印象深刻，相較之下，漢人的屋子多半就又髒又亂。我們去拜訪一些家庭，那兒有幾位我當年在台南女子學校教書時的學生，她們特別歡迎我這位「姑娘」。

你會被她們開朗亮麗的臉龐迷住，也會被其中幾位所生的黑眼睛漂亮小嬰兒吸引。你會想將他們抱在自己懷裡，想和比較年長的孩子玩遊戲，他們正到處跑呢！我們在村子裡繞了一圈，沒看見什麼偶像，如果有的話也很少，因為烏牛欄幾乎全是基督徒。我們回教會之前，喝了好多次那種小杯的茶呢！

我們看到有少數幾個男病患圍著醫生，中午前最後一位就離開了，所以大家可以靜靜地吃飯。

我們這兩天過著像野餐似的生活。往常我們到鄉下探訪時，都會帶著童僕幫忙煮食，但是這回如此短暫的週末就不值得這樣做，而且我們知道牧師娘心地善良，她會幫我們煮米飯，雖然我們自己帶了罐頭食品，她還是堅持要把醫生送他們的雞煮給我們吃。牧師自己也和我們分享食物，他拿人家送的蛋，加上福爾摩沙到處都買得到的煉乳，製成美味的蛋奶凍給我們。因此，我們雖然沒有麵包、烤餅、或蛋糕，仍然過得很好，只是……每當早餐時間與茶點時間一到，就會想著台車那天如果不弄翻了的話，該有多好。

下午，我和蘭醫生讓你們自己找樂子，我們倆出門到三英里外另一個小教會拜訪。埔里這地方有五間教會和教堂，我和蘭醫生一

Book1

定要全都去拜訪。我們只花短短半個小時拜訪第一間教會，就是「李」傳道夫婦住的地方，實在感到抱歉，但沒料到，拜訪最後一個教會卻停留得更短暫。今天下午來的病人更多，你們直等到我們回來才能吃晚餐。

你不會忘記禮拜日這天的情形。早上九點是主日學時間，你要和我一起去看看他們。那些穿著漂亮棉衫的小孩看起來多開朗！女孩子穿的是小小的外衣和長褲，有藍色或粉紅或淺紫紅，男孩子穿灰色或藍色或黑、白。我們去教室轉一圈，我隨時向孩子們發問，有些答得很好，有些則因為很少見到外國訪客而感到害羞。

十點鐘是大禮拜的時間，蘭醫生當然一定要主理。烏牛欄雖只是個村莊，大教堂卻坐滿了這些迷人的平埔族，這種景象令人滿心喜悅。這兒沒有異教徒敲鑼擊鼓的上街遊行。我們去做禮拜的路上，沒看到有人還在工作；也不會看到有小孩沒人照顧，在街上亂跑、罵髒話、吵架，而感到難過。全村都去做禮拜了，或許福爾摩沙沒有任何地方像這兒，如此貫徹全體守安息日的精神。

禮拜中的詩歌多令你著迷啊！你會希望禮拜中沒有安排講道時間，才能整個早上都聽這些人的歌聲，還有他們奇異的旋律。

後來你問：「他們唱的究竟是什麼歌呢？」

那是他們祖先的老歌，從前還是未開化民族時，在山中唱的旋律。他們代代相傳，記下這些歌曲，當基督教傳來時，就將它改編來唱聖詩了。

我寫一首給你好嗎？他們是用台語唱的，可是我將英格蘭的詩詞填入其中，這樣你就能自己彈鋼琴或風琴，試著唱看看。

樂譜(原書附圖)

就是這首歌！他們唱得非常，非常慢，而且每個譜表最後都有很長的休止符。這個曲調沒有伴奏，怎能有伴奏呢？他們那麼完美的齊唱，根本不需要風琴伴奏。男聲比女聲低八度唱，聽起來很好。他們的聲音非常真誠悅耳，雖然很奇異，整個效果卻深深打動人心。福爾摩沙一些懂得蘇格蘭民歌的宣教師們說，平埔族這樣的山歌，讓他們想起蘇格蘭高地蓋爾人的輓歌。

他們也使用一些我們的聖詩曲調，但是他們自己的歌曲有那麼多小轉音和變化，結果漸漸就在我們的聖詩旋律加上小小的裝飾音，我想他們自己並不知道有這現象。你若再看一次我寫給你的那首「有一處美地」(There is a happy land, 台語聖詩：「天堂攏無苦難」)，就會懂得我的意思。

Book1

牛眠山的基督教禮拜堂及信徒(引自《法國珍藏早期台灣影像》)

這天下午,我和蘭醫生還得去另一個名叫牛眠山(Sleeping-cow-hill)的村子拜訪教會。那兒現在沒有傳道人,而是歸曾牧師關懷的教會。你們哪位願意的話,可以跟我們一起去。蘭醫生要主領禮拜,之後當病人聚在他身邊時,我和婦女們會一起舉行小小的禱告會。你們留在烏牛欄的,就會聽到更多奇異的山歌,不過,當我回來時若叫你唱一首,或者只是唱一行平埔族歌謠,我相信你是辦不到呢!

禮拜一早上,我們及時醒來,將寢具打包好。今天要坐轎子走很遠的路,轎夫往往想要早點出發。和藹可親的烏牛欄信徒聚集在教堂外,我們一同唱了首道別的聖詩,然後曾牧師帶領禱告。說完最後一次再見後,我們都坐上轎子,苦力將它扛上肩,我們就搖搖

擺擺地離開這個村子。他們眼裡含著淚送走我們，或許你也突然發現自己掉下淚了呢！

今天我們走的路是在半山腰，底下有一道河流。路隨著河流蜿蜒而去。路上風景優美。但是路非常窄，又常遇見不平坦和傾斜的地段，所以好怕轎夫一失足，我們就要滾下山底了。不過，我們用不著害怕，因為這些轎夫都很熟練，對自己的腳步很有把握。

中午，我們停留在第五個教會吃午餐，這個村名叫北山坑(White-mountain Stream)❸，也屬曾牧師關照的地區。他每個月親自來一趟，主領禮拜日的禮拜，其他主日就派烏牛欄教會的長老前來主理。我們吃過午餐，也看完病患，就繼續上路。

我們注意到這天下午的旅程，已經從山區走向丘陵地，不久就看見平原展開在眼前。現在我們要一直往回家的路走了。五點時，我們到達一個地方名叫「龜仔頭」(Turtle-head)，在一間漂亮的日本小客棧過夜。開了花的灌木包圍著客棧，花園下面是一道湍急的溪流，今天我們大部分時間就是順著這條溪走呢！我們到達的時間很理想，所以能搶先第一個入浴，旅行一整天之後，洗個澡讓我們覺得神清氣爽。

我們的房間可以俯瞰溪流，越過溪水的那一邊是樹木繁茂的山丘，那些樹告訴人們秋天已經到了。觀景那一面的紙拉門全都拉開來，我們和花園之間只隔著窄窄的陽台。溪水發出悅耳涼爽的聲

---

❸ 校註：「白」與「北」音近，「溪」與「坑」音也近，是故，此處應為連瑪玉誤解「台語」語意的錯誤。此地即今日南投國姓鄉。

北山坑基督教會(引自《南部台灣基督長老教會設教七十週年紀念》)

音，在夜燈祥和的照射下，整個景色看起來好美。

　　隔天早上醒來，大家都記得今天要回彰化了。坐一個小時的轎子後，我們搭上通往台中的台車，台中位在彰化北方十一英里的縱貫線上。現在我們完全離開山丘地帶；住過景色優美的地方之後，就覺得平原又熱又單調。

　　我們坐上台車還不到兩三個小時，就被一個抱著小嬰兒站在鐵軌旁的男人擋了下來。不知道他是怎麼聽說有醫生會經過這條路，早上就已經在這兒等了。他將小孩抱給蘭醫生看，說孩子瞎了眼，問醫生能否帶孩子回彰化醫館治好。醫生檢查了孩子可憐的小眼睛，難過地搖著頭，說帶去醫館沒有用，因為這孩子的眼睛永遠看

不見。然後宣教師們就將福音信息傳給他們，這才是宣教師來福爾摩沙的本意；我們的台車又繼續前行。

　　很快就看見台中在眼前了。道路非常熱，而且因為每年這時節很少降雨，所以有著厚厚一層細沙塵。陽光非常刺眼，真是感謝有傘能給眼睛遮蔭，又保護我們不曬傷。進到陰涼的台中火車站裡面，讓我們好開心，卻要等一個小時才有火車回彰化。我們在火車站的水盆把臉和手洗乾淨，還買了味美多汁的柚子和柿子，這些水果非常清涼提神。

　　火車開半個小時就把我們送達彰化了。大弼曉得我們要回來，要求醫院的人力車載他來接我們。他好高興能接我們回家！他若不是還那麼小，就應該帶著他去旅行，不過，他和妹妹及阿嬤在家都過得很快樂，而且還能天天和他的「姑娘阿姨」見面。

　　這就結束我們第一次的旅行了，我曉得用不著問你是否玩得開心。或許你已經計畫聖誕節要在英格蘭開個日本風格的超級派對，甚至想把自己臥室的傢俱全挪出去，好睡在地板上呢！你說這是不錯的計畫，尤其適合你的小弟、小妹，這樣他們就不會摔到床下了。

　　但是，此刻當你再睡到真正的床上，會發現這麼軟的床好棒，你一面想著：畢竟還是……

　　幾分鐘後，我去你房間道晚安，卻靜悄悄沒人回應，原來你已經走入夢鄉了。

週間在彰化的生活

你出門旅行玩得過癮嗎？還想再去旅行嗎？

我聽見你說：「如果這次不會翻車，我們還想出門再玩一趟。」

很好，我答應你，這回是很安全的旅行，但是要先待在彰化一陣子，你才能多看點，也更明白宣教師的生活。

彰化是一萬八千人口的大城鎮。周圍有許多大村莊。居民幾乎全是漢人，彰化可能只有二百位日本人。這個鎮很漂亮，寬闊的街道兩旁長滿茂密的綠樹。市場是繁忙的地點，每天早晨從鄉間送來各式各樣新鮮水果和蔬菜，會讓這涼快的地方很討人喜歡。

但是，整個鎮上最忙碌的建築則是宣教醫館(即今之彰化基督教醫院)，每年有成千上萬的人在此接受治療。在同一條街上，稍遠處就是教會，那是一棟大型建築，於 1906 年由梅監務牧師❶和蘭大衛醫生這兩位彰化的宣教先鋒資助建造。

城外的東邊，有個美麗的小公園，裡面一個角落有間迷你動物園。宣教師住所就離這兒不遠，裡面有三棟房子，「女教士會」(Women's Missionary Association)的女士們住在其中一棟，另一棟空

---

❶ 校註：梅監務牧師(Campbell Naismith Moody, 1865.11.10-1940.2.28)，1895年12月與蘭大衛醫生、廉德烈牧師抵達台灣，其後全力投入中部地區宣教，成效輝煌，其著作甚豐，晚年且成為著名的神學家。

著，第三棟就是你現在住的地方。梅監務牧師住在鎮上一間小屋裡。

你和我們同住這期間，看見文安姑娘每天都很忙，在鎮上和村莊探訪、教導婦女，有時，在涼爽的季節，她會出門到鄉下去。

有天早上，我們會悄悄走進洪伯祺姑娘❷的房間，看看她和台語老師努力學習的情形。她來醫館工作之前，得先學會更多台語，才能充分發揮。

梅監務牧師在街頭佈道情形(彰基提供)

❷ 校註：洪伯祺姑娘(Miss Peggy Arthur)，1919年秋抵台，爲彰化醫館第一位專業的護理人員，1921年11月29日與梅監務牧師結婚，1924年離台返英。

Book**1**

　　禮拜二下午，你一定要來參加我們的婦女聚會，看看四、五十個人聚在一起禱告和靈修的情形。

　　有一天，我們會跟著梅監務牧師出門，他會帶著喇叭到街上、市場或村莊去。喇叭聲吹奏嘟—嘟—嘟—嘟！然後他大聲喊著：「來聽耶穌的道理。」一群人就圍著他，一大群男女孩童擠進人群，一直擠到很前面，才看得見長相奇怪的英國人，能聽見他講的奇妙事情。

　　我們一定也要帶你去看看醫館，那兒是我們特別的事工。你會看見一百個病人，躺在原本規劃只能容納八十人的病床上。地板上也躺著一些病人，還有好多人在醫院外等著，因缺乏病床而進不來。

彰化醫館的候診室(彰基提供)

1910年蘭大衛醫生與助手、學生及患者合影(彰基提供)

你可以偷瞄一下，在候診室等著看診的婦女，有八十或一百位靜靜坐著，聽牧師娘或其他基督徒婦女，或宣教師跟她們講話。

你也該去女病房看看「宣道婦」教導她們的情形，你還要問候那位負責在病房傳福音的人，他的表情多溫柔！微笑多美！你若問他第一次聽見福音是怎樣的情況，他會告訴你，是好多年前聽梅監務牧師在他的村子傳道，梅監務牧師那天晚上就回彰化去了，但是梅牧師講的一句話不斷在他心中響著：「天堂是我家！天堂是我家！天堂是我家！」那就是他最初聽見的信息，現在他獻上自己的一生，來向身邊的病人或垂死的人，傳講只要接納基督為自己的救主，天堂就是他們的家。

Book1

早期的病床是竹製的斜躺式涼椅(攝於1899年，彰基提供)

　　你會看見穿白色長袍的助理，和身材嬌小、面帶微笑的護士，都忙著自己的工作。你會看見洗衣盆旁邊，有位年輕的洗衣婦，我要停步向你介紹這位特別的朋友。她話不多，但是會羞怯地望著你，微笑表示歡迎。她從前過著悲傷的生活，直到來醫院才獲得醫治。她若生在小琉球，一定會被扔進「女嬰洞」，但是她卻被丟棄在路旁，一位只生了兒子的女人將她抱去養，想要她長大後幫忙做家事。她名叫「阿月」(Moon)，已經學著愛耶穌，讓祂成為自己的朋友和救主。

　　你會看見醫生走到哪，病人就跟到哪，他一停下腳步和某人說話，就很難再走出包圍著他的圈圈呢！

　　我們從繁忙的街道走回家，正好有一列未信主的送葬隊伍經過，其中有道士、打鼓的和絕望哀哭的人，他們心中沒有上帝，在世上也沒有盼望。我朝你一瞥，看到你的表情憂傷且認真沉思，你會不會詫異，為何沒有更多宣教師前來？

　　大弼有一天會帶你去台中。那兒有個可愛的公園，其中特別迷人的角落，有個很大的猴子籠。我們帶堅果和香蕉去餵猴子，笑牠們好玩的滑稽動作。那邊也有鞦韆，以及迂迴曲折的池塘，人們可以在跨越池塘的橋上釣魚。那兒還有一個小攤子，你可以買到餅乾、冷飲，和滿滿一大碗上面淋著紅色糖漿的剉冰。有很美的灌木叢開了花，還有鮮豔的花朵，這都是日本人喜愛的景緻，那兒也有一間小神社。

　　台中的日本人數量很多，但是漢人也有好幾千。我們一定要去拜訪漢人的教會，高牧師(Ko)夫婦會很高興見到你。我們也會路經一座天主教堂，或許會遇見穿黑袍留鬍子的西班牙神父。我們在寬闊的大街和誘人的商店到處逛，今晚回家時你會帶著重重的小包裹，但是錢包卻空空如也！

　　你一定會認識大弼在彰化這兒的漢人朋友。其中有些是主日學的男生，他們幾乎每天下午放學就過來玩。你可以哪天請他們來陽台吃中式晚餐，大弼就很喜歡這麼做。和日本料理比起來，你會更喜歡吃中餐，我們家的廚子會簡化漢人筵席的菜色。晚餐結束時，我看你的碗一定是吃光光的。

　　你還會見到許多漢人朋友，我們家很少一整天都看不到訪客。你會覺得這些朋友有的很迷人，我確定你也會很有禮貌地協助大弼

端茶和拿餅乾待客。他們時常帶禮物送大弼和仁愛，你如果也收到
禮物，我一點都不驚訝呢！蘭醫生也會收到禮物，那都是在醫院被
治癒的男女想對他表示感謝。禮物多半是吃的東西，有蛋、魚、活
生生的雞、水果、餅乾或甜點。曾經有人帶來一頭山裡的小鹿送
他，甚至還有人送猴子呢！有時也會收到一頂很精美的白色巴拿馬
草帽，或一個籃子、一件夏天睡在上面會很舒服的涼蓆。還有一項
時常收到的禮物，是我們非常喜歡的，那就是為醫院奉獻的金錢。
然而，最棒的是，偶而有病人會把「不要」的偶像拿來，他在醫院
的時候認識耶穌，學會要愛祂，再也不需要他的偶像了。那天夜裡
我們上床睡覺時會非常快樂。

　　有天黃昏，天色漸暗，我們坐下吃晚餐時，發生了件奇怪的
事。屋子突然軋軋響搖了起來，地板在我們腳下搖晃，牆上的圖畫
上上下下敲著壁面，門閂嘎嘎響。

　　大弼喊著：「地震！」他已經很習慣這回事，馬上起身跑出門
外，進到陽台，又繼續跑向花園的小徑，快得好像一枝箭。大家都
跟在他後面猛衝，然後站定等地震結束。地面在我們腳下搖動，看
著房子搖過來搖過去，不由耽心是不是會倒下來。震波漸漸趨緩，
地面平靜下來，地震結束了。我們走回餐廳在桌旁坐下，感謝上帝
保守大家平安，但是我們覺得蠻暈眩的，膝蓋顫抖，心臟怦怦跳。
圖片還在牆上晃著，我們覺得好像騎了旋轉木馬一般。

　　好啦！你現在經歷過真正的地震了！你也可能在夏天晚上遇見
颱風，幸運的是，今年的颱風季節已過，想感受一下颱風的滋味已
經太遲了。

　　某天下午，我要帶你去一個小村子，離這兒約需步行一個鐘頭。村子名叫「牛稠仔」(Cowshed Village)❸。一位名叫「阿紡嫂」(Mrs. Spin)的年輕婦女請我來的，她正走出來迎接我們，我們沒走多遠就看見她了。她歡迎我們的微笑是多麼愉快啊！你馬上看得出她愛耶穌，可惜我要告訴你，她是村子裡唯一的基督徒。

　　快到達村子的時候，她突然在小路的一處安靜轉角停下腳步。

　　她說：「等一下，我常在這裡停下來爲親人和鄰居禱告。」

　　因此，我們靜靜站著，等她大聲用簡潔的話向上帝祈求，請上帝幫助村民瞭解我所說的話，且願意敬拜祂。

台灣早期的土埆厝(引自《蓬萊舊庄》)

---

❸ 校註：牛稠仔，應爲現今彰化縣埤頭鄉芙朝村，距彰化市區約十多公里。

　　然後我們進了村子。正如你所知，村子四周都種了高大的竹子，夏天可以成蔭，冬天則掩蔽村子不受東北風吹襲。村民的住屋是用曬乾的泥磚建造，屋頂覆蓋了稻草。「阿紡嫂」帶我們去她家，她婆婆正看著我們來到。她丈夫還在稻田裡忙，一個小孩在屋前玩耍。婆婆偶而會來教會，但還是依戀著偶像。她端出小杯的茶招待我們。無論是一天中的哪個時辰進到漢人的家，你都馬上會被請喝「茶」，最常喝到的是溫開水，也可能是已在茶壺裡放了兩三天的茶。

　　這個下午，和藹可親的老婦人除了請我喝茶，還想多招待我一點別的，她放了一碗煮熟去殼的蛋在我手上。你注意到這六顆蛋比英國的蛋小。我拿起一顆來吃，不這麼做的話就很沒禮貌。她力勸我再多吃幾個，我說吃一個就夠了，但是她強迫我再吃一個，我只好順她的意。然後我把碗放在身旁的長板凳上，但是她又拿起來勸我繼續吃。我告訴她我真的「吃飽了」，不料，在我搞清楚狀況前，和藹的老婦人已經拿起另一顆蛋，整個塞進我嘴裡。你笑了出來，我卻覺得差點窒息。我取出嘴裡的蛋，一點辦法也沒有，只好順著她的意思，一點一點慢慢吃下去，她總算滿意了。

　　在此同時，「阿紡嫂」已經四處去請鄰居來聽醫生娘的教導，她們帶著自己的小板凳來了。我們坐在屋外的空地上，到處都有豬隻發出咕嚕聲，雞群發出嘰嘰喳喳聲。婦女們拿小板凳圍著我們坐下，大家先聊了一會兒，她們特別對你感興趣，說你全身上下都好漂亮。

　　幾分鐘後，我請大家安靜下來。

　　「阿紡嫂」說：「是啊，是啊，請安靜坐著仔細聽，醫生娘要告訴我們有關眞神上帝的事。」

　　我先慢慢地讀了一首聖詩，這首詩的開頭說：「上帝創造天與地」，結束的那句說：「大家著用眞實心，共伊感謝詩來吟。」(Let us all with true hearts, Thank Him and Praise Him)❹，我向大家說明歌詞的內容。

　　我開口唱，「阿紡嫂」也加入一起唱，她的聲音略顯尖細有點好笑。一曲唱完，她們都說「眞好聽」。

　　然後我說現在要來禱告。祈禱前，我先告訴她們上帝是個靈，雖然不像她們拜的偶像那樣，是眼睛看不見的，但是祂與我們同在，會聽我們要說的話。

　　簡短的禱告後，我拿出一張圖片。我們有時帶的是另一些別的圖畫，今天我帶來最常用的兩幅中國畫，是浪子回頭的故事。我敘述故事內容，時常會被她們打岔：

　　一個問：「你們國家有水牛嗎？」

　　另一個問：「妳的孩子調皮搗蛋時，妳會動手打他們嗎？」

　　我回答這些問題，接著繼續教導聖經故事，幾分鐘後……

　　第三個人打岔：「蘭醫生非常溫和。」

　　「阿紡嫂」說：「沒錯，但是上帝更溫柔喔。」

---

❹ 校註：此首詩歌歌名，早期稱爲「上帝造化萬有」，這是葉韓良牧師(William Young)於1852年出版的《養心神詩》中的第一首閩南語聖詩，曲調爲「中國調」(Probably Chinese Melody)。其後更名爲「上帝創造天與地」，收入台灣基督長老教會的《聖詩》第62首B調，古今版本歌詞略微不同，譯文採《養心神詩》版，請參閱江玉玲，《聖詩歌》，pp. 112-116。

　　我補充說，上帝真的是這樣待我們，然後總結道：上帝期待我們離開遙遠的國度，回到祂身邊。

　　她們都同意這是篇好聽的故事，意義也很真實。我非常熱烈地邀請她們下禮拜日和「阿紡嫂」一塊兒去教會，在短短的禱告和唱一首聖詩後，我們就離開了。

　　她們一直跟著送到竹林口，請我們改天再來教導大家。「阿紡嫂」又陪我們走一小段路，就滿臉笑容地道再見，回家煮晚飯，她的內心充滿喜樂。

　　禮拜六下午，大弼想要像通常那樣到山丘上去野餐，那個地方相當近，我們過了快樂的下午茶時光，後來還玩遊戲呢！那天下午天氣美好，我們看得見遙遠的地平線上高山的輪廓。

　　黃昏時踏上回程，看見竹林後西沉的太陽好美。耳旁有蚊子嗡嗡作響、有青蛙呱呱聲、蟋蟀唧唧聲，還有上百萬其他昆蟲的哼唱聲。蝙蝠四處飛翔，我們家旁邊的竹林裡，那隻貓頭鷹已經發出叫聲。我們很快走進紗門裡，擋住了蚊子危險的叮咬。

　　晚飯後，我們爬上屋頂逗留一會兒。月亮燦爛地照耀，石灰瓦映著月光，幾乎像覆著白雪。我們站的位置幾乎和竹子一樣高。大家繞著屋頂散步幾圈，享受涼爽又寧靜的夜空，鎮上傳來擊鼓、敲鑼和號角的刺耳尖銳聲，那是一間廟宇傳來的拜拜聲。我們看著對面那間空下來的宣教師住宅，詫異它為何還是空蕩蕩的。

　　我們再溜達一兩圈後，就進屋裡去了。這是禮拜六晚上，我們一定要早點睡。

在彰化渡過禮拜日

　　禮拜天是很忙的日子，你要跟我一塊兒渡過這天。主日學是九點開始上課，所以我們八點半就要出門。上課前得先將我等一下要教的聖詩寫上黑板。九點上課鐘響，男孩女孩成群結隊走進教堂旁的小廳堂。男女分坐兩邊。大部分的老師也都來了，因為老師都是醫院的工作者，所以有兩三位無法準時到達。

　　我們用一首聖詩與禱告做為開始，我很快地點名，點名簿上有110個人名，可能約有65人出席。

　　接著是今天的聖經圖片時間。在彰化，我們安排了自己的教學方式，每禮拜日早上用的圖片，是上禮拜日下午教過的課程內容，我先請一位老師上前來，幫孩子複習上禮拜日下午學的課程。圖片是他們之前沒看過的，所以他們會很喜歡回答所提出的問題。課程內容其實很容易記得，提問時都會有好多小手舉得高高地搶答，看起來似乎根本不需要複習。然而，對那些年紀小、不怎麼開朗聰明、或不按時出席的孩子來說，這樣的設計很不錯，又能幫他們銜接今天下午要上的課程內容。

　　我們用二十到二十五分鐘歌唱。因為目前教會的詩班就是主日學學生，所以我們會練習大禮拜時要唱的聖詩。然後我會利用幾分鐘，以主調唱法教新歌，男孩女孩都學得很快，能迅速唱出正確的

Book1

彰化教會前景(引自《南部台灣基督長老教會設教七十週年紀念》)

音名。他們喜愛這短短的歌唱課，因爲他們沒有別的機會學唱新曲子。有時也用這方式，教來做禮拜的男女唱新的聖詩。福爾摩沙的聖詩不過是小小一本❶，但是除了在台南的女校和男校有在教唱之外，一般信徒並不是全都懂得唱聖詩的旋律。

　　再過五分鐘就要敲鐘做禮拜了，所以我們讓主日學生下課，大家都到禮拜堂去。我們從樓上婦女座位這邊的門進去，看見已經有好多弟兄姊妹等著做禮拜了，男女分坐兩邊。這是個大教堂，你注意到有三面迴廊，但是並不做爲主日禮拜之用。

....

❶ 校註：1900年，「南部大會」改版、增補《養心神詩》，出版《聖詩歌》，共122首。其後，因「台灣大會」成立，「《聖詩歌》又逐漸被廈門《養心神詩》所取代」(江玉玲，《聖詩歌》，p. 85)。1918年增補151首版的《養心神詩》20首。

　　我們從婦女席旁邊的走道通過，一面按我們的習俗安靜地問候她們，但是你恐怕會覺得四周相當吵雜，實在很不可思議。主日學學生也進到教堂裡，男孩子坐在男士席前面的長板凳上，女生則同樣坐在婦女席前面。老師各和自己的學生坐在一起。女宣教師(姑娘)也正在歡迎婦女來做禮拜，我們還在她們當中寒暄時，牧師已登上講壇，敲鐘要會眾靜下來。洪伯祺姑娘把你帶在身邊照顧，我則悄悄溜到講壇下的風琴座位去，面對會眾，開始彈第一首聖詩。

　　你認為大家唱得怎樣？我想你恐怕不會喜歡，希望能回到埔里去做禮拜呢！不過，我希望你不會覺得太受不了，我們實在已經盡力教唱。主日學的男孩、女孩們看著我，知道我要靠他們幫忙了，

彰化禮拜堂內部(引自《南部台灣基督長老教會設教七十週年紀念》)

Book1

所以我們一同帶領會眾唱聖詩。弟兄姊妹們總是落後我們一兩個字，然而他們並不曉得有這麼回事。或許唱聖詩的主要缺點是，大家(包括司琴的人)都從頭到尾聲嘶力竭地唱。婦女們的歌聲非常尖銳刺耳，幸好她們的聲音不是那麼突出，因為有「喜樂的噪音」環繞著。

我們很幸運擁有一台全福爾摩沙最棒的風琴。那是音色很美的大型美國製風琴，多年前原屬梅監務牧師娘❷，這位受人敬愛的宣教師住在福爾摩沙的時間很短暫。風琴至今仍以美妙的樂音紀念著她，偶而聽見不成調的歌聲伴著她的風琴時，想到在天家有最優美的豎琴音樂和勝利的鼓掌聲屬她擁有，才會覺得寬心。

祈禱後就開始證道。我們的蘇育才牧師❸很年輕、熱誠、能幹、有魅力，真正以愛心牧養他的會友。他準備了很好的講章，眾人專心聽講，參加早上禮拜的多半是基督徒，或新來的慕道友。

講道結束後，林先生走到教堂最前面，登上講壇，或許你猜到了，他是來做報告的。

第一個報告事項是，教會的青年「杜月」(Tough Goat)兄和「流水」(Running Water)姊要訂婚的消息。若有任何疑議，當立刻通知蘇牧師，因為這已經是第三次，也是最後一次宣告。

下一個報告事項通知大家，婦女在這個月第一個禮拜二下午的

---

❷ 校註：Margaret Rintoul Findlay（ -1915.11.8)，英國蘇格蘭人，1908年與梅監務牧師結婚，後因病至澳洲與紐西蘭療養，1914年11月返台，1915年11月病逝彰化。
❸ 校註：連瑪玉書中稱這位牧師為Mr. San，若比對洪伯祺姑娘抵台時間，則知此牧師應為蘇育才。Mr. San應為蘇的「白話字」拼音Saw之誤。

上圖：全家來教會禮拜，請注意
　　　看籃子裡面
左圖：兩個小沙彌(原書附圖)
下圖：下雨天來上主日學的裝扮

祈禱會，是場特別的佈道會，希望所有基督徒婦女，努力帶一兩個未信主的姊妹來參加。

接著是一則規勸與安慰。因為彰化的霍亂疫情還很嚴重，每天都有許多人死亡，所以林先生說我們一定要更小心防範。食物一定要特別煮熟，並且趁著還很燙的時候吃。一定不可以給孩子零用錢，讓他們去外面買餅乾吃；無論做什麼事，都一定要小心注意蒼蠅，一看到蒼蠅停在食物上，除非再拿去煮過，否則一定不能吃。大家都有黏蒼蠅的紙嗎？如果沒有，一定要馬上去買，那是很便宜的，每張只要兩錢。我們若做好這些預防措施，常常禱告，信靠上帝，就能照顧好大家不染上霍亂。

林先生鞠躬後走下講壇，回他的座位；十一點過後不久，在祈禱和唱讚美詩後結束禮拜。

現在我要向蘇牧師夫婦介紹你，我相信林先生和我們醫院的助理及別的朋友們也會想問候你。

然後我們就回家去了，大多數會友也和我們一樣，但是還有許多人留下來。許多基督徒，來自彰化四周的村莊，他們儘快在吃完早餐，打理好小孩後，就從家裡出發。基督徒家庭沒有人這時還留在家中，嬰兒通常會綁在母親或姊姊背上跟著走，有時路途遙遠，兩三個小孩走不了那麼遠，和藹的父親就會像你看到的照片，用那樣的辦法帶他們來教會。

這些來自鄉間的基督徒不會回家吃中餐，他們若回去的話，就來不及回來參加下午的禮拜了，所以每個家庭會帶著米、肉、蔬菜來和大家共享。早上禮拜結束後，就會在與蘇牧師娘的廚房相連的

小廚房煮大鍋飯。那兒有兩三個巨大的煮鍋，每樣東西都放進去煮，直到燉好美味的濃稠料理。中午時，爸爸、媽媽、男孩、女孩全都圍坐在教堂的庭院，一碗又一碗吃著可口的午餐。連母親背上的嬰兒也有份，因為她們會用筷子夾一小撮，伸到肩膀後面，像燕子那般張開的小口就接了過去。

　　我們不能耽擱午餐的時間，因為一點鐘就得再回到教會。我們到達時，看到已經有很多人在教會，男女孩都在外面玩。鐘聲大響後，更多男女及兒童走進教堂。

　　一點半的時候，另一位林先生主持開課禮拜，他是醫院的主要助理人員，已經跟隨蘭醫生十二年了。大家唱一首聖詩後，林先生帶領禱告。「阿們」聲才結束，大家就分頭四散：婦女和兒童都到自己的班上，男人則留在教堂。你要跟著我去各班監督男女孩上課。

　　現在共有十五個班。我們到教堂上面的迴廊，那兒有七個男孩的班級。你聽不懂老師說些什麼，讓我來告訴你，他們今天上的課，是所羅門建造聖殿的故事。

　　我們在下面看到另外兩個小房間，上課的是最後兩個男生班。大弼也在其中一班，老師是他很要好的朋友。他名叫「喜燕」(Happy Swallow)，大弼和他很熟，因為他曾與我們同住，幫我們煮飯。他現在是醫院裡年輕的藥劑師。你在醫院看見穿白袍忙著工作的人，會從中認出所有的主日學老師呢！我們的主日學學生名單上有 130 個學生。

　　有三個女學生的班級，位在我們早晨上主日學的小廳堂裡。洪伯祺姑娘的台語老師是我們醫院的護士，她和另外兩位護士擔任這

Book1

幾班的老師。另外三個女生班，是在蘇牧師夫婦的房間裡上課。

　　各班的課程都相同，我們都熟記了要教的內容，因為老師們和我在禮拜五晚上聚在一起研習過。我們用的是台南的宋忠堅牧師娘(Mrs. Ferguson)細心準備的教材，那是一本很傑出的小筆記。

　　各班正在上課，我們還有一點時間來談談。你會不會覺得初級班的男女孩學著讀的東西很奇怪？年長些的孩子已經在初級班學會閱讀。老師教的是羅馬字拼音的「白話字」，就是用我們的字母來拼出台語發音，困難的漢字要經過多年長時間的學習，最聰明的人才能精通閱讀。我們教「羅馬拼音的白話字」，是因為只有透過這方法，才能讓大家都學會讀聖經。所以當我們巡視幼小兒童的班級時，聽見他們反覆背誦著以下的字母：

b	g	k	m	p	t
ch	h	kh	n	ph	th
chh	j	l	ng	s	ts

　　他們在這些羅馬字後面加上母音來背誦。有的小孩能拼出簡單的字，有的能閱讀簡單的教理問答，有些則會讀聖詩。

　　或許你會奇怪，為何一般學校不教這種閱讀方法。遺憾的是，我們在彰化沒有宣教師辦的學校。小孩都去讀政府辦的學校，那兒使用的主要語言是日文，從未在那兒聽見耶穌的名呢！孩子們只有在禮拜日才接受宗教教育。

　　你會認為每個班人數都太多了，其中有些班多達十五個學生，

但是我們已經沒有更多老師可分配。台南很幸運的設有男校和女校，其中的高年級學生可受訓擔任主日學老師，所以那邊的主日學可以分成二十至三十班。

男士們也在這個時段研讀聖經課程。我們又進到教堂裡面，看見他們很認真地學習。今天由一位執事(也是醫院的助理)帶班，還有許多其他同工分擔教學工作，課程進行中，看到他們聚在一起討論著。

婦女們都做些什麼呢？我們在一個房間看到安靜的聖經班，文安姑娘正給一群極熱心的基督徒授課。我們若走過蘇牧師娘的廚房，以及她的另一間小臥室，就會看到兩大群的婦女都在學習閱讀。老婦人透過眼鏡盯著字母表看，大聲唱誦：

a　　a　　aih　am　　an　　ang　au

ah　ai　ai　ap　　at　　ak　　auh

有年輕的婦女打開聖詩，用唸歌謠的方式反覆讀著：

耶穌尊名入我耳孔，如樂和諧的聲。❹

或許你聽見這些類似農家庭院的噪音，會覺得很想笑，但是你

---

❹ 校註：這首聖詩在《聖詩歌》時名為「祢呼耶穌」，後易名為「耶穌尊名入我耳孔」，收入《聖詩》151首A調。

Book 1

會明白，她們可不以為這事可笑，她們盡全力在學習，我們站在門口看，她們卻連頭都沒抬起來，停下看我們呢！我想，蘇牧師娘和我們醫院的宣道婦，在這個小時中，是所有主日學老師當中最忙的。

現在是兩點二十分了，我去敲鐘，接下來的五分鐘內，各班學生全湧入禮拜堂，那兒已經有一大群等著做禮拜的會友。大家都坐定時，大約有三百或三百五十個人在場。

其中一位主日學老師登上講壇，開始舉行禮拜。唱詩、禱告後，他首先請男孩，接著是女孩，然後是男人，最後是婦女，輪流背誦今天的金句。大家都大聲慢慢吟誦，背了四次之後，我們就不會輕易忘記。

那位老師走下講壇，換梅監務牧師上去。禮拜日下午，時常有很多未信的人前來，所以梅牧師特別為他們講道。禮拜的情形不像早上那麼安靜，講道中會有許多干擾。

一個睡在父親懷裡的幼兒醒來大哭，父親抱著哭個不停的孩子起身，走過教堂另一邊，交給孩子的媽。

一隻狗逛進來，躺在講壇下的陽光裡打盹，另一隻狗剛好也進來了，兩隻狗不願友善相處，就這麼打了起來。一位弟兄連忙跑過來制止，將牠們趕到教堂外面。

一個矮小健壯的男孩，開始點著頭打瞌睡了。他的老師專注看著梅牧師，沒注意到這個小學生。小男孩頭越點越多下，最後從長凳上點著頭跌落地板，頭撞到前面的長板凳。他的老師連忙抱起他，這才止住哭聲。

　　一個郵差從禮拜堂後面走進來，大家還沒來得及阻止，他就已經邁著穿涼鞋的腳步，走上講壇，把一封信交給梅牧師，然後一言不發地大步離去。

　　一個從醫院來的信差，行色匆匆的跑上走道，蘭醫生迅速安靜地離去。

　　一隻驕傲的母雞，帶著一群她孵的小雞，從樓上一個門走進來，蘇牧師娘起身，用噓聲趕牠們出去，但是其中一隻雞寶寶，被噓聲嚇得混進主日學女學生的腳下，可憐兮兮地啾啾叫，找媽媽救命，等雞寶寶找到媽媽後，梅牧師才能繼續講道呢！

　　一個未信主的婦人，大聲向鄰居喊說，她得趕回家煮飯了，她的基督徒朋友激動地向她耳語，想勸她留步，說講道就快結束了，但似乎沒有用，因為這個婦人還是走出去，文安姑娘在她經過身邊時，連忙要她靜下來。

　　一個坐在弟兄席當中的基督徒父親，很熱心卻不太聰明，他看見自己的兒子，在前面和身旁的男孩耳語，就離開座位，靜靜走到禮拜堂前面，從他兒子的座位後面，伸手扭了小男孩的耳朵一把，再靜靜地回座。

　　啊，請別以為這所有的情況，都發生在今天這場講道中！這樣的情況，以及許多其他意想不到的干擾，確實常會發生，但是一場證道中，通常不會超過兩三個狀況。人們都習以為常，不怎麼介意。你注意到大多數人都熱切地聽梅牧師講道，我如果不說，你就不會曉得，梅牧師有奇妙的辦法瞭解未信者的心，能以流利的台語，傳講聽眾正好需要的信息，而且能掌握住他們的注意力。

今天下午唱的詩歌不太好聽，因為會眾人數那麼多，大家都唱得比風琴和主日學學生慢了兩三個音符呢！梅牧師用他的聖詩打拍子，或拿他的扇子拍打前面的桌子，同時還活潑有力地唱著，才讓大家能再一同跟上拍子。

這時有位不信主的婦女，非常詫異地離開座位，向前走到風琴這兒，要看看聲音到底從哪發出來的。她站著看我的手和腳，直到一個醫院裡的「宣道婦」上前來，溫柔地攬著她的肩，領她回座。

四點時，禮拜結束了，群眾蜂湧而出。鄉下來的父母親忙著四處找自己的孩子，要返回各自的村莊去。住在鎮上的人會多逗留一會兒，互相寒暄，蘇牧師夫婦、長執們與宣教師們四處站著，問候這兒、那兒聚集的人群，特別邀請新來的朋友下次再來，也請問他們的住處，以便前往探訪。然後人們全都回家了，白天的禮拜已經都結束，現在只剩下醫院裡晚上舉行的禱告會。

我們回住處去，覺得很想喝杯茶歇會兒。稍後我們晚上會一同唱些英格蘭聖詩。我們沒辦法唱太久，因為聲音都沙啞了，但思緒卻遠遠地飛回自己家鄉所愛的教會，上床睡覺時儘管快樂，但或許會有點想家。

你就這樣在彰化過完一個禮拜日。

第十二章
到山上旅行

你問我什麼時候才要再去旅行，我回答說，等蘭醫生和我安排好醫院的事情，才可以準備好出門一趟。

這回，我們要帶你去福爾摩沙的高山，在阿里山(Mount Arizan)上的村子住幾天。

我們搭特快火車南下到嘉義，那是位在台南與彰化之間的大城市。我們從嘉義要搭好玩的蒸汽小火車，往西朝山的方向走了約八英里路。

我們要在這兒換乘大型的登山火車，往上一直爬，一直爬，一直爬到距海平面七千兩百英尺高。因為這條路線有些地方非常陡，所以鐵軌有齒輪裝置。這種小火車多半用來將阿里山森林裡的木材運下山，但是也搭載願意前往的乘客。

唉！當我們去申請時，卻發現它不開了。因為夏季颱風沖毀幾座橋樑，之外還有些其他地方也受損。希望修復的情況現在已完工。

沒關係！這倒讓你有機會多體驗一下在福爾摩沙旅行的另一個方式。

當然不是搭台車，轎子也太笨重，陡坡上不去，但是還有另一種辦法——登山椅！

Book **1**

　　我想你會非常喜歡這種旅行方式。它比坐轎子好玩，因爲你可以看得見四周的風景，可以享受一路經過的山景。但是我們不用每個人都雇一頂登山椅，因爲我們爬得越高，空氣就越清新涼爽，我們會健壯得可以自己走。所以我們只訂了三四頂這樣的椅子，他們很快就爲我們準備好。當你第一次看見它時，會覺得好怪，詫異它怎能承載你的重量，但是它們眞的很牢靠，乘坐起來很開心呢！我們會輪流搭乘。

　　就像需要有人幫我們扛椅子，也需要有人幫我們背行李。這回我們不帶寢具，但是有食物籃和打包的衣物與其他別的東西。你若聽得懂台語，就會聽見蘭醫生叫其中一位苦力，去買些蠟燭和火把。這些要做什麼用呢？你們有些人坐上登山椅，苦力把重物挑上肩，全都準備好就出發囉！

　　我們正處於低矮的丘陵地帶，眼前的景色宜人，當我們腳步轉向高山時，納悶著究竟山裡會是怎樣的情形。首先我們穿越寬廣的河床，然後就開始爬山。天氣很熱，但是我們不介意，因爲知道很快就會變得涼爽。

　　我們起初走的一段路，沒有沿著鐵道前進，因爲鐵軌是呈之字形繞著山走，所以，我們可以走捷徑。山坡好陡啊，我們辛苦地踏著山邊的石階爬，突然就上到鐵道了。眼前是壯麗的山景！

　　剩下的路，我們就順著軌道走，只是遇到斷橋處就行不通。必須爬下陡峭的岸邊，再從另一邊爬上去。大部分的橋樑雖然都完好無損，可是，你乍看之下，或許還會有點怕，因爲橋沒有護欄，只有鐵軌間鋪的一塊厚木板可走，底下就是很深的山谷。不過，我們

若非常小心地走，眼睛緊盯厚木板，記住上帝的天使在守護著，就都平安過橋了。

可是我們眼前順著鐵軌看過去，一段距離外的那邊又是什麼呢？是山邊一個小黑洞。你猜得到那是什麼嗎？沒錯！是隧道。

你會覺得「好好玩唷」！一聽見我們總共要過大約五十個隧道，你會好興奮。這些隧道，有的很短，幾乎就像過一道長橋，有的就長了些，還有許多更長的，其中一個還長達整整一英里呢！

我們現在來到洞口，抬椅子的苦力把他們的擔子放下，我們曉得你寧願用走的。

現在你就曉得蠟燭和火把是做什麼用的了。苦力點亮後，發給我們一人一枝用一小片紙包著的蠟燭。他們自己拿著閃亮的火把。我們一走進隧道，就覺得又濕又冷，大家說話的聲音既大又詭異。突然吹來一陣強風，哇！蠟燭全都熄了，熱熱的蠟油滴在我們手上。大家再度點亮上路。我們的笑聲在隧道裡迴盪，聽起來很好玩。再走到陽光下時，感覺亮得眼睛睜不開呢！

我們很快就又進了另一個隧道，再進另一個，再進另一個，直到抵達要過夜的地方。此時我們已置身於大約四千英尺的高度，空氣涼冷刺骨，一走進小小的日本旅館，就高興地拿出溫暖的衣物穿上。我們幾乎住滿了小客棧，因為這地方遠離馬路，只有少數旅客經過。

雖然才只是下午五點，我們卻餓得像獵犬，因為我們在路上只吃了三明治和水果。我們在小坐墊坐定之後，馬上點晚餐來吃，大口大口扒著飯，夾著蛋捲，還有其他精美可口的食物，這些你都已

經體驗過了。

在服務生鋪被子時，我們到外面去欣賞金色落日及高山，逐漸降臨的暮色中有玫瑰色、紫色、藍色的變化。大家同唱一首晚禱聖詩，沒多久就擁著棉被入眠，只將鼻子悄悄露在外面。或許你會夢見安睡在自己家裡

登山椅(原書附圖)

的床上，還搭長途火車旅行，車上人人都手持點亮的蠟燭呢！

隔天早晨，當我們叫醒你時，你還沉浸在夢鄉，揉著眼睛納悶自己身在何處。然後大家都跳起來匆匆忙忙整頓好，我們很快就大嚼著脆土司，真高興麵包沒有像上次在集集那樣都和雞鴨分享光了。

七點時，我們就都準備好出發旅行，覺得自己有力氣走五十英里遠，空氣那麼清爽冷冽，早晨的陽光多麼亮麗耀眼。根本不太需要乘登山椅，但是它們一定要跟著我們走，以備萬一你們今天走累了才有得坐。我想幫你們拍張乘登山椅的照片，可是想像中的事怎能拍出相片呢，所以你們就只能看蘭醫生幾年前這樣旅行時幫人拍

的相片。那次和我們同行的是位漢人朋友，他是我們醫院的主要助理，你看，就是站在登山椅旁的那位。

　　你們當中有人喊道：「又一個隧道了！」沒錯，扛登山椅的苦力說，這是一英里長的那座喔，我們都很期待要去探險。大家像以往那樣，停在洞口點亮燭火，不過，這回還另做了一點準備。我們叫大家脫下鞋襪，你們當然會問為什麼，那是因為洞裡有水，是颱風期間湧入的，目前還沒完全乾。然後我們分給你們一人一雙日本鞋，這是在嘉義就買好的，很好笑的一種套在腳上的布鞋，他們稱之為「足袋」(tabi)。大拇趾和其他腳趾間是分開的，大拇趾穿一個位置，其他腳趾則共用一個位置。雖然你們認為它看起來好奇怪，穿起來倒蠻舒服的。

　　蠟燭、火把、足袋都準備好了，我們開始通過長隧道。裡面的確有水，起初只有一點點，可是當我們越往裡面走，水就越深，到後來是划行在水深及膝的水中。水很冰冷，大家開始希望趕快走出去，再回到陽光下。前面看見小小一圈亮光，我

兩名穿著「足袋」的泰雅族警丁
(引自《台灣原住民族映像》)

Book1

們知道是盡頭了，看著那圓圓的亮光越變越大，真好玩。但是因為看不見鐵軌間的枕木，所以走起來很困難，常常差點絆倒。我們也得小心別撞痛了頭，挑重擔的苦力拿著火把走在前面，時而呼喊：「彎腰」，我們就得低下頭，否則會重重地撞上架在隧道內的橫木，那是因為修復的工程還在進行中。

　　終於走到盡頭了，待在黑暗的地方那麼久，再走到陽光下時，

阿里山會社(引自《台灣回想》)

覺得好像應該向大家道早安似的。

　　我們坐在鐵道旁，脫下濕掉的足袋，弄乾自己的腳，再穿回鞋襪，嘲笑別人身上沾滿泥巴的衣服，那是在水裡划行時濺到身上的。吃過午餐後，我們再沿著鐵路出發。

　　更多的隧道、更多的橋樑、閒聊更多話題，三四個小時裡踏著笨重的步伐往上繼續爬升，看見前面一個阿里山的村莊炊煙裊裊。

暮色中，我們已經看不太清楚自己身邊的景象，只曉得松木香的空氣好棒，大家都很想吃晚餐和上床睡覺了。

這地方沒有適合的旅館可住，但是有一個「阿里山會社」(Club House)。阿里山因為松木林而成為著名的地點，因生產極佳的木材，被日本視為很有價值的山林。達官貴人都喜歡來阿里山看看，「阿里山會社」就是為這些賓客保留的，他們對西方人遊客也同樣親切。

我們很快又像以往那樣坐在墊子上，聊著今天發生的事，嬌小的女服務生，此刻也微笑著幫我們盛滿數不清的熱騰騰白飯。

她又拿出睡墊和棉被，都是為這寒冷的地方準備的厚被褥。我們一同唱詩和晚禱後，再次擁被睡個好眠。

隔天早上當我們步出戶外時，不由得喊道：

「多棒的早晨！」

「多清新的空氣！」

「多壯麗的山啊！」

我們四周都是高大宏偉的松樹，其間有窄窄的小徑，繞著小小的日式房屋蜿蜒。空氣寒冷刺骨，我們幾乎預期會看見亮閃閃的霜覆在每樣東西上。然而，只看見亮晶晶的露珠像百萬顆鑽石，掛在草地上、灌木叢中與樹木上。我們若再晚一點來的話，無疑會看見閃爍的霜，或許還能玩雪球呢！

喔！這空氣實在教我們無法言喻。你或許以為那沒什麼特別，但是對蘭醫生和我而言，這真是難能可貴呢！讓我們覺得，自己一定是回到秋天的薩里(Surrey)丘陵，或是愛倫(Arran)的沼澤區。

Book **1**

阿里山神木(引自《台灣懷舊》)

啊，我一定要再走遠一點、爬高一些，以便多看點如此奇異的美景！

我們回到房間準備午餐，因為我們打算在外面玩一整天。

我們就這樣出發了，路經小小的日式房屋及漢人苦力住宿的小屋時，看

阿里山(原書附圖)

到有小孩在外面玩耍。他們身上有著某種非常特別，又不尋常的特徵，大家都有玫瑰紅的雙頰喔！我們在山下的城市裡，從未見過這樣，也沒聽過有這情形，現在我知道，福爾摩沙平原的氣候如果更有益健康，那麼兒童們的雙頰，也會像你們一樣冷著玫瑰紅。

或許你會納悶，究竟是什麼人會住在像阿里山這樣的地方？他們都是日本的工程師和其他工作者，還有受雇的漢人苦力，他們全都忙著砍伐林木，用重機械將大樹砍成塊，然後運送到山下的嘉義。這些樹也是奇觀！我們離開小村子，順著步道走入森林，突然就看見好大的一棵樹，是你從未見過的巨木。它的樹幹周長有六十四英尺，一位日本的博物學家說，這棵樹一定有三千年的樹齡了。

想到耶穌誕生在伯利恆時，這棵樹已經有幾百歲了，難道不奇妙嗎？確實奇妙，示巴女王經過長途旅行去拜訪所羅門王時，它已經是一株小樹了呢！我們認為這棵樹一定非常聰明。

Book **1**

從阿里山遠眺玉山連峰(引自《台灣回想》)

　　我們四周的森林很濃密，樹木多得陽光照不進來，空氣潮濕又帶土味，蘭醫生和我找到厚厚一片光滑得像天鵝絨般的苔蘚，還有蔓生的常春藤和灰色地衣，覺得好開心。或許你覺得好笑，但是我彎身親吻常春藤，將它盤繞成圈，戴在我的頭上呢！

　　我們很快就離開森林，沿著步道上山。我們不曉得會去到哪兒，但是往前走就覺得很喜樂。太陽已經閃亮奪目地照耀，藍色的天空，有一大朵白雲漂浮過去，此時眼睛順著步道往前看去，竟是一片明亮的紅色。

　　這真是藝術家的傑作，遠處深藍色的山，不同深淺變化的深綠色灌木及矮樹叢，加上四周全是秋天的色調，現在又突然潑了一片緋紅色！

　　大家跑向前去，要看那到底是什麼，發現原來是一大棵楓樹正在落葉。我們踏上緋紅色的地毯，枝幹上的落葉灑了我們一身光彩。我們如果生在加拿大，恐怕就不會這麼開心。

　　我們繼續往前、往上走，正午過後不久，就走到山的頂峰，蘭醫生拿出氣壓計，發現我們位在海拔八千五百英尺高。

　　我們相當飢餓，狼吞虎嚥地吃完午餐，我們的舌頭需要稍稍沉默一下，眼睛看著躺在我們眼前的山脈，一排疊上一排，直到日本的最高峰，一萬四千英尺的摩里遜山(Mount Morrison, 玉山)，被雪封住的山峰在地平線那端閃著微光。

　　我要向山舉目，我的幫助從何而來？❶

　　這些經文閃入腦海裡，我開始輕聲唱著，你們很快地就加入同聲唱，直到非常肯定我們所唱的信仰，就如此結語道：

　　你出你入，耶和華要保護你，從今時直到永遠。❷

　　此時大家靜默了一會兒，然後我們的舌頭又動了起來，大家起身四處追著跑，欣賞四周的高峰，以及遠方模糊的景色，直到開始動身步上回程，依舊興緻高昂得很。

　　我們下山時幾乎是用跑的，好像才幾分鐘，就發現又回到那片旁邊有棵像所羅門一樣聰明的巨木的森林。

　　我們在黃昏回到會社，在大廳裡看見令人驚訝的東西：一頭黑

---

❶ 校註：《聖經》〈詩篇〉121篇第一節。
❷ 校註：同上，第八節。

色帶著閃亮白牙的大野豬，死躺在磁磚地板上。會社裡有人出去打獵，這就是他們的戰利品。他們說野豬肉非常好吃，明天晚餐我們就吃得到。

雖然我們在外面走了一整天，全都容光煥發，膚色紅到有點刺痛，但今夜還是很冷。我們回到房間後，很快就圍坐吃晚餐，今晚是英式料理，但是有一小桶熱騰騰的飯，配著我們的鱈魚罐頭。

我們晚餐時，門是開著的，一位男服務生拿來一個好玩的小爐子(hibachi, 日本烤火爐)。他以為我們會冷，這時，我們才真的開始覺得冷颼颼。日本烤爐是小小的方形盒子，這個是銅製的，裡面填滿炭灰，中央放了幾塊燒得火紅的木炭。服務生將它放在房間中央，晚餐後，大家上床前就圍著它暖腳趾。再道一聲晚安，我們又沉入夢鄉了。

那一兩天，我們都在山中的步道留連徘徊，大家深深陶醉在森林裡。我們去爬樹，去看伐木工人做事，大樹倒地時開心大笑。

晚上就圍坐在日本烤爐旁。大家在火紅的木炭旁，把自己烤得暖暖地，也煮一壺水，來泡好喝的可可。不過，食物籃現在空空如也，我們一定要回彰化去了。

下山時，用不著登山椅跟在旁邊，但是仍需要一位苦力挑擔子，還要拿蠟燭和火把。

快到達嘉義時，我們就得脫掉保暖的衣物，因為太陽正炙熱地照射呢！此時再也看不到苔蘚，看不到玫瑰紅的臉頰，除非等你離開福爾摩沙遠遠地，否則也感受不到新鮮及凜冽刺骨的空氣了。

這就結束了你在我們這美麗島的旅程。

再見了！

　　我們不能再挽留你了，否則你將沒辦法回家過聖誕節。我們若在十一月底送你上路，從加拿大那條路線回去，就能及時重返家門。於是我們幫你整理行裝，在彰化火車站辭別盛大的送行群眾後，就帶著你北上基隆港。

　　可惜我們沒時間在台北停留一會兒，那是福爾摩沙的首都，是個美麗的大都市。那邊也有來自加拿大的許多親切宣教師，還可以和他們幾個孩子共渡美好時光。

　　我們的火車在台北站停了幾分鐘，就繼續走一個小時的旅程，前往基隆。我們在那兒看見群山環抱的美麗港口。天氣很好，讓我們大感意外，因爲基隆的降雨量是全世界排名第四呢！

　　你的船已在等候，我們帶著你上船，彬彬有禮的日本男服務生和面帶微笑的女服務生在歡迎你。船要開往橫濱，然後你要轉乘橫渡太平洋的船。接著，你要旅行橫越加拿大，然後再橫渡大西洋，終於在差不多繞著地球走完一圈後，你回到我們心愛的英格蘭，那片有玫瑰色雙頰、有常春藤、有聖誕樹的土地。

　　我們目送著你的船離開基隆港，揮手道再見，直到你的身影小得看不見爲止。我們回到彰化，重返工作崗位，心想著，究竟幾年後，你們會有多少人前來協助我們？你會考慮看看嗎？

Book1

致讀者的一封信

我親愛的女孩和男孩們：

　　我不曉得你們如何渡過去年的暑假。有些人或許很幸運地能去海邊玩。有的可能會去鄉下，或是到蘇格蘭或威爾斯的山中去。我相信你們有些人會很開心地去拜訪親戚。有的人只是在自己家裡享受假期，去公園走走，或是玩一般的遊戲，可能也會去附近的池塘釣魚。有些人很幸運能和童子軍或女童軍去露營。無論做什麼活動，我相信你們會有個燦爛完美的好時光。

　　然而，我不曉得你們有多少人會在假期中，做些特別的事。

　　你們有人開始找集郵冊，或是整理新郵票，將它們放進已經有的集郵冊嗎？有人開始學攝影嗎？有人給自己找本特別的書來讀嗎？有人試著寫篇故事去參加比賽嗎？有人花時間帶著畫具去戶外寫生嗎？有人努力做木工或木雕嗎？有人去從事園藝工作嗎？有人努力去練習困難的鋼琴或小提琴奏鳴曲嗎？

　　我來告訴你這個暑假，我們是在哪個地點怎樣渡過的好嗎？福爾摩沙西北岸有個很美的地方叫淡水，附近有秀麗的山峰，加拿大宣教師們幾年前在那兒蓋了避暑勝地。別墅蓋在海拔兩千四百英尺上面，建材是山邊劈出來的花崗岩，再覆上山裡長的茅草。

　　去年夏天，別墅旁又多了一間小屋，那是我們自己的房子，所以每年福爾摩沙酷暑來臨時，我們就能避到淡水山上，那兒雖然還是很熱很熱，卻比平地涼爽。

　　去年夏天，我們在小屋過著忙碌的日子。我們有很多玩樂的時間，但是每個人也都在做一些特別的事。有四個朋友和我們同住。來自台南的宋忠堅牧師娘在預備一小本中文書，宋忠堅牧師(Rev. Duncan Ferguson)整天忙著用中文和英文寫信，那堆似乎永遠寫不完的信要讓他忙到茶後遊戲時間才停下。洪伯祺姑娘忙著學台語。杜雪雲姑娘和蘭醫生一同請了位老師，每天教他們讀日文。山上其他男孩女孩組成了一個迷你學校，大弼和他們一塊兒學習閱讀和寫字。他的妹妹還不會講英文，卻先忙著學講台語。

　　屋子裡第八個人，也喜歡學習日文，但是又覺得另有更重要的事該做。她真的是忙碌的家庭主婦，但是有好些時候卻做著古怪的事，手裡拿著筆，眼睛凝視著小屋陽台外完美的景色，青山、河流、平原、城市與藍藍的大海，一直想著你們這些英格蘭的男孩女孩。

　　她邊想邊潦草地寫下，結果兩個月後，發現已經填滿了好多頁。你猜想得到這本薄薄的書，就是在高山上這樣形成的嗎？希望它能幫助你認識一點福爾摩沙的樣貌，尤其能藉此更明白我們宣教師在做的事，以及別的宣教師在其他地方、其他島嶼從事的工作。

　　但是我的願望更甚於此。這本書能讓你想想，自己是否能前來協助宣教工作嗎？

　　我寫的都是真人真事，無一捏造杜撰。我告訴你的全都是親身經驗，的的確確存在的事實。

　　有時當我們在美麗的福爾摩沙四處旅行時，會感到憂心的一件事就是，這兒的人需要上帝。他們順從異教迷信、盲目崇拜偶像，像鐵箍般難以打破，唯有耶穌基督福音的大能可以改變一切。

　　男孩女孩們，你打算怎樣過這一生呢？你們許多人已經想到將來的事，你的未來會如何？你一定會想到許多可能性，曾經想過要成為宣教師嗎？如果不曾想過，現在是否願意考慮看看？我確信上帝需要你們當中許多人來獻身。等你年紀大些，是否願意來呢？

　　我就是以這樣的盼望和祈禱，來將這本薄薄的書呈現在你們當中。

　　向你們致上衷心的祈願

你們的宣教師朋友

連瑪玉

Book 2

Stories From Formosa (1924)

《福爾摩沙的故事》

一個快樂的彰化家庭(原書附圖)

作 者 信

親愛的男孩、女孩們：

　　我再寫一些上回沒提過的漢人朋友們的故事。這些主角有男有女，他們是在家中、在醫院、在教會事工上和我關係密切的友人，故事內容都是真人真事。

　　我之所以寫下他們的故事，原因有四：

　　第一，你們可以從中得知不認識上帝的漢人的宗教、習俗與迷信。

　　第二，讓你們瞭解因為這樣的宗教與迷信，他們要成為基督徒是多麼困難。

　　第三，你們可以看出這些漢人明白耶穌是自己的救主之後，能轉變成傑出的男女。

　　第四，也是最主要的原因，我盼望所寫的故事能激發你們的愛心，去關懷這群我所愛的人；我知道上帝必定會呼召你們當中的某些人，你若尚未回應，就讓這些故事喚起你趕快行動吧。只要跟上帝說：我來了！然後勇往直前，做好準備。

你誠摯的朋友

連瑪玉

阿春兄

1.

多年前的某一天，有個男人走在灰塵彌漫又炎熱的路上，長途跋涉要去彰化。他來自幾英里外的村莊，要到彰化的大市場去買蔬菜與其他物品。從身上的衣著看得出他是個鄉下農夫。他穿的是粗糙的藍色棉質衣服，頂著竹葉編成的寬邊斗笠，保護頭部免受烈日灼傷。

快到彰化時，他聽見附近竹林環繞的村子裡發出古怪的嘟嘟聲。他走進去一探究竟，看見一位奇怪的外國人正吹著一個從沒看過的東西。這一定是鄰居所指的「紅毛番」之一，他甚至聽過人家用「外國鬼子」稱呼他們呢！這個人肯定不是鬼，當然也沒有紅色毛髮，這位名叫阿春(Spring)的農夫打定主意，要留下來聽聽這長相古怪的男人說些什麼。

這個外國人將喇叭收進盒子裡，開始發言。

「他怎麼會講我們的話呢？」阿春問旁人：「而且還說得那麼清楚。」

梅監務牧師講道講個不停。炎熱的陽光強烈地射下，他好幾次停下來，喝口好心的村民為他端上的茶，還有一、兩次坐下歇會兒，精神抖擻地揮著扇子，抹去額頭上的汗珠。

　　有人說：「別停下來，請再多講一點給我們聽。」於是，梅監務牧師立刻又繼續講道了。

　　有些聽眾留在那兒一直聽到結束，還熱切地請求他下次再來。有些人聽了一會兒就離開，他們說：「我太笨了，聽不懂。」有些人是趁著工作的空檔來聽，然後就回頭忙自己的事，心裡想著，那位奇怪的外國人，講的到底是不是真的。

　　阿春就是這些聽眾之一，他聽了一陣子，才又想起自己此行的目的，心知不能待太久。離開前，他打斷梅監務牧師的講道，問說：「你要怎麼上天堂呢？」得到的答案是：信耶穌就能上天堂。

　　阿春繼續朝著往彰化的路前行。

　　那個英國人反覆說著：「天堂是我家！天堂是我家！」真的是這樣嗎？天堂是什麼呢？他必須相信的耶穌又是誰呢？

　　沒多久，他就抵達彰化的市場。中央的噴泉在陽光下閃閃發亮，從炎熱多塵的路上跋涉過來後，水花四濺的聲音令人覺得清涼、愉快。覆著屋瓦的方形建築裡，四周排滿了來自附近田野間的不同產品。隨處可見一大堆味美多汁的水果：鳳梨、柿子、芒果、龍眼、柚子，各種蔬菜也擺放得看起來新鮮、芳香且誘人。市場裡的一邊，排列著五顏六色、大小不一、林林種種的魚類，旁邊則是各式各樣的豬肉、牛肉、羊肉。整個市場是非常忙碌且重要的地點。

　　阿春買了些自己想要的東西：豬肉、豬油、鹹魚、一個又大又圓的南瓜、一些芋頭和竹筍。他將這些東西均分懸吊在一根扁擔的兩端，舉起來擔在肩上，開始邁向歸途。

Book 2

等等，千萬不能忘記一件最重要的事；他路經一間店面，走進去買了家中祭拜神明要用的金紙和香。這些能取悅神明，或許會因此賞他一個兒子，這是阿春心目中渴望的事。他也希望自己養的豬，長得肥美，能在新年賣個好價錢。

回到自己的村子時，太陽已經西下，如此長途奔波讓他感到疲累。把扁擔交給丈母娘，年輕的妻子打水來，他脫下外衣，用一條小毛巾沾水絞乾後，擦拭赤裸裸、汗涔涔的身子。在盆子裡洗過腳之後，他神氣清爽地等著吃晚飯。他吃了三碗熱騰騰的米飯，用筷子夾點面前碗盤裡的蔬菜和豬肉來配飯吃。飯後不久，他就躺在竹床上，拉下蚊帳，裹著被子，好讓自己安穩地沉睡在夜色裡。

可是，「天堂是我家！天堂是我家！天堂是我家！」腦海裡又浮現這句奇怪的話了。這話是真的嗎？耶穌真的能……？阿春在如此困惑當中，很快就睡著了。

2.

正當阿春在睡夢鄉的時候，我來把他的身世告訴你。

十四歲的阿春是個孤兒，受雇於村子不遠處的農家，幫他們下田工作。他是個好孩子，認真地把事情做好。當他年齡漸長，農家夫妻倆不但喜歡他，也看重他的工作。幾年後，農夫去逝了；他的妻子非常憂傷，納悶自己究竟做了什麼，才遭到神明如此惡待。她帶著女兒們在葬禮中行禮如儀(你們會在另一章的故事中聽到有關喪葬的細節)，然後就必須回頭過日常生活。

田裡的農事該怎麼辦？農夫的妻子沒生兒子。她很喜歡阿春，

他是個了不起的工人，脾氣又溫和。阿春還會演奏樂器，因為他善用閒暇時間勤練弦琴，也會唱歌謠給熱心的聽眾聽。而且他的相貌還長得不錯。何不讓他娶自己的長女為妻呢？如此一來，不就能讓他照料農事？不錯，這將是個極好的安排。

她可不能親自向阿春提這事，必須找位媒婆來打理。果然，不久之後，阿春和她的女兒阿銀(Silver)就結成夫妻了。他們當然不是在教堂舉行婚禮，而是祭拜家中供奉的神明和祖先牌位，連著二三天會有不少宴客歡樂的場面。

阿春現在經管所有的農事了，猶如這戶農家的兒子一般。婚後沒多久，他就在前往彰化的市場途中聽見梅監務牧師講道。或許你以為他會立刻離棄偶像成為基督徒，但是，他根本沒這麼做。阿春雖然記得「天堂是我家！」，卻仍祭拜著偶像，有時甚至還參加進香團之旅，前往福爾摩沙最著名的北港媽祖廟拜拜。

3.

這真的是路途遙遠的旅程，得在炎熱且灰塵瀰漫的鄉間小路長途跋涉三天，才到得了目的地。越靠近北港，同行的夥伴就越多，這趟旅程的最後幾個小時，他會置身於數百名進香客當中，大家都是有志一同，要去膜拜最偉大的女神。

阿春會帶著幾樣熟食：雞、鴨、魚、豬及豆干。他還帶了一個裝著幾疊金紙、幾束香、幾支紅燭、一些鞭炮的籃子。這些供品，都是要給偉大的女神和其他次要神明的。

抵達北港時，群眾在街道上爭先恐後地推擠著，男男女女以及

小孩子們都湧向大廟。其他像阿春這樣的香客則擔著沉重的供品，他們當中許多人還拿著小旗子、護身符與鈴鐺，使得這些香客沿路發出叮噹聲。快到廟宇時，他們聽見別的香客放鞭炮發出的砰碰巨響，一進廟宇的中庭，就有燃燒柱香所形成濃烈的煙霧，迎面撲鼻而來。

阿春奮力從香客中擠向前行，分別將食物供奉諸神，偉大的女神得到最多的一份。當神明們享用著食物的「風味」時，他燃起自己的香，並放了鞭炮。接著點亮小紅燭，擺放在神明面前。然後走到中庭的大金爐那兒，將自己供奉的金紙投入烈燄裡。

金紙是將粗糙、柔軟的紙裁成四方形，捆成不同體積來賣。所

北港朝天宮廟前大街(引自《開台尋跡》)

謂的「金」紙，就是在每一張紙上塗了一點黃色的顏料。人們以爲神明會把這些紙錢當成眞的金子，拜拜的人相信神明會如數領受。

四周許多香客都在做同樣的事。

有個面容憂愁的窮寡婦，將自己好不容易買來的一點點紙錢投入金爐。

還有一個營養不良、蓬頭垢面的少年，穿著破爛，雙腿佈滿潰瘡，他花盡僅有的幾錢日幣，買下珍貴的紙錢投入金爐，盼望會有更美好的未來。

另有一位貴婦，她的頭髮、手腕、脖子、手指都戴著貴重的金子、珍珠、碧玉飾品。她身邊的小男孩穿著漂亮的絲綢，配掛金鍊，脖子上還懸著護身符。一個丫鬟站在他們旁邊，提著大大的紅色籃子，裝滿了金紙。女主人一張一張地將它們投入火裡，小男孩也動手幫忙，歡喜地看著長長的火舌舔走紙錢，「把它們都吃下去」。能夠和媽媽從一百英里外的家中來到這兒，幫忙升起熊熊營火，多麼好玩哪！

「媽！這火什麼時候才會熄滅？」

「爲什麼問這個？孩子呀，這火是永遠不熄滅的。」「從清晨一直到夜深都不停地燃燒，而且爐火整夜就這樣悶燒著。難怪偉大的女神會保祐你。」她繼續說道：「等你長大就要去東京讀書喔！」

阿春投完所有金紙，看著它們燒成灰燼，才回到內殿。他大聲向神明祈願，多次俯伏在偶像前的地面上。然後取走所供奉的食物，以爲神明們已享用過，滿意了。

Book2

全台聞名的北港朝天宮(引自《台灣懷舊》)

　　你會問：「他要怎麼處理這堆東西呢？」

　　在廟宇的中庭與大門口四周，有許多可憐的乞丐。阿春一走出來，他們就異口同聲地開始發出悲鳴：「好心的主人啊！可憐，可憐我，施捨一點吧！你會發大財，你的孩子會很聰明，你的穀物會豐收，可憐，可憐我，施捨一點吧！主人啊，施捨一點給我……」

　　阿春會把這些好東西分給乞丐們，然後兩手輕省，心中充滿希望地踏上歸途。

　　他心裡想著：「我現在可以期望有個豐收。我辛辛苦苦地花這些錢供奉偉大的女神，她一定會悅納。我的水牛會好好地耕田，我的豬不會染上瘟疫，我種的馬鈴薯會長得又大又好，我的稻子收成

後會賣得高價。」

阿春多次參加這樣的進香之旅。

4.

阿春認為是進香後不久，神明賜下他心中特別渴望的一個小男嬰。他和阿銀該多麼高興啊！可愛的嬰兒有個小酒窩、黑亮的眼睛、如絲的黑髮，還有粉嫩的身子呢！他們現在一定要謝神，還得獻上更多供品。

但是，惱人的日子接踵而至。家中不時起口角，情況惡劣到讓阿春非常不快樂，難受極了。終於，有一天，阿春在盛怒之下揚言要了結一切，打算把小男嬰帶去賣掉，然後獨自遠走他鄉。

阿銀的妹妹已婚，住在另一個村莊，聽見此事就趕來探望。她愛阿銀，想到阿春的脾氣竟然壞到威脅要離家，讓她感到非常憂愁。前往探視的途中，她忽然想起，曾聽說不遠處有個禮拜堂，可以使壞脾氣的人變得和善，而且那些「壞嘴」的人在聽了道之後，往往變成會說好話。她自己並沒有去教堂求助的特殊需要，不過，或許這正能幫上阿春。

他們交談時，她告訴阿春的第一件事就是：「何不去禮拜堂聽道理呢？」

阿春馬上想起梅監務牧師和兩年前的那場講道，「天堂是我家！」這些話再次浮現腦海裡。是啊！為什麼不去禮拜堂多聽一些呢？也許會給他帶來好運，比神明們賜予的更興旺也說不定。

Book**2**

5.

接下來的禮拜天，就看見阿春跋涉在鄉間道路上，前往五英里外的小教堂。一位很熱誠的人正在講道，他名叫張有義❶。他注意到阿春走進禮拜堂，馬上看出這人從沒來過。禮拜結束後，他直接走向阿春，很熱切地和他長談。阿春專心聆聽。

阿春要回自己的村子了，臨別時，張有義說：「你現在一定要常來教會，一定不可缺席，你會漸漸懂得所有的道理，到最後就曉得耶穌是你的救主。」

這事之後，阿春沒有去做那些曾經出言威脅的事。他照常在田裡工作，而且馬上和善對待丈母娘及阿銀。接下來的六天，他都辛勤勞作，決定下個禮拜天要再去聽張有義講道。

可是到了禮拜天，卻發現田裡實在忙得根本沒空。秧苗等著要栽種，不可能延緩耕田的事。看來這個禮拜天非得缺席了，從下個禮拜開始，再按時前往吧，他心裡這麼想著，一面將犁抬上肩，領著水牛出去工作。

不一會兒，他就蹣跚地踩在水深及踝的泥巴田裡，這水是幾天前就已經灌好的。偏偏這頭水牛今天早上好笨，需要不停吆喝、鞭打，甚至還得罵髒話，才能叫牠行動。牛一直站住不肯動，結果犁田的進度非常緩慢。然後，怎麼回事啊？阿春覺得自己不太舒服，話才說完沒多久，肚子竟大痛起來。

---

❶ 校註：張有義傳道，台中豐原人，1904 年入台南神學校，曾在清水、大肚等教會牧會，此教會即大肚教會。

他心裡想：「看吧！我今天沒去禮拜堂，上帝就用這樣的痛苦處罰我。下個禮拜天不管多忙，我一定不能缺席。」

6.

自從這次以後，阿春再也不曾缺席小教堂的禮拜。張有義在遷往他處傳道之前，一直不斷教導、幫助他，並且將他轉交給接續的傳道人。阿春認得的字很少，只懂得少數幾首詩歌，就很渴望學習白話字。

新任傳道的小女兒名叫謹慎❷，於是由她來教阿春白話字，才不過學了幾禮拜，他就能閱讀自己的聖經了。那麼，他究竟得了什麼財富呢！每天夜裡，他都就著一小盞花生油味昏黃的燈光，研讀那本珍貴的書直到很晚，在傳道的幫助下，很快就明白所讀的奇妙含意。

這期間，他也央求丈母娘禮拜天和他一同去做禮拜，她看阿春的生活和以前大不相同，就樂意前往。接下來他們帶著阿銀去，她跟在他們身後，跋涉於稻田間的小路，將胖嘟嘟的男嬰緊綁在自己背上。

這事過後沒多久，阿春和阿銀得了另一個兒子。他們曉得這回不是偶像的作為，於是將孩子命名為「天賜」(Heaven's Gift)。他們

---

❷ 校註：此新傳道為陳有成 (1867-1934)，嘉義人，1883 年入台南神學校，曾派駐吉貝耍、岩前、柑仔林、斗六、觀音山、崗仔林、社頭崙仔、茄苳仔、東大墩、鹿港、溪湖、樸仔腳、馬公、大肚等等。陳有成有子陳敦德業醫，有女陳謹慎 (1893-1987)，其夫為趙天慈，曾任台南東門、南門教會長老。

一同爲這新得的小寶貝感謝上帝。

現在他們很快地除去偶像和祖先牌位，開始在家中同心禱告。阿春領著家人敬拜上帝，用他那把奇特有趣的弦琴帶大家唱聖詩。全村都聽得到他們唱詩的歌聲，鄰居會來站在門口傾聽。阿春也會讀聖經，然後閉上眼睛禱告。

「看！他在跟那位看不見的上帝說話呢！」鄰居們說道。

禱告結束後，他會花很長的時間跟在場的人說話，將發生在自己身上奇妙的事告訴他們，說起從前他的心靈是多麼黑暗，如今卻因爲相信並敬拜眞神上帝而充滿亮光。

幾個月過去了，阿春更加熱心，也從讀聖經中認識耶穌，越來越懂得「行天路」的道理。

7.

某個禮拜日，大約是阿春開始定期上教堂的兩年後，傳道人宣佈，梅監務牧師下個禮拜天要來主持「問道理」，意思是任何一位男女只要願意，都可以來請問梅監務牧師，是否能接納他們成爲教會的一員。阿春怦然心動，決定要報名成爲候選人，當然也因爲能再見到梅監務牧師，可以將自己的經歷告訴他而滿心喜悅。

梅監務牧師在禮拜六下午抵達。是的，就是他！還有一支喇叭裝在盒裡，吊掛在他肩上呢！阿春一臉笑容，充滿渴望地趨前。

「梅牧師(Mui Bok-su)！你還記得我嗎？四年前你在彰化附近講道，我在那兒聽，你告訴我天堂是我的家！而且……」阿春將發自內心的喜悅，傾注在梅監務牧師感同身受的耳裡。

「而今，我要來請問你是否接納我進入教會。」阿春補充道。

梅監務牧師和這位農夫談了一會兒，詢問他有關耶穌生平的問題，要看他懂多少。阿春輕易地答覆提問，而且答得很正確。

最後梅監務牧師問道：「嗯，你認為自己得救了嗎？」

這是個大問題。阿春沒料到會這麼問，他坐著思索。

接著他的臉色一亮。

「為什麼這麼問呢？是的，我當然已經得救了。」

「你怎麼知道？」

「因為我信靠耶穌。」

「什麼是信靠耶穌呢？」梅監務牧師追問。

阿春再度沉默了。

然後，他回答：「就好比一個人走在路上。暴風雨突然臨到。路邊遠處有一間房子，他就跑過去躲雨。這個人躲進房子裡，並且相信這間房子能保護他不受暴風雨侵襲。耶穌就像那間房子，我們信靠祂且躲在祂裡面。」

隔天，阿春被接納成為教會的一員，並且首度領受聖餐。

8.

阿春公開告白自己信靠耶穌後，有天晚上，他才剛躺下要睡覺，突然想到一個點子。每個禮拜他有一天可以休息去敬拜上帝，其餘六天要工作。但是，這六天都是為自己而辛勞。為何不拿其中的一天來為上帝做工呢？他在這寧靜的夜裡思索著，並且告訴上帝他決定這麼做。

阿春兄(原書附圖)

　　他的丈母娘及阿銀為此感到焦慮，惟恐家裡收入會頓減，不過，當她們聽阿春說，他確信上帝不會讓他們有所欠缺時，就都同意他的想法。

　　於是阿春每禮拜六早上一吃過早飯，就離開農莊出門去了。他手臂夾著弦琴，口袋裡放著聖詩，輪番跋涉在周圍的村子裡，一面

唱聖詩，一面用刺耳的弦琴來伴奏，向所有願意聆聽的人傳道。禮拜六晚上回到家時，他疲憊不堪，嗓子也沙啞，但是心裡卻有不可思議的喜樂。

9.

這是許多年前的事了。現在的阿春就是你從相片看見的那位年約六十歲的男子。他把這些年來的歲月都用來爲耶穌工作，如今除了告訴別人天堂是他們的家之外，就沒別的工作了。他是我們彰化醫館的福音使者，終日進出病房，教導福音信息。

幾天前，醫館裡有位婦女說：「當阿春兄和我說話時，就像有兩條長長的橡膠管從天上垂掛下來，經由阿春兄的耳朵直接穿進我的耳裡，我就聽見上帝向我說話的聲音了。」

那位婦女回到海邊的家中後，成爲那個村子裡的一盞明燈。

有時阿春會在月圓的夜晚和醫院的職員一同前往各村拜訪。他會帶著弦琴(演奏方式如你在相片裡所見那般)，邊拉邊唱一首聖詩之後，往往就聚集了一小群人準備聽講，只要開講的人能停留多久，他們就會聽他講多久。

阿春從前以爲是神明所賜的那個兒子已經長大，成了強壯又良善的人。你現在可以看見他在彰化街上拉著人力車四處載客。他穿著車夫白色乾淨的制服，背上寫著大大的黑字「72」，就是他的人力車編號。他如果載你一程，就會輕巧敏捷地沿路跑，你會欣賞他那優美、裸露、棕色、肌肉結實的雙腿。全彰化的人力車只有72號在禮拜日是休息不營業的。

可惜「天賜」這孩子並未順利長大成人。他十四歲那年，有一日在田間工作時，無端被水牛用角牴觸，即刻喪命。這對他的父母而言，真是悲痛至極。不信上帝的人們嘲笑阿春和他的妻子：

「你們的上帝就是這樣看顧你們的孩子嗎？」

他們在深深哀痛中埋葬了「天賜」。隔天就是禮拜六，阿春照常出門四處去佈道。不信上帝的人們對此大感驚奇。

「他現在為什麼還不放棄敬拜上帝呢！」

「上帝帶走了他們深愛的孩子，阿春才剛埋葬了孩子，隔天居然還去傳講上帝！」

10.

阿銀如今已是一位溫柔和藹的老婦，照顧著一個寶貝孫女。

她會告訴你：「她名叫『安息』(Rest)，因為是在禮拜天出生的呢！」

「安息」的媽媽是個開朗的少婦，在醫院裡擔任洗衣工貼補家用。有時媽媽在工作的時候，會將小「安息」綁在背上，她小小的臉蛋隨著媽媽洗濯的動作而前後搖晃。

面容和藹可親的阿春在病房間走動，會路過洗衣盆，停下腳步疼愛地撫摸她柔嫩的臉頰，小「安息」抬起帶著酒窩的笑臉，好像在說：「我有個多麼親愛的爺爺！」

原書註

年長一點的男孩、女孩會喜歡多知道些，我就再補充有關偶像的事。所有

的偶像都會被起個古時候的男人或女人的名字。雕刻偶像的人不能隨自己的意命名，再賣給人家去拜。很少有刻好供人膜拜的偶像是沒有名字的。

漢人拜的偶像為數好幾百尊，其中有些是仁厚待民的君王，有些是學有所成的文人，有些立了英勇的功績，有些則是懷抱異象。

福爾摩沙最有名的偶像，就是我故事中所寫的那位女神。她名叫林默，大約六百年前出生在中國的福建省，和父母及四個兄弟居住在海邊，靠打魚為生。

有一天，她的兄弟們出海遠去，父母看見她的身體突然變得僵硬，直挺挺的坐著，眼神好似定睛在看遠方發生的某些事情。她的父母嚇一跳，以為她一定是發生痙攣了。母親趕快過來喊她，詢問到底是怎麼回事。女孩似乎是在恍惚入神中被喚醒。

她問道：「媽，為什麼不讓我去救哥哥？」

父母聽不懂她的意思。

一兩天後，三個兄弟回到家裡。

父母親問道：「還有一個兒子在哪兒？」

這幾個年輕人說：一兩天前，他們在海上遇到大風暴，他們的大哥因此淹沒在海裡。

「有個女孩引導著大哥那艘船，當她撐住帆的時候，船的情況是安穩的。後來她突然消失不見了，船就沉沒，我們眼看著大哥溺斃。」

父母這下子才恍然大悟，明白一兩天前女兒所說那番奇怪的話。原來她是去救哥哥，卻因為他們太早喚醒她，使得前功盡棄。

這事發生在林默十八歲的時候。她的餘生都在廟裡修行，死後就被奉為神明。

這位女神的聲名很快就遠播福爾摩沙，今天在這個島上有數千尊她的神像，然而，北港是第一個拜她的地方，我在故事中所寫的那座有名的大廟，就供奉著這位女神最大尊的神像，不斷吸引人們從全島各地前來進香膜拜。

Book2

德 壽

1.

六點！阿狗！喜燕！歪嘴！矮子！貴珠！跳蚤！安息！德壽！哮吼！十三！塌鼻！

以上這些詞兒，你統統猜得出是意指什麼嗎？你會喜歡人家用其中之一來叫你嗎？你想選哪一個呢？

這是一些漢人男孩、女孩的名字，現在我要告訴你的，就是其中一位的故事。

大約二十五年前，這個小生命誕生於彰化以南四英里處的村子裡。你如果能到他父母的住家偷窺一下，就會看見這孩子誕生那天，為他們帶來多大的喜悅和幸福。他被緊緊裹在父親的一件舊褲子裡，躺在竹床上，你可以舉起這卷硬挺的褓褓，看看他粉嫩的小臉蛋，摸摸他光滑如絲的黑髮。你若問這位母親要替孩子起什麼名字，她會說：孩子的爹尚未幫他選好名字呢！(漢人的嬰兒一定要在出生幾天後才取名。)他們也沒事先替嬰兒準備柔軟美麗的衣物，恐怕嬰兒一旦夭折，就浪費這樣的衣物了。

三天後，你會看到他們謝神。孩子的爸爸會到彰化買金紙和香回來，父母倆一起在家神面前燒這些紙錢，並且擺上食物供神明享用。他們也會求神保佑孩子順利長大強壯，得享長壽。

「啊！想到一個好名字了！」他們就叫孩子德壽[1]，這樣他將會長壽延年。

他們恐怕臥房裡有惡靈盤旋，所以父親現在拿著一根短竹竿，敲打著床裡、床腳、硬床板、掛蚊帳的框架；還用力地加以搖晃，這樣就能嚇跑惡鬼，讓牠們沒辦法傷害德壽。

有些父母親依舊不放心，深怕惡靈作怪，於是就在嬰兒的一個小耳朵上穿孔，戴上小小的金環，以為這樣就能將男嬰安全地綁住。一面也是要讓惡靈以為這是個女娃娃，因為只有女孩才戴耳環，惡鬼們當然不會想帶走女孩囉。有時男嬰還會被取個女性化的名字，同樣是為了矇騙惡鬼。

2.

德壽足月時，家中要再謝神。他的母親依照習俗坐月子直到滿月，她會穿上新衣帶著孩子出來。她幫孩子穿上有花卉圖案的漂亮外衣和小褲子，將父親買的一對絞編銀鐲子，戴在孩子肥胖的小手腕上，再將銀製的護身符掛上他脖子。叔叔、伯伯、嬸嬸、姑姑……親戚們統統都來探望嬰兒，大聲喊說：神明賜下好運道給孩子的雙親了。父母親有這個小兒子感到多麼驕傲啊！

德壽的父親務農，擁有一些田地，辛勞地耕作著。每年收成稻穀兩次，在兩次稻作之間，還能在同樣那片田裡種非常多的蔬菜。

---

[1] 校註：王德壽，彰化崙仔頂人，1916 年 7 月 12 日由林學恭牧師領洗禮，時年十八歲，後曾任彰化教會執事四年 (1921.10.9-1925.10.25)。(以上資料由賴永祥教授提供)

他從大清早一直忙到晚，只有中午回家匆匆吃個飯。收成的時候，他太太會去幫忙割稻。德壽的媽媽在佈滿殘梗的田裡忙著紮好打過穀的稻子，並束起禾捆，德壽被舒適地緊緊綁在她背上，看來相當滿意。

「兒啊！等你長大，收割時就會常來幫你爹和我的忙了。」

3.

幾個月過去了，德壽第一個生日到來，家中有更多令人欣喜的事。當年兩次的收成都不錯，父母現在有錢可為他慶生。神明讓德壽長得強壯又結實，他們現在得特別為此還願。除了供上食物、香、炮，神明也配得觀賞一台戲。

於是父親步行前往彰化，去雇一班巡迴的戲子，安排在孩子生日當天中午來演出。然後他再辛苦地四處奔走，到親朋好友家去邀他們前來協助這場慶典。

生日的前一天，大家都非常忙碌。父親再次跋涉至彰化，去市場購買大量的豬肉、蔬菜和其他東西。回到家後，還將一年來養肥了的雞、鴨、鵝殺好備用。

隔天，親戚們一大早就抵達，整天全都為了慶典的事忙著烹煮。這一定是很棒的筵席，當然必備了二十幾道菜。

中午過沒多久，戲班子來了，大約十五個演員和樂師，另有苦力扛著沉重的箱籃，裝著戲服與其他道具隨同抵達。父親出去為他們選好演戲的地點。那一定是院子裡正對著住宅前門的地方，神明可以在此觀賞演出，雇來這台戲就是為了酬謝神明。

　　苦力們搭好戲台，在很高的堅固長椅上鋪著粗糙的厚木板。接著在支架上撐起天蓬，掛好簾子，樂師們在後台的凳子上就座，開始彈奏起來。

　　　　鐃鈸鏗鏘！

　　　　銅鑼砰梆！

　　　　鼓聲隆咚！

　　　　管笛尖嘯！

1910年代左右的台灣野台戲(引自《法國珍藏早期台灣影像》)

Book2

不一會兒，整個村子的人就被這種難以抗拒的聲響召喚前來聚集，坐在各自帶來專為這種好時光準備的小凳子上。演員穿著耀眼醜陋的戲服就定位，開始演出。

宣教師現在絕不可以留步觀賞，這種中國戲劇最常演出惡質的故事內容，基督徒是不去看的。路過這種戲台時，你會看見有人持矛粗野地揮舞著，演員狂亂地繞著舞台猛衝，一面展現出可笑的動作。尖聲吶喊伴隨著演出，數度中場休息時，還有彈奏不出優美旋律的樂器，發出震耳欲聾的鏗鏘聲，增添駭人的音效。

4.

神明就和德壽的父母、親戚、鄰居一同坐在家裡看戲，直到最長的一段中場休息時間才暫停。醜陋的演員脫下戲服，樂師們放下發出噪音的樂器，村民們回家去吃晚飯。

德壽的生日筵席準備好了，親朋好友都坐下，八個人一桌，期待享用所有的美味佳餚。每道菜都熱騰騰地上桌，各桌的菜很快就被八雙忙碌的筷子和湯匙一掃而空。盤底朝天的時候，新的一道菜又上了。

多棒的盛筵啊！吃的是魚翅、蝦球、咖哩蘑菇龜肉、炸青蛙、燉香腸、炒海參、竹筍蟹肉湯、各樣中式烹調的雞鴨鵝、薑煮貝類、燉鰻，每一場中式筵席最後都會上一道甜食，今天是浮在糖漿裡的荔枝。其實這就是漢人所謂的「山珍海味」。

德壽穿著明亮桃紅色的小外衣和褲子。手腕戴著銀鐲子，脖子上的鍊子掛著銀製平安符。他頭上戴著一頂極好的帽子，那是耀眼

的七彩絲製品，上頭有精美的刺繡；其中有金、銀、藍、綠、紅各色的鳥、花、蝴蝶、兔子，還裝飾了懸著小銅鈴的流蘇，每當他的小臉蛋轉來轉去時，就發出愉悅的叮噹聲。

當賓客們享用生日筵席時，德壽的父母親驕傲地抱著他穿梭其間。大家都誇讚胖嘟嘟的小男孩和他漂亮的穿著，許多叔叔伯伯、阿姨嬸嬸們用他們的筷子夾一戳食物，送進他的小嘴，這樣的行為，肯定會讓你幼小的弟妹們生病呢！但是德壽似乎樂在其中，除了滿口吃著大家夾給他的食物之外，他還心滿意足地吸吮著一位叔叔給的雞腿。

盛宴在兩個小時後結束了，樂師們又回座，彈奏誘人的召喚。全村的人再度聚集，大約九點時，表演又全力展開。偶像前面的香燭燒得火亮，筵席上最可口的幾盤食物也供在那兒。神明們享受著美味的食物又觀賞熱鬧的野台戲，渡過一段輝煌時光。

戲一個小時又一個小時的演著，音樂聲鏗鏘，演員滿場奔跑，隨著夜色降臨，他們的聲音愈加刺耳，手勢愈加狂放。幼童在母親的臂彎裡入睡，男孩女孩躺臥在地面上睡著，男人女人依舊入神地坐著看戲。

黎明時分，表演終於結束。觀眾們拖著疲累的身子與恍惚的腦袋，困乏地走回家，倒頭就睡個一兩小時，起床的時間一到，又面臨辛勞的另一天。幸好統治福爾摩沙的日本政府現在規定，城市與鄉鎮的戲劇表演，都得在午夜十二點結束。

小德壽的慶生會就這樣結束了。

當我告訴你，這小男孩隔年的生日竟被忽視了，下一個生日、

以及再下一個生日也都如此不受重視，你會覺得好奇怪。事實上，要一直等到他五十歲的時候，才會再為他舉行另一場慶生會呢！

5.

德壽平靜地渡過往後幾年的歲月。神明又賜給他父母另一個男嬰，取名為德風❷。兩個男孩長大後，就幫父母分擔工作，把水牛帶到田裡去，也照料山羊、餵豬和家禽、從井裡打水。父母也教他們向祖先的牌位鞠躬致敬，並且向神明祈願。

德壽十一歲那年，父親看他是個聰明的孩子，開始想讓他讀書識字，卻因田裡需要他幫忙而無暇入學。

此時，他的父母正好聽說彰化有主日學在教男女孩讀書，而且每禮拜只有一天，於是打算送德壽去那兒學習。

6.

就是這樣，有個禮拜日早晨，一位雙眼明亮、面容熱切開朗的小男孩，在主日學開始上課的時候來到我面前，請求我將他的名字登記為學生。於是我在點名簿上寫下「王德壽」(Ong Tek-siu, 意思是國王長壽，漢人的姓名是將姓氏寫在第一個字)，將他安排在上完聖經故事後要學字母表的小男孩班上。

他的口袋裡有條手帕，包著滿滿的白米，主日學和教堂的禮拜

---

❷ 校註：王德風，1921 年 3 月 13 日由梅監務牧師領洗禮，時年二十一歲。(以上資料由賴永祥教授提供)

彰化基督教會主日學常設部幼稚科(彰基提供)

結束後，他會將米投入一口大鍋子裡煮，這是從四周的村子走來彰化的基督徒共同煮食的午飯。

　　飯後還有另一個小時的主日學課程，以及另一小時的「大禮拜」，結束之後德壽才回家去，這個快樂的小男孩雙眼愈加閃閃發亮了。他拿字母表給爸媽看，他們聽見德壽會讀 b, ch, chh，以及其他所有看起來很奇怪的字型，馬上肯定他是個非常聰明的孩子。

　　於是德壽一個主日又一個主日來上學，他是所有小男孩當中最聽話、最聰明的一位。他也是非常有禮貌的男孩，每個禮拜天，他在太陽下走了五英里，雖然到達時又熱又累，都會來我面前請安：「醫師娘，平安！」這就是我們向認識上帝的漢人道「早安」或

Book2

「你好嗎？」的方式。

德壽早就曉得他在家中拜的是假神，唯有上帝是愛全世界的獨一眞神。可是他不敢把這事告訴父母，因爲這麼一來，他們就不會讓他再去上主日學了。於是他暗地裡開始照著主日學老師所教的向上帝禱告，在家中一有空，就拿出聖詩來讀白話字拼音，直到從頭到尾讀完聖詩，然後開始讀新約聖經。

7.

但是，唉！悲痛的時刻來臨了。德壽的父親罹病，儘管喝下老中醫所開的許多碗湯藥，也祭拜、禱求神明，卻仍不見起色而越發沉重。

現在他們非得試著矇騙那想要取走父親性命的惡靈。於是他們紮了一個稻草人，拿父親的衣服給它穿上，放置在病人的床裡，再將病人帶往別的房間，希望惡靈會將稻草人當成德壽的父親！但是，儘管他們想盡辦法了，父親依然別世，現在得將稻草人和死者同埋一處。病人若痊癒，就要把稻草人拿去丟掉。因此偶而會在路邊看見這種簡陋的人偶。

消息遍傳給親戚，他們立即趕來，開始慟哭致哀。他們穿上製袋用的粗麻布當喪服，請來道士帶著大家進行葬儀。

一碗插著筷子的白米和一粒鴨蛋，擺在死者前面，讓他有力量邁向前往另一個世界的旅程；一盞燈放在死者前面，以便照亮那條黑暗的路。那一整天都要在死者面前燃燒金紙，這樣他在路上才能支付所需的費用，也確保他將來有錢可花。

　　接著是一件非常重要的東西。德壽的父親一過世，母親就派他去彰化訂製一頂紙糊的轎椅，搭配兩個抬轎的人偶。還有一座紙糊的小房子，其中各項所需都一應俱全，甚至還有死者生前不曾擁有的佣人。現在要先焚燒轎椅，才能讓死者的靈魂舒適地被帶走，不用辛苦地走向新世界。接著點燃紙房子。這些東西迅速燃成灰燼，寡婦與親戚們都相信，死者現在在另一個世界已有棟舒適的房子。

　　在此之後，道士不斷繞著棺木走，一面複述各種咒文，領著死者走過想像中通往新世界的橋樑。

台灣傳統的祭喪風俗(引自《攝影台灣》)

Book2

8.

第二天黎明時分，長長的殯葬行列在選定的吉時出發。

最前面是男孩，舉著一支細長的竹竿，高高綁著數條狹長的鮮豔旗幟。接著是手持鑼鼓、管笛的樂師們，一路鏗鏘砰磅作響。穿著俗豔的道士跟在後面，邊走邊敲著鐃鈸。緊跟在後的是一頂裝飾好的轎椅，內有新的祖先牌位，用來為死者召魂。接著是巨大又沉重的棺木，這是從一大段未打磨的樹幹砍製而成的。一條鮮紅的毯子蓋在棺材上，由十六個男人用一根粗壯的桿子前後扛著。

德壽和德風就跟在父親的棺木後面走。他們從頭到腳穿著粗麻布，哭號著：「阿爸！阿爸！」好像心都碎了。所有的男性親戚一個接一個跟在後面，婦女們則由寡婦領著走在隊伍最後面。送葬的人同樣都穿著粗麻布，絕望地發出嗚咽噎啕慟哭聲。

抵達山丘上的墳地後，抬棺的人卸下重擔，道士再次帶領進行葬儀。送葬的人跟著他繞行墳墓走三圈，道士一面還背誦更多的咒文，召喚死者的靈魂之一進入為他備好的神主牌裡，另一條魂魄則進入墳裡守著。第三條魂魄已經前往另一個世界接受懲罰。未信主的漢人，普遍相信這種三條靈魂有固定居所的觀念。

當死者的靈魂聽從道士命令之後，棺木就緩緩降入敞開的墓穴裡，接著還要進行許多儀式，然後送葬的隊伍才返回喪家。道士現在從轎椅裡取出神主牌，寫上死者的名字，關上牌位的小門，然後放置在神明偶像旁的擱板上。

9.

德壽傷心地看著所有的儀式與迷信，他知道那是錯的，但是，直到回家後他才違抗道士的命令。道士要小男孩跪拜新設的祖先牌位，也就是他父親的靈魂進入的牌位。

德壽鼓起全部的勇氣，說他現在只敬拜上帝而已。道士和他母親大為震怒，改叫德風去拜，德風聽命照辦。所有的葬儀終於結束了，道士荷包裝滿錢離去，親戚們也各自返家。

德壽的母親把他叫來，要他立即放棄上主日學，再也不許敬拜上帝。這對德壽是一大打擊，因為他曉得現在無法放棄所學的美好事物。

下個禮拜日一到，他帶著一小包米，穿上過年時母親才剛替他做的精美白上衣，悄悄地跑去上主日學。當天夜裡回到家，他的母親極其震怒，小德風對他惡言相向，還朝他投擲石塊。

下個禮拜日，母親取走德壽最好的外衣和褲子，也把大米缸關緊，禁止他拿走一丁點米粒。於是那天出席主日學的，變成衣衫非常不整的小男孩，身上的衣服不僅沾著稻田裡的泥巴，還有好幾處破洞呢！

到了中午，因為沒有米可投入大鍋裡去煮，他就跑到街上去玩。他回來時，一位執事看到，問他究竟去哪了？

「去市場。」

「你吃過飯了沒？」

「吃飽了」，小德壽心知自己撒了謊，但是，他不想讓執事曉得自己沒飯吃。

此後，每個禮拜日德壽都悄悄跑去上主日學，穿著破爛的工作服，中午沒飯可吃。你會納悶，他為何不在市場買些食物吃？當他聞到美味的細麵條，看見豬肉丸子在鍋裡炸得滋滋響，多麼想吃啊！但是，饑餓的德壽沒有把他的銅板花在買食物上，反倒在我們醫院的書攤買書，買來的書可以在田間看顧羊群時讀，那些書教他學得更多有關上帝以及「天路」的事。

10.

梅監務牧師有天前往德壽的村子講道。喔！他年輕的心為此多麼歡欣鼓動！

他心裡想著：「我媽現在就能親自聽見上帝的信息了。」於是跑去請求梅監務牧師到家裡喝茶並傳講道理。

唉！當他得意洋洋地帶回梅監務牧師時，卻發現母親和德風都跑去躲起來了，只好親自泡茶端給敬愛的牧師。他為母親的失禮感到非常慚愧，但是仍坐下來與梅監務牧師交談，熱切地提問，努力記住所聽見的一切答覆。

幾個月又過了，德壽在主日學和教會學習更多聖經上的教導。他母親依舊不給他白米，但是有位基督徒發現德壽餓著肚子在街上晃，就邀他分享大鍋裡的食物，大家都從那兒填滿自己的碗，德壽為此感謝上帝，也感謝這些朋友們。

11.

德壽再度拒拜家中的祖先牌位。他母親極端盛怒之下，聲言若

不照辦，就不認他這個兒子了，也不願再養他，要立刻逐出家門，任他自行料理生計。

「那麼，請允許我在兩禮拜內去找份工作。」

「不，連兩天都不給。你今晚馬上就走！」

可憐的德壽，他才不過只有十五歲，非常傷心地打包衣物，帶著小包袱離開。可是夜已深，他不曉得該往何處去，於是向上帝禱告，然後悄悄走進農舍一處沒人使用的角落等待。

男孩心想：「耶穌也是沒有地方可枕頭歇息。」

母親看見了他，就說：「你若在這兒待到早上，別想要我供你早餐。你可以求你的上帝，祂若果真是你的父，就會給你飯吃。」

但是到了早晨，雖然她沒親自給德壽任何食物，卻仍懷著為母的心，深愛這背逆的孩子。男孩、女孩們可要記得，這位無知的母親以為自己是堅持做對的事，正如德壽也堅持自己知道應如何做才對。她叫鄰居去告訴德壽，說他可以自己在家裡的鍋子煮食，並且再次哀求他放棄敬拜上帝。

但是她的懇求都落空了，德壽在四天內找到工作。有位名叫「阿淘」(Tough)的男孩，他也是主日學的學生，當時正和我們住在一起，幫我們做家務。這兩位少年是朋友。德壽去找「阿淘」，問他是否知道有什麼工作機會。「阿淘」告訴他：

「走過去姑娘住的房子那邊，打聽文安姑娘是否要人幫她們料理園子裡的工作。」

德壽就大著膽子去問問看。文安姑娘說她們正需要一個男孩，他可以來試試。

Book2

12.

於是這個少年展開了更幸福的人生。他認真地在花園和屋子裡工作，有充裕的時間研讀聖經與別的書。德壽非常感謝林安姑娘❸教他寫字和算術。每逢禮拜日，他都和「阿淘」一起上主日學，現在他們已經升上聖經班了，成了年紀較小的男孩們傑出的榜樣。

德壽每禮拜回家一次，我很高興告訴你，他母親已逐漸氣消，甚至開始以他為榮，德壽也說服德風到教會去了。

13.

不久之後，德壽去和梅監務牧師住在一起，為他掌廚。梅監務牧師常帶著他到鄉間各教會去，或是在彰化四處向未信者傳道。有時候，梅監務牧師會叫他起來發言，雖然德壽不懂如何傳講，卻勇於發言，鼓勵人們放棄拜偶像，來敬拜愛他們的真神上帝。

現在經他要求，彰化教會的牧師很高興接納他成為教會會員。後來最令他欣喜的，是母親開始去教會了，可惜她的身體不是很硬朗，加上年事已高，無法規律地按時去教會。然而，每當教會的朋友或是我們這些外國人去拜訪時，她都很高興地熱心聽人傳講信息。

---

❸ 校註：林安姑娘 (Miss Ann Armstrong Livingston, 在台期間為 1913-1940)，先在彰化地區從事女子教育工作，後至台南接任女神學校校長至 1937 年，1940 年被迫離台，而轉至新加坡，後成日軍戰俘，1945 年病逝蘇門答臘。戰後，英國母會在台南神學院重建原女神學校校舍，名「慕林館」，以資紀念。

德壽(原書附圖)

14.

　　德壽最近這三年是和我們住在一起。他為我家煮飯、做家務、整理花園。當我們要他做些額外的工作時,他會主動做得更多。他

一直是那麼開朗、忠實、熱誠、有信仰又可靠。他不但在禮拜日是個名符其實的基督徒，在週間其他六個工作天也是位純正的基督徒。我的孩子熱愛德壽，和他成為多年不變的同伴與好友。

德壽也是一位熱心的教會同工。他加入街頭佈道，時常和阿春兄、我們教會其他的信徒以及醫院裡的朋友，一同前往村莊傳道。他也擔任教會執事與主日學老師。他特別喜歡班上有從鄉下來的男孩，這會讓他想起自己當年還是個鄉下小伙子，在主日學剛認識上帝的情景。

你知道德壽雖然從未上學，卻利用所有的空閒讀書，十足是個有心向上的學生。他的聖經知識不斷增長，也閱讀各式各樣的漢文、日文書籍。有時我走進廚房，會看見他一面擦亮湯匙、叉子，一面讀著擱在前面的教會歷史或聖經注釋。

德壽現在娶了太太。原想告訴你有關他訂婚、結婚的情形，但是，留待稍後再來寫漢人的婚禮吧。德壽的妻子名叫謝碧❹。她按漢人的習俗與婆婆同住，德壽則時常回自己家探望。我們也喜歡謝碧來此同住，可是漢人太太的首要職責是服事婆婆，而不是丈夫呢！

德風如今是個全心全意的基督徒了，只是在教會事工上，還沒像他哥哥那樣傑出。

德壽的母親此時已是位和藹、虛弱的老婦。她無法時常到教會

❹ 校註：謝碧，1917年12月22日由廉德烈牧師領洗禮，時年十九歲，其教會籍於1921年9月24日由二水教會轉入彰化教會。(以上資料由賴永祥教授提供)

去，卻在家中為家族代禱，我想耶穌是活在她的心裡。她懸念著兩個兒子，滿眼驕傲與慈愛地注視他倆開朗喜樂的臉龐。

15.

這就是德壽到目前為止的故事。上帝知道他的未來，我們唯有祈求祂保守，讓德壽渴望事奉上帝的心真誠不變。

祝他長壽延年！

清　水

1.

　　清水(Clear Water)是離彰化約二十英里遠，景色秀麗的地方。那兒有一股清澈美好的冷泉永不乾涸，因為出水量大，不但能灌溉四周的稻田，也能供應小鎮。無論是下著傾盆大雨，或颱風肆虐，水質總是清澈又閃閃發亮，當地因此被稱為清水。

　　每天早上看見村婦下到泉水邊洗衣服，是一幅非常宜人的景色。她們跪著屈身彎向水面，在大石頭上搓揉洗淨衣服。流水在鵝卵石上翻滾冒泡又水花四濺，水面映著婦女們的身影，五顏六色的衣物加上頭頂晴朗的藍天，四周都是高大優雅的綠竹，這一切融和成非常美的畫面。

水邊洗滌的婦女(引自美國國會圖書館網站)

2.

大約二十四年前，梅監務牧師和一位名叫楊福春❶的年輕漢人，到清水街上佈道。楊福春對基督教教義懂得並不多，但是所學卻足以讓他熱誠地將福音告訴別人，也受邀和宣教師一同前往清水。

傳道人於禮拜一抵達，在鎮上狹小的街道上宣講一整天，日復一日，直到禮拜六。晚上他們會在租來的小房間一同敬拜，路過的人會站在外面聆聽。他們從未聽過聖詩，看到這兩個陌生人一同站著向上帝禱告，詫異他們究竟在做什麼。

禮拜六晚上，天黑的時候有兩個年輕人前來，說他們也想參加禮拜。第二天早上，嘰嘎響的門大開，竹製窗口的百葉窗被取下，泥地上擺了幾條粗糙的長椅。十點一到，兩位傳道人開始唱詩。未信的聽眾們站在窗外，有些膽子大一點的甚至敢進屋裡坐著。那兩位禮拜六來訪的人也在場，其中之一是來自附近村莊的農夫。他會來，是因為前一天晚上傳道人回答了自小困擾他的難題：我所見的萬物的偉大源頭是什麼？

這是在清水首次舉行的基督教禮拜儀式。❷

宣教師隔天就回彰化去了，一個月後，他再回到清水察看事情

❶ 校註：楊福春傳道 (1874-1914)，綽號「雞母春」，彰化二林人，1900 年入台南神學校，入學前曾在牛罵頭 (清水) 與茄投 (龍井) 牧會各半年，畢業後，曾在台南醫館與牛罵頭服事，1909 年派駐大埔社 (埔里)，1914 年病逝彰化。
❷ 校註：關於此段故事，梅監務牧師在 1899 年 1 月 19 日 (禮拜四) 給朋友的信中說：「今晚剛從牛罵頭回來，我很高興收到你 11 月 10 日的『信』，春與我在牛罵頭地區有一整個既忙碌又成功的禮拜。我最近曾為那地區禱告多次，突然間，上帝感動我把春安置在那裡一年：他將會勝任……且能利用傳福音的工作，來準備就讀神學校。」

的進展。他發現，楊福春非常忙碌且充滿喜樂。這兩位朋友一起吃過晚飯後，有幾個男人和小男孩進來背誦聖詩和學習白話字的字母。該時期約有三十個人在教會出入。

3.

這番突飛猛進的開端之後，教會的成長趨緩。經過一段時間後，張有義傳道被派駐清水，這不是別人，正是你在阿春兄的故事裡讀到的那位傳道人。張有義傳道盡力工作，聚集許多人來教會。清水有錢人不少，但是截至目前為止，尚無一人成為基督徒。這讓張有義傳道夫婦感到憂心，他倆決心若這些有錢人不來教會，就去他們的住家向他們傳道。

因此有天中午，張有義傳道娘手臂夾著聖詩，大著膽子走進清水最大戶的宅院。一些貴婦們的丫鬟圍坐在廊下縫紉，看見她，就按漢人的禮貌請她進來坐下喝茶。張有義傳道娘欣然接受，坐下閒聊幾分鐘後，就生動有力地向她們傳講耶穌。其中一個婢女聽了非常感興趣，連忙跑去告訴女主人：

「外面院子裡有個女的，她告訴我們好幾百年前有位名叫耶穌的人，教大家上天堂的辦法。」

「帶她進來，叫她說給我聽，那正是我想知道的事。」名叫「阿六」(Six)的女主人如此答覆。於是婢女就去帶張有義傳道娘進屋子來。

這位貴婦坐在一張鑲著漂亮珍珠的黑檀木椅上。紅色緞面靠枕精美地繡著金銀飛龍。身旁有另一個男傭，每隔幾分鐘就為她填

充、點燃水煙管,並且聽候她的差遣。婢女為張有義傳道娘端上用極精巧細薄的小瓷杯裝的茶。張有義傳道娘雙手接著,說自己不配承受。她內心極渴望能說正確的話,一面喝茶,一面悄悄在心中祈求上帝幫助。

婢女取走茶杯後,阿六夫人說道:

「請妳將那位領人進天堂的耶穌的事告訴我。」

不用等她再三要求,張有義傳道娘就開始熱誠地長談起耶穌,這當中還常常大聲朗讀一首聖詩,並且教她們瞭解其中的意思。婢女們站在四周,阿六夫人年輕的媳婦也溜進來聽。不久,張有義傳道娘愉快地起身準備離開。

阿六夫人說:「要快點再來喔。」傳道娘向她保證一定再來,於是告辭離去。

當晚,張有義傳道夫婦和小女兒「阿玉」(Jade)在家做禮拜時,特別懇求上帝敞開阿六夫人與僕婢們的心。

4.

一兩天後,張有義傳道娘再度前往大宅院。在門口遇見一個佣人,說女主人正在抽午後的鴉片。

「喔!我不曉得她抽那不好的東西。」張有義傳道娘說。「她一天要抽幾次?」

佣人回答:「三次,每次要兩個小時。」

「那一定要花很多錢。」張有義傳道娘說。

婢女答:「每天要花四圓。」(一圓等於兩先令英鎊)

「我現在可以進去見她嗎？」

「可以，她就快抽完了。」

　　張有義傳道娘看見這位貴婦斜倚在床上，嘴裡含著鴉片煙。另一個婢女站在旁邊，將鴉片捲成丸狀，適時填入煙管。阿六夫人昏昏欲睡地問候來客。張有義傳道娘受邀坐了下來，在令人作嘔的鴉片煙味下，覺得有點頭暈。不久，阿六夫人將煙管遞給婢女，說今天抽夠了。

　　張有義傳道娘很聰明，沒有一開口就責備女主人，反而注意到黑檀木的床精緻地鑲嵌著珍珠母，她這麼說：

「好美的床啊！妳從哪兒買來的呢？」

「廣東」，夫人只能遲鈍又笨拙地說出一兩個字。

清水有錢人不少，圖為清水社口楊登若秀才與太太，攝於1917年
（引自《攝影台灣》）

「花多少錢買的呀？」張有義傳道娘以漢人的作風問道。

「四百圓。」阿六夫人回答。

傳道娘又說道：「好漂亮的簾子啊！」她站起來欣賞且撫摸蚊帳柔軟的藍色絲綢與刺繡裝飾。「上帝賜給妳豐盛的財物，」接著又說：「妳一定要趕快學會為此感謝祂。」然後她才坐下來，教導屋子裡的人更多有關耶穌的事，阿六夫人也漸漸地從鴉片煙的效用中回過神來。

說話當中，好幾位貴婦進來坐下。張有義傳道娘停下來歡迎她們，詢問她們是誰。

阿六夫人說：「這三位是我大伯的太太，人們稱我大伯叫『李老爹』(Squire Li)，其他那幾位是我小叔及堂兄弟的太太。她們分別住在這棟宅邸裡的不同地方。」

張有義傳道娘繼續她的話題。

不一會兒，阿六夫人問道：「妳自己或妳先生知道更多這樣的教義嗎？」

「喔！我先生知道，因為他在台南的傳道人學校上過課。」

「那麼，我想多聽一點他講的。」

「我們住在教會，妳願意來我們家嗎？」張有義傳道娘心想，這一步或許可以引導阿六夫人來做禮拜。

「嗯，我從不出門的，不過，如果有一頂遮得嚴密的轎子可乘，或許我會去。」

張有義傳道娘很高興地說，隔天她來的時候會有一頂轎子隨行。婦女們都與她道別，且邀她再來。

Book2

傳道娘問：「妳們有人想學閱讀嗎？」

「是啊！我們好想學」，她們同聲回答。她們沒有人上過學，一直生活在深宅大院裡。學習閱讀，這主意對她們而言眞是最美妙的展望了。

「太好了！我會帶字母表來，我們可以馬上開始學習。」張有義傳道娘滿懷喜悅地離開，心想已經贏得這些貴婦們的好感。

5.

第二天下午，張有義傳道娘雇了一頂轎子和兩位轎夫一同抵達。婢女幫阿六夫人穿上漂亮的絲綢，戴著貴重的珠寶，護送她到門口上轎。兩個婢女和張有義傳道娘一塊兒用走的，沒幾分鐘的路就到教堂了。

張有義傳道出來迎接這位貴婦，帶她坐上首位，那是光禿禿的窄小起居室裡的一張硬繃繃的竹椅。阿玉害羞地爲她奉上一杯茶，夫人端著喝了。

她向傳道人說：「現在我來是想請你教我更多關於耶穌的事。」

張有義傳道和她談了很久，再次說明耶穌自天堂降世，爲我們而死，且領我們回到上帝面前。阿六夫人上轎要回去時，他熱切地請她來教會學更多的道理。

隔天，張有義傳道娘帶著一小包字母表再度前往。阿六夫人已經抽完午間的鴉片煙，準備好要學習閱讀。大宅裡其他幾位貴夫人也來了，全都熱切地開始學起字母表上的第一行： b, ch, chh, g, h, j, k, kh, l, m, n, ng, p, ph, s, t, th, ts。她們同聲讀出字母，直到嗓子

沙啞為止；接著張有義傳道娘打開她的聖詩(這本聖詩她走到哪兒就帶到哪兒)，教大家背誦一首聖詩的第一節：「我是客旅，天堂是我家」，向她們說明大家都歸屬天家，在世的日子不過轉眼即逝。

「信靠耶穌，你就能回天家並得永生」，張有義傳道娘如此總結。

貴婦們專心聆聽，李老爹的二太太尤其如此，她似乎很渴望瞭解。

從此以後，張有義傳道娘經常去這個閱讀班看她們，她的學生們成績頗佳。她也教一些婢女，她們和女主人同樣熱心學習。

李老爹聽說他的妻妾們在學閱讀，又曉得她們也學習有關耶穌的教義，為此怒火大發。張有義傳道娘在上課時，他偶而會站在院子外用髒話開罵，斥責、辱罵自己的妻子們。女人家當然不用學讀書，如果要學的話，何不學點自己本國優美的文字呢？幹麼去學張有義傳道娘教的那種文盲用字呢？

6.

阿六夫人私下兩次拜訪張有義傳道之後，決定放棄。就算坐在轎子裡，她實在還是不喜歡白天出門，而且親戚們嘲笑她，說那是與她的身份不相稱的行為。

這期間，張有義傳道娘仍繼續在大宅裡教學，日後竟組成了一個貴婦與她們的僕傭共同參加的小禱告會。她們每星期聚會一次，懇求上帝教她們祈禱，帶領她們更加認識祂。

過了些時候，阿六夫人開始非常想去教會敬拜上帝，因為內心

的渴望越來越強，雖然曉得親戚們會笑她，還是決定再次面對出門的難題。

7.

接下來那個禮拜日，禮拜正要開始，奇妙的事發生了。一頂密閉的轎子在教堂門口停下來，驚愕的男男女女尚未回過神，兩位婢女已經協助清水最富有、最尊貴的夫人下轎進禮拜堂了。

眾人交頭接耳：「咦！究竟發生什麼事了？」「我們從沒見過她，現在她居然出現在禮拜堂。這事太不可思議了！」

張有義傳道娘笑容滿面，連忙前往鞠躬迎接，吩咐阿玉趕快跑去接待室搬來一張竹椅，才不必讓阿六夫人坐在狹窄的長板凳上。

張有義傳道已經在講台上，帶會眾唱開始禮拜的聖詩。阿六夫人身旁各坐一個婢女為她扇涼，禮拜中，她從頭到尾都專心聆聽，她現在已經會讀聖詩，所以能和會眾一起吟唱。

禮拜結束後，張有義傳道娘和婦女們全都照料她上轎，請她下個禮拜天再來。

阿六夫人持續不斷前往教會做禮拜，李老爹的二太太偶而也陪她來。二太太也開始學讀自己的聖詩，並且向上帝祈求幫助。

8.

當時阿六夫人原是天天抽鴉片的，自從曉得這是錯誤的行為，就開始懇求上帝幫她戒掉。張有義傳道娘鼓勵她前往台南的醫館戒煙(彰化醫館因蘭醫生返鄉休假而停診)，她在台南待了一個月，回到清

水時，已如願戒斷鴉片。

李老爹的大太太也是鴉片煙癮很重，看到阿六夫人能夠戒掉，大感驚奇；然而，她雖聽過張有義傳道娘很多次的教導，卻不想信基督教，也為此責罵二太太。這位大太太是硬心腸的女人，對待傭人殘酷無情。

阿六夫人從醫館返家後，很熱心地研讀聖經，她的一個婢女此時正好也學會閱讀，就跟著女主人一同追尋真理。主僕倆每天晚上一同敬拜，後來李老爹的二太太也加入了。

阿六夫人終於決心要大膽為耶穌基督做見證，她想請求成為教會會員。她必須等下次有牧師造訪清水時才能如願，不用多久，機會就來了。

梅監務牧師在小房間裡等著，兩位候選人前來讓他檢驗。這兩人就是阿六夫人與她的婢女。梅監務牧師不必費太多時間，就看出她們的信仰知識增長，且全心全意熱切信靠主。隔天，她們就被接納成為教會會員，肩並肩一同守聖餐。

9.

於是大宅裡現在有兩個婦女公開承認自己是耶穌基督的門徒了。特別值得注意，是阿六夫人的改變，大宅院裡的婦女全都議論紛紛。阿六夫人之前的生活是從頭到腳都由傭人服侍，他們為她填充煙管、扇涼、遞茶、梳頭、穿衣打扮，整天隨侍她身邊聽候差遣。現在她卻極少使喚傭人，而是自己動手照料自己，親切、體恤、友善地對待僕傭。

Book*2*

10.

然而，悲傷的時刻臨到。阿六夫人得了重病，請來的醫生說她的病好不了。

當她曉得自己來日不多，就把兒子「譚大爺」(Squire Tam)叫來，這個兒子對基督教教義所知不多，阿六夫人交代他要用基督教儀式辦喪事。她用最後一口氣懇求環繞四周的人，當信靠耶穌領他們回天家。

阿六夫人死後，大宅裡其他男人們想說服「譚大爺」採用異教徒的方式辦理盛大的葬儀，但是兒子謹記母親臨終的吩咐。而且，他們雖是有錢人家，卻尚未分得贈予的財產，「譚大爺」可花用的現金不多。以他的地位來舉行異教葬禮的話，要焚燒精美的紙屋，還有其他種種禮儀的開銷，恐怕得花上好幾千圓。因此，他決定以基督教儀式舉行母親的葬禮。

他的朋友們嘲笑說：「你自己得開始上教堂囉！」

11.

葬禮當天，空中烏雲密佈。一些不信主的親戚們群聚輕蔑地嘲笑，說他們無論如何都不會去參加那種傳耶穌教義的儀式，那些人的上帝喜歡的話，下一整天雨也不打緊。

此時，傳道人與來自四周各教會的基督徒，聚集到清水來，要送這位尊貴的夫人出殯。

舉行葬禮的時間迫近，雲層卻更駭人地低沉下來。李老爹的二太太和一位名叫「阿嫌」(Not-Wanted)的女傭，她們在房間裡跪下

懇求上帝，務必在葬禮之後才下雨。

眾人到齊，在寬敞的接待室開始舉行禮拜儀式，停放在院子的棺木用彩色絲綢和蝴蝶結裝飾得極美。

然後長長的送葬隊伍由號角、管笛和鼓帶頭，出發前往埋葬的地點。主要的悼喪者按漢人的習俗穿著粗麻布，來自各教會的許多朋友都穿白色，手臂上別著一個小小的黑色十字架，表明這是一場為基督徒舉行的葬禮。

到了墳墓旁邊，再舉行簡短的儀式，眾人唱著台語的「有一處美地」，這是最受歡迎的葬禮用聖詩，其中吟唱著：

　　天堂沒有苦難，永活無死。

歌聲迴盪在平靜、沉重的空中，不信主的親戚一面聽，一面納悶歌詞的意思究竟是什麼。

送殯行列回到家不久，天好像大開，雨水傾盆而降。二太太把阿嫌叫到身邊，兩人同心感謝上帝。葬禮期間若下雨，不信主的親戚們就會說是神明懲罰他們舉行基督教葬禮。

12.

從此以後，「譚大爺」和妻子開始到教會去，李老爹的三太太也這麼做，她是受到溫和又熱心的二太太影響與幫助。同一宅邸裡的其他貴婦和幾位僕傭也開始去教會，但是男人們大多仍討厭基督教道理，冷酷無情的大太太如今成為大宅的當家主婦，她也是反對

台灣傳統的大家族(引自《攝影台灣》)

者。

就在這時期，李老爹對三個太太感到厭煩，於是娶了第四房，她也住進了大宅裡。老爺對她大獻慇懃，有時也會帶著她一同出門拜訪，這是當時開始流行的新風潮。

二太太不久就被教會接納成為會員，她在清水的有錢人當中變成一盞明燈。

每逢異教的特殊節慶，李老爹都會在家中舉行盛大的慶典。這時二太太心中會充滿憂傷。金紙在庭院的爐裡燃燒得火光熊熊，神明前的香煙濃得令人窒息，鞭炮聲放得越來越震耳欲聾，她會叫喚

忠心的佣人道：「阿嫌！趕快到我房裡去，我們必須禱告。」

　　主僕倆會在那兒一同跪著禱告半小時，求上帝讓院子裡那些人回心轉意，放棄拜偶像的異教，來信靠上帝，並幫助別人認識眞理。她們也祈求上帝保守自己信心堅定，心靈不致受影響而去做任何上帝不喜悅的事。當她們一同禱告時，「譚大爺」的太太也曾加入，稍後三太太也來了，這兩位夫人很快就放棄一切異教偶像崇拜。

　　一兩年後，「譚大爺」夫妻也被接納成爲教會會員，沒多久，李老爹的三太太也跟著成爲教會的一員。阿六夫人若能看見自己的兒子，每個禮拜日都帶著妻子與五個小男孩去教會，該會多麼欣喜啊！她的孫子們都是主日學學生呢！

13.

　　時光流轉，大太太終於開始對基督教感興趣，尤其認爲能夠閱讀是件很棒的事，可以幫她打發抽鴉片以外的無聊時間。於是她找來二太太的小男孩，暗中教她學習字母，沒多久，她就能拼讀聖詩裡面的字句。奇妙的事接著發生了！就在天天閱讀聖詩當中，裡面的眞理與教訓逐漸使她產生改變，她曉得耶穌是她的救主。當她把這事告訴別人時，令他們大感驚喜。

　　她立刻下決心要像阿六夫人那樣，非戒掉鴉片煙不可，於是前往加拿大長老會的差會在台北設的醫館(馬偕醫院)去戒煙。「譚大爺」當時是該醫館的職員。返家後，她變成一個大不相同的人，她像阿六夫人一樣，待自己的僕傭態度全然不同。從前她是個嚴屬的

Book2

李老爹的二太太，攝於她自己的房間內，
旁邊是一張鑲嵌著珍珠母的椅子(原書附圖)

女主人，甚至是殘酷對待他們，如今則是親和又體恤。

當李老爹聽見自己的大太太也變成基督徒，就大發雷霆，帶著四太太離家，唯恐她也被影響了。但是他又怕安放在大接待室裡的家族偶像沒人祭拜，就雇了一個佣人專門在神明前早晚點香，禁止三個太太撤除偶像，或阻止僕人祭拜。

14.

上述就是 1918 年為止，清水這大戶人家的故事，二太太進到教會十年後，大太太也進了教會。目前這家的女眷除了一個之外，全都成為基督徒，其中的佣人也大都是基督徒。

李老爹仍舊討厭基督教教義，一點兒也不關心那些信基督教的太太們。他帶著四太太和她生的兩個小男孩住在幾英里外的台中市，很少來清水。

我們偶而會去拜訪這些朋友，與她們同住，這真是極大的樂事。她們喜愛大弼與仁愛和我們同行，這兩個孩子和大宅裡其他孩子玩遍院子、花園與大宅各個角落，度過難忘的時光。溫柔的二太太總是把自己的臥房讓給我們住，雖然那些鑲著珍珠的黑檀木傢俱拿來睡或坐，並不柔軟，但是我們都覺得很舒適。大宅裡各房爭先恐後要展現廚藝，烹調出最可口的美食，所以都用最拿手的菜色餵飽我們。溫柔的二太太聽說外國人喝茶要加糖和牛奶，整天隨時會拿著精巧的茶杯悄悄溜進我們的房間，我們客氣地接受了，卻覺得難以下嚥，尤其不加糖和牛奶真的喝不下幾口。

早晚的祈禱會都有二十幾個人一同敬拜上帝。禮拜後，我們會

Book 2

和貴婦們以及佣人們坐著聊天，有時她們會談起很久以前尚未認識上帝的情景，說她們彼此間常常爭吵，說她們對待下人慣用的方式，說她們拜偶像的種種，大太太則談起她抽鴉片的事。她喜歡告訴我們，當她尚未成為基督徒以前，就像心頭有塊沉沉的大石，重壓著傷害她，信主後，就好像那石塊已經滾走了。她告訴我們這些往事，也喜歡向我們展示從前還在抽鴉片時穿的衣裳。

她說：「現在這些衣服都不合身了，因為自從戒了鴉片，我就變得比以前健壯，也胖多了呢！」

15.

清水現在是另一位傳道人駐堂。張有義傳道夫婦幾年前搬走了，後來雙雙別世。我想他們為上帝辛勞工作許多年，祂會特別獎賞他們。

李老爹的三太太如今已離開大宅院。她走之前先取得丈夫許可，他漠不關心地准她離去。最初她前往台南的婦女學校就讀，享受了好幾個月的快樂時光，不久前已成為基督徒醫生的太太，住在本島南部的海邊。我們相信她現在過著幸福的婚姻生活。

幾年前，二太太想要離家受訓去擔任宣道婦，但是李老爹雖然准她離去，卻不給她錢，她沒辦法身無分文地離開。於是她依舊成為清水首要的明燈，我想整個福爾摩沙的教會裡，找不到比她更親切、更溫柔、更謙虛的基督徒婦女了！

阿　嫌

1.

「我們該叫她什麼名字呢？」

一對父母滿臉陰鬱地坐在一塊兒商量。神明給了他們第三個女兒，這是他們不想要的。

「我們叫她『阿嫌』(Not-Wanted)好了！」父親這麼說。

母親回答：「好吧，就這樣了。」「阿嫌」從此就成了這個女嬰的名字。

這時，床上那小小的襁褓開始號啕大哭，做母親的忘記自己不想要這孩子，抱起裹得緊緊的小東西，在懷裡溫柔地搖著，直到哭聲止住，再放回床上，然後匆忙起身去煮午飯。

其餘六個孩子都在外面的庭院裡玩耍，最年長的姊姊背著最小的男孩。

孩子的父親回到屋子前面的小房間，那是他開的小舖子。你若悄悄溜進去看他賣的是些什麼，會納悶究竟那些味甜、聞起來令人作嘔的怪東西是什麼。你會看見嬰兒的父親拿起一團黑色的東西，放進炭爐上的小鍋裡。他用竹製的匙子攪拌那團黑色東西，一圈又一圈，直到它溶成果醬般。你若問他那看起來古怪的東西是啥，他會告訴你，是向清水一個商人買來的鴉片，而那個商人則是從印度

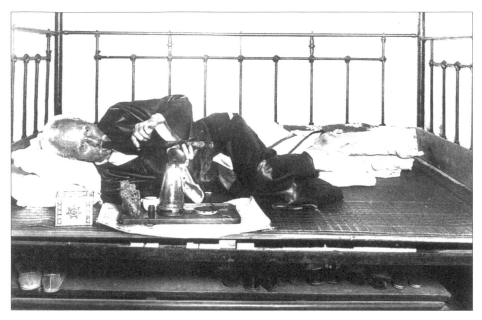

當時台灣人視鴉片為「大禮」，甚至以鴉片招待客人(引自《台灣懷舊》)

進的貨。他一面攪拌，一面舀起浮在上面的渣滓，直到單單留下純粹的鴉片。你不能站得太靠近，那些煙霧會讓你頭痛，甚至會覺得暈眩。但是可以從小舖子的另一頭觀看，你會看見「番薯」先生(Mr. Potato, 嬰兒的父親)將煮滾的鴉片又攪動半小時，等開始變得濃稠後，就抬起鍋子，將膏狀鴉片倒入小陶罐。放涼了再加上蓋子，然後把這些小罐子排放在櫃台後的架上。

當他這些事統統做完後，你會很高興地跑去呼吸新鮮空氣，「番薯」先生則走進廚房，去吃太太為他準備在桌上的飯菜。他和兒子們會先坐下來吃，等他們吃飽後，才輪到母親和女兒們。飯後，他會回到小舖子去，或許一些客人會上門。

「蔡夫人差我來買一罐鴉片」，一個貴婦的佣人把錢放在櫃台上。

當老闆在為她服務時，或許會有個面黃肌瘦的轎夫進門來說道：

「給我二十錢的鴉片。」

在多年前的那個時代，許多窮人和有錢人被抽鴉片惡習奴役。現今日本政府規定，除非有特許，否則不准抽鴉片。相較之下，今天這種煙毒禍害在福爾摩沙已經少有。

2.

阿嫌四歲的時候父親去世了。番薯嫂支付昂貴的喪葬費用後，發現自己只剩一點錢，所以就決定將長女賣給清水一戶有錢人家當婢女。不久之後，番薯嫂再嫁，以便有個丈夫為她討生活。新丈夫住進了這間老房子，卻不懂如何經營賣鴉片的小店。於是他仍繼續從事原先的工作，每天都出門去受雇的當舖上工。但是他的收入卻不足以供養這一大家子，番薯嫂決定把第二個女兒嫁掉。這樣就能少一張嘴吃飯，又能從女婿的父母那兒取得聘金。

阿嫌如今已是個大孩子了，能幫番薯嫂料理家務。她會煮飯菜、挑水、洗衣，還能照顧家裡新生的女嬰。

但是番薯嫂又遭逢災難，她的第二任丈夫也死了，得再花一大筆喪葬費用。她發現自己負債累累，於是也想把阿嫌嫁掉，拿所得的錢來幫忙解決債務。所以番薯嫂就找一個朋友當媒婆。有一天，媒婆傳來消息，說已經找到合適的年輕人，如果能娶到阿嫌，就願

意付四十圓給番薯嫂當聘金。

「他叫什麼名字？」番薯嫂問。

「阿朝」，媒婆回答。❶

「他做什麼工作？」

「他做甜食在賣。」

「有店面嗎？」

「沒有，他挑著貨在街上兜售。」

「他和父母同住嗎？」

「不，他是個孤兒，獨自住在一間小屋，住在附近的姊姊幫他煮飯。」

「我必須見他。」

「跟我來，他正在街角賣甜食呢！」

她們一同走過去。

「就是他！」等那個年輕人走近時，媒婆悄悄耳語。「不要緊盯著看。」

阿朝問候她們兩位：「吃飽沒？」

她們回答：「吃飽了。」（這是不信主的人相互問候的用語，無論是一天中的哪個時段見面，都這麼請安。）

兩個人等走得夠遠了，番薯嫂才說：「他長得不是很俊。」

她的朋友回答：「可也不醜。」

---

❶ 校註：按原文，他的名字叫做 Firm，應譯成「阿堅」或「阿實」，但阿嫌在彰化醫館時，被稱為阿朝嫂，故稱他為阿朝，其全名待查。

　　幾番交談後，番薯嫂斷定年輕的阿朝會是女兒合適的對象，沒多久，阿嫌就成了阿朝的太太。

3.

　　阿嫌就像年輕的漢人太太一般，順從地在新家扛起應盡的職責。阿朝教她製作各種要賣的甜食：花生酥、花生糖、糖煮李子、鹽炒杏仁，以及別的中式精巧美食，我曉得這些東西你一定不愛吃。阿朝會把這些做好的蜜餞排放在無蓋的籃子裡，吊掛在一根扁擔的兩端，擔上肩去賣，他在清水街上到處叫賣，敲著一小面銅鑼，口喊著：「賣花生酥！賣糖果！」

　　那些口袋有零用錢的男孩女孩都圍過來，阿朝就放下誘人的籃子，拿美食換現金。他賺得不多，所以和阿嫌得非常節儉度日才能無所缺。

4.

　　非常遺憾的是，阿朝夫妻倆快樂的日子不長。可憐的阿嫌結婚時才不過十五歲，不懂要如何好好理家。犯錯時，阿朝會嚴厲責罵她，脾氣急躁的阿嫌，也會無禮地回嘴。她會對丈夫發號施令，使得情形更加惡化，他們偶而還會拳腳相向呢！你必須記得，他們當時尚未認識耶穌，因此不瞭解兩人應試著相愛相助，而非吵鬧打架。

　　時光荏苒，一個小女嬰誕生了，但是阿朝嫂卻不懂如何好好照顧她，不久即夭折。

後來又生下另一個女嬰，但是算命仙卻說，她是生於不吉祥的月份，鄰居們說這嬰兒肯定活不了。

他們說：「妳若讓她活下來，會剋死阿朝的。」

但是阿嫌有著為母的心腸，害怕照鄰居教她的辦法去做。

女人家圍著慫恿她，說道：「別傻了！妳一定要絞死嬰兒。相當容易的。瞧！妳只要……」（日本政府現在已經禁止這種惡習。）但是阿嫌抱緊她的小寶貝，阿朝則親自把鄰居們送走。

這對夫妻接著生下的是個男嬰，讓做父母的非常高興。他們為男嬰取名叫阿金❷，因為非常渴望孩子能存活，就將他送給一位神明當義子，好讓神明保祐他。他們買了銀鍊，將刻有神明名字的護身符懸在男嬰脖子上，表明他們的嬰兒就是神明之子。

小阿金長成非常健康活潑的男孩。他向來喜歡看著父母製造酥糖，我想他們給阿金太多甜食了。父母教他在家裡祭拜偶像，每天晚上在神明前焚香時，也會給小阿金幾支香，點燃後，他會拿著在神明前上下揮動，一面背誦可愛的祈願。

當他長得更大時，家裡又添了兩個弟弟，但是，唉！他們都來不及長大就夭折了，你接下來會聽我說到他們的事。

5.

有一天，清水四周的村民們組成前往北港的進香團，你還記得

---

❷ 校註：阿金，蘇金源，又稱蘇耀輝，1915 年入台南長老教中學就讀，後擔任彰化醫館會計。

那就是供奉天上女神的著名廟宇。村民決定帶清水廟裡的神明去北港造訪女神。這樣的行動能取悅女神以及他們清水的神明，凡是參加進香的人，都會在接下來的幾個月得著好運。

男男女女做好萬全的準備後，前往聚會地點，開始踏上進香的長途之旅。

首領之一問道：「誰來掌旗，帶頭引導遊行隊伍？」

阿朝喊道：「我來」，旗子就交給他了。

其他攜帶及彈奏樂器的香客們，全都跟在旗子後面走。神像安放在一座裝飾堂皇的轎椅上，有些男人在神像前面邊走邊焚香。神轎由八位香客來抬，但是因為非常沉重，所以有好幾組人力輪番上陣。其餘的香客，每人帶著供品和香火，列隊跟在神像後面，進香團就這樣上路了。

真是長途跋涉的旅程啊！男男女女再加上小孩子，香客們要走四天才到得了北港。阿朝一路掌著綁在長竿上的旗子，渴望以此取悅神明。

你已經曉得他們在北港會做些什麼了，可是，有件可悲的事我要告訴你們。

一年前，有位婦女前往北港，祈求女神賜她一子。這可憐的婦女以為女神聽了並且回應她的祈求，所以現在將神明賜的男嬰綁在背上，要走四天艱辛的旅程再回北港，她帶著供品要來答謝女神。當她在人群中推擠著，要將供品送到女神那兒時，另一個婦女告訴她：

「妳的嬰兒臉色蒼白，看來很不對勁。」

這位母親排開群眾，迅速解下背上的嬰兒察看，竟發現孩子死了。這小生命是在熱心的香客們群聚推擠時被壓死的。

6.

阿朝回清水沒多久，他們五歲大的男孩生了病，才幾天就夭折；再過六個星期，連最小的男孩也死了。阿朝嫂極度悲傷，小阿金也哭得好傷心。阿朝本人則抑鬱寡歡。

他說：「你想想，我參加進香團走那麼遠，花那些時間和金錢，神明竟然如此待我！」

阿嫌有個外甥是基督徒，他住在幾英里外，前來安慰阿嫌，看見她在臥房裡慟哭，便說道：「妳一定要來教會聽道理，耶穌能安慰妳的心靈，帶走妳的不幸。」

但是這個母親不肯受安慰。她的外甥就去教會告訴張有義傳道娘，傳道娘答應盡力幫忙。

隔天，張有義傳道娘就來探訪阿嫌。

她說：「今天是禮拜天，跟我一起到教會去，妳會聽見上帝的信息，祂是能安慰人的上帝。」

但是阿朝嫂不聽任何人的勸，她的憂傷太沉重了，誰也幫不上忙。

張有義傳道娘在接下來的三個禮拜日都去找阿嫌，但是每次都無功而返。第四個禮拜日她又去了，阿嫌仍然哭泣著。

張有義傳道娘說道：「來吧！哭是沒有用的，妳一定得出門來聽道理。我這就等著妳準備好出門。」

阿嫌說：「我的頭髮亂糟糟，要花一個小時才能搞定。」

「很好，那我就等妳一個小時。」張有義傳道娘雖然知道這樣會來不及做禮拜，卻渴望贏得這位憂傷婦女的心。

阿朝嫂慢慢地起身整理頭髮，對漢人婦女而言，這事頗費功夫。張有義傳道娘坐在旁邊，一面看她梳開又直又長的一絡黑髮並且抹上油(這會使你想起馬尾巴)，一面告訴她有關上帝的事。

眼看阿嫌的動作似乎越來越慢，張有義傳道娘說：「快點，禮拜已經開始了呢！」

阿嫌回說：「妳先走，我隨後就來。」她根本不打算到教會去，依舊盼著能甩掉張有義傳道娘。

張有義傳道娘說：「不，我會在這兒等到妳梳好頭，今天妳非出門不可。」

阿嫌終於準備好了，她穿上藍色外衣和褲子，看起來很不錯，整潔油亮的頭髮樸素地挽成一個髻，垂在脖子後。漢人婦女通常會在髮髻叉上飾品，她卻因為居喪而沒有戴任何髮飾。她不想和傳道的太太走在一起，曉得鄰居會嘲笑她去教會，於是說道：

「妳走前頭，為我帶路。」

張有義傳道娘就帶頭走了，但是不放心阿嫌，頻頻回頭看她是否跟著來。阿朝嫂眼見逃跑不是辦法，只好跟著走，不一會兒就到達教堂門口了。

禮拜已經開始好一陣子，阿嫌坐在後排，四下環顧。當她看見教堂前面坐著主日學的男女孩童，不禁想起自己死去的孩子。張有義傳道講的話她沒聽進去多少，禮拜中剩下的時間她都坐著哭泣，

Book2

等禮拜一結束就溜走。

7.

那是阿嫌第一次上教堂，一個月內，她就說服丈夫也去，還帶著小阿金同行。

但是阿朝夫妻倆依然不斷爭吵。阿朝說七歲的阿金已經夠大了，可以去賺錢養自己，孩子的媽卻說他年紀還太小。

阿朝說：「他可以幫農夫牽水牛去山坡上餵」，果然找到一個男人要雇男童做這樣的工。

隔天，阿朝帶阿金去見這個農夫，小男孩跟著上山丘去，領著一頭用繩子綁住鼻環的水牛。農夫把他留在山丘上，吩咐他在那兒顧著水牛。小阿金聽話照辦，但是幾小時後，他覺得自己在這龐然巨獸旁顯得好渺小，開始害怕那對又長又彎的角，於是拋下水牛，逃回母親身邊。

阿朝當時正在街上賣甜食，回家得知這情形就大發雷霆，且和阿嫌兩人為此大打出手。

阿朝嫂總是操控一切，她說道：「好吧！我就帶著他離家去找份工作，讓你自己製造那些老掉牙的甜品去賣。我再也不和你過活了！」

阿朝極力挽留，但是他太太心意已決，沒幾天，她就聽說有個工作機會。

一位鄰居告訴她：「李老爹的二太太要找個女人照顧她的男嬰。」

阿嫌馬上前往大宅院，受雇於這位溫柔的夫人，你知道，她就是那位已經認識基督教的夫人。

阿嫌問：「我自己的小男孩該怎麼辦呢？」

夫人回答：「喔，讓他進來和妳住在一塊兒吧！」

8.

阿朝既沒有太太幫他理家，又不會給自己燒飯，日子根本無法過下去，只好放棄製作甜食的生意，天天出門去上工。然而，他是在一處不信主的富豪家工作，時常奉命擔著沉重的供品到很遠的廟去，他現在曉得這是錯誤的行為。所以他就去找張有義傳道，拜託為他找一份替基督徒做的工。

張有義傳道說：「我正巧知道這麼一份工作，聽說蘭醫生要替彰化醫館找個廚子呢！我寫信去問問，看你能不能去。」

張傳道照約定去做，很快就從彰化有了回音，說阿朝可以在幾星期內前往擔任煮飯的工作。

9.

阿嫌在清水李老爹家住了七年之久。你從之前的故事中已得知，她的女主人待她很親切，這些年來都讓阿金住在那兒，還不拿分文伙食費。阿金長得健康活潑，成為和藹可親的少年。他每天都去日本人的小學上課，也是正規的主日學學生。母親非常以他為榮。

阿金十四歲時，阿嫌聽說彰化教會要為男孩們開設學校，於是

她離開清水的大宅,前往彰化。

　　我就在此時首度見到阿朝夫婦及他們的兒子。阿金是主日學裡最可愛的男孩。阿朝直到1916年我們回英格蘭休假時,都在彰化醫館擔任廚工。阿朝嫂則在醫館裡負責洗衣。阿金在彰化教會設的學校讀了一陣子,後來成為台南中學的學生。

　　戰後(譯註:指第一次世界大戰)我們回到福爾摩沙,阿朝嫂來和我們同住,幫忙照顧幼小的仁愛。直到現在,她依然和我們住在一起。

阿朝嫂抱仁愛,一旁為大弼(彰基提供)

10.

　　阿朝嫂不是聖人。她自少女時期以來就喜歡指使別人,至今依然如此。她喜歡對丈夫及身邊的其他成員發號施令,到現在還是喜歡這樣。我們家中所有的事,她都喜歡大家照她的吩咐去做,她真的是這樣喔!

她從小在貧困的環境中長大，花每一分錢都要斤斤計較。她年紀輕輕就學會節儉，直到現在依然不改。她個人的飲食花費都極為簡省(中國佣人是「吃自己的」，意即他們自行料理三餐)，她受不了任何鋪張浪費的行為。

有一天，德壽正在將一塊剛煮沸的火腿去皮，我從那兒經過。

「妳要怎麼處理那塊皮呢？」阿嫌問我。

「丟了吧！」

「妳不能把它煮到軟，再拿來吃嗎？」

「那是煮不軟的。」

節儉的阿朝嫂說：「我可以拿來試試看嗎？真不應該浪費的呀！」

「可以。」

阿朝嫂拿火腿皮煮了一星期(用免費的炭火)，才發現依然硬繃繃的，只好將它切碎餵雞。當她看到連雞都拒吃了，才很不情願地斷定，這一定是可以丟棄的東西。

11.

阿朝嫂是阿金的好母親。若不是有她，阿金極可能會成為在田裡操勞的農夫，或是一家賣便宜貨的店裡的助手。因為她堅持要讓阿金上學，並且賺錢供他讀書，直到完成學業(另一方面也賺取她自己的生活費)。

過去這三年來，阿金是我們醫院裡擔當重任的棟樑。他是出納，要收取所有病人的費用，並且支付龐大的開銷。一年有好幾千

圓從他手中轉交給我們。他是值得信任的可靠員工。

阿金對主日學的教學有特殊天賦，除了帶自己班上的課程之外，看他用聖經圖片給全體主日學生(約 160 個學生)講課，真是一大樂事。沒有別的老師能像他那樣吸引所有孩子的注意力，連調皮搗蛋的男孩都聽得津津有味呢！

12.

兩年前，阿朝嫂跟我說：「我現在存的錢夠讓阿金娶親了。」

阿金當時是二十二歲。

我問：「結婚要花多少錢呢？」

她說：「五百圓，如果我仔細盤算的話，這就夠用。」

「妳想到哪個好女孩了嗎？」

「是啊，蘇育才牧師(Pastor Saw)告訴我有個對象，他會去替我安排訂婚的事。」

「阿朝兄同意了嗎？」

「喔，沒他的事，我要照我的辦法進行！」

13.

下個禮拜日，兩間教會都發佈了以下這則公告。

「彰化的阿金弟兄與勞狸山(Anteater's Hill, 今彰化和美)的『謝錦菊』(Kindness)姊妹將要訂婚。誰要是曉得有任何不當之處，一定得告訴彰化的蘇育才牧師。」

同樣的公告接連發佈了兩個禮拜日。牧師沒有接到反對這場訂

婚的投訴。

接下來那個星期，阿朝嫂非常忙碌。她進城去買了價值八十圓的糕餅和麥芽糖。她還選了一對金戒指和兩個鑲著珍珠的金髮飾，然後雇了苦力，將這些東西挑往八英里外的勞狸山新娘家。

「錦菊」喜歡送來的禮物。她在雙手的中指各戴上一支訂婚戒，將髮飾別上光滑的黑髮上。她的父母收下訂婚餅，分送給許多親戚朋友。這些禮物象徵阿金和「錦菊」現已訂定婚約。

經過幾個月了。

鄰居們有時會問：「他們什麼時候來把『錦菊』娶過門呢？」

他們回說：「我們還不知道。阿朝嫂和阿金尚未決定好時間，

歡送蘇育才牧師紀念(攝於1923年4月12日，前排右八為九歲的蘭大弼，彰基提供)

不過，應該很快會通知我們。」

14.

有一天，阿朝嫂帶著厚厚一包錢去見蘇育才牧師，這是回報他當媒人的謝禮。蘇牧師沒有收這筆錢，說他很樂意安排這樁婚約，希望促成一段美滿姻緣。阿朝嫂就轉而買了塊西裝料送去給蘇牧師，取代那包謝禮。

15.

一天早上，「錦菊」的父親告訴她：「蘇育才牧師來信，說男方將於 10 月 14 日來迎娶。❸婚禮要在彰化教會舉行。」

一兩天後，他們收到來自阿朝嫂的包裹，內裝二百圓的現金。這是送給新娘父母的聘金，因為他們將自己的女兒許配給阿金。新娘子的母親帶著其中一部分金錢，到彰化買了幾塊漂亮的布料，要為新娘縫製衣服。接下來的日子，「錦菊」和她媽媽忙著縫製嫁妝。

有一天，他們收到阿金本人送給新娘的禮物：讓她結婚時穿的一套最漂亮的淡紫色絲綢衣服。「錦菊」心想，自己當新娘會是怎麼個模樣，美麗的臉龐飛上一抹害羞的紅暈。

隔天，阿金跟我說：「能不能借用那頂頭紗？」(這是我為漢人新娘所保存，遠近馳名的頭紗。)於是，這也送往勞狸山了。

---

❸ 校註：原文日期是 11 月 16 日，但依婚禮團體照上的日期，卻是 10 月 14 日。

　　婚禮前一天，阿朝嫂又充滿活力了。她忙著發號施令，打點婚宴。

16.

　　婚禮當天，破曉時晴朗無雲。那個早上，我從自家花園採摘各式鮮花，盡力完成一把最漂亮的捧花，帶到教堂去。然後前往醫館提供給阿金和他的新娘子的住處，看看是否都準備齊全。

　　阿金騎著腳踏車，穿著新西裝，頭戴草帽，四處發送婚禮的邀請函。阿朝嫂監督著筵席菜色的烹調，並安排迎接賓客。在這重要的時刻，她指揮著身邊所有的人。

　　兩點的時候，教會熙熙攘攘擠進充滿期待的人群。賓客和親友們坐滿了教堂前面的椅子，後面則擠進了許多街上的群眾，小孩子也擠滿了走道上的每一寸空間。

　　此時，就像我們這些現代人流行的婚禮一般，風琴奏出歌劇《羅恩格林》(Lohengrin)中的結婚進行曲。司琴的人環顧教堂裡熟悉的面孔，她看見一位年輕的醫院助理首次穿著西裝，身邊的朋友突然注意到他把領子穿反了，於是他小心翼翼地先解下領帶，再脫下領子。等他把領子穿戴正確後，再打上領帶，這才感到滿意。

　　蘇牧師現在就定位了，他穿著為此特殊場合準備的深色柔軟絲質長袍。

　　當阿金的伴郎陪同他從教堂的邊門進來的那一刻，我們醫館首要助理的妻子也領著新娘從另一個邊門進場。阿金穿著借來的長禮服，戴著白手套，看起來非常英俊。他手上拿著一頂黑色禮帽。

　　這兩對走得非常緩慢又莊嚴。此刻，新娘的目光下垂，直到典禮結束後才抬眼看人。新娘新郎由陪伴的人將他們帶到已經放好的柳條椅坐下，伴郎伴娘再分別坐在這對新人的兩側。兩對男女的旁邊還站著身高相同的兩位小女孩，她們各持一小束花。

　　「瞧！她們穿的是仁愛的連身洋裝，」醫院的護士耳語著。

　　結婚儀式開始了。新郎新娘在唱聖詩的時候沒有站起來，也沒有拿著聖詩。

　　現在蘇牧師要他們起立。他們不能自己隨意站起來；伴郎協助新郎起身，伴娘也溫柔地幫著新娘這麼做，伴娘通常是位已婚婦女。

　　牧師說：「現在請你們握著右手。」

　　伴郎伴娘再次予以協助，他們各自向前拉起兩位新人的右手，將其中之一放進另一人的手裡，再回去坐下。

　　「阿金，你願意承認右手所握的女子為妻嗎？上帝若讓你活在世上，你必須一直是個溫和又忠誠的丈夫，必須照顧你的妻子，愛她，供應她衣食，必須盡一個丈夫的責任，至死方休。你願意在上帝與眾人面前如此許諾嗎？」

　　你若靠得很近來看，就會看見阿金輕輕點了頭。

　　蘇牧師接著轉向新娘。

　　「『錦菊』，妳願承認右手所握的男子為丈夫嗎？上帝若讓妳活在世上，妳必須一直是個溫和又忠誠的妻子，必須照丈夫的話去做，妳必須愛他，幫助他，必須盡一個妻子的責任，至死方休。妳願意在上帝與眾人面前如此許諾嗎？」

阿金與「錦菊」的婚禮(原書附圖)

新娘的頭沒有動作。

「妳願意嗎？」牧師問。

還是沒有回應。

「妳是願意或者不願意？」蘇牧師問。

「錦菊」依然羞怯又內向得無法回應。伴娘就悄悄地從頭紗後面伸手進去，輕輕按壓一下新娘的頭。儀式才得以繼續進行。

牧師祝禱後，結婚進行曲響起，此時又需要伴郎伴娘幫忙了。已婚的這對新人要轉身面對教堂後面，莊重地鞠躬致意。他們要轉向右邊的賓客，再鞠躬；然後轉向左邊，也莊重地鞠躬致意。隨後伴娘就領著新娘慢慢走出教堂。人們會有好一會兒看不見新娘，她坐在蘇牧師娘的臥房裡，女眷們都會進去恭賀她。阿金則自在地和他的朋友們寒暄。

現在有人喊著：「照相了！照相了！」

賓客們成群聚集過來坐好，新娘子隨後才由伴娘再帶出來。她穿著漂亮的淡紫色衣服，頭上柔軟的白紗現在已往後掀露出臉蛋，看起來非常優雅甜美。

17.

這時教堂裡開始清空，準備擺筵席。椅子全推到後面，再排一些小方桌，各桌都搭配了八張椅子或凳子。

過一會兒，賓客都受邀上座，大家馬上坐到最卑微的座位去，也就是最靠近教堂邊緣的那幾桌。經過十到十五分鐘的勸說，有些賓客才坐到上位去，所有來客終於都安頓好，在謝飯禱告後開始上

第一道菜。

　　我用不著再告訴你他們吃些什麼了，你已經讀過漢人筵席的內容，其實每次宴客的菜色大致相同。阿金沒坐著，他一桌一桌去向貴賓們表達自己不配有此殊榮，並且請大家別客氣，盡力享用這些「粗茶淡飯」。

　　阿朝嫂也周旋在各桌當中，感謝朋友們來參加「小犬」的婚宴，且一再對這些「粗茶淡飯」抱憾。阿朝則聽命在外邊監督著上菜的事。

　　現在聽見掌聲響起，是新娘現身了。她仍穿著結婚禮服，目光

阿金結婚大合照(彰基提供)

Book2

依舊下垂。她的朋友帶她一一前往各桌，替每位賓客倒一小杯飲料。然後她站在阿金身邊，一起向朋友們鞠躬致謝。當掌聲停下時，阿金發表一小段談話，感謝大家爲此卑微的場合浪費寶貴時間，並且再次爲粗劣的食物致歉。最後一鞠躬，新娘就被帶走了，大家沒再看到她現身。

18.

如今阿金和「錦菊」已生下一個最可人的小男嬰。他們以爲再也沒有像這麼寶貝的小孩了。這孩子在教會受洗時，我想起這和當年阿金還是個嬰兒時的遭遇多麼不同。阿朝夫婦以爲他是神明所賜，於是將他送還神明；但是阿金和「錦菊」卻曉得他們的小寶貝是上帝所賜，而將他還給上帝。阿朝嫂成了最驕傲的祖母，阿朝現在年紀大了，也同樣心滿意足。他現在白天就坐在醫院的大門口，每天早上他會去市場買來一堆水果，賣給醫院裡康復中的病人以及朋友們，賺些小錢。他是個親切溫和的老人了，直到現在卻仍和阿朝嫂處不好。

「阿嬸，醫生娘在叫妳，」阿朝說：「難道沒聽見嗎？」

「是啊，我聽見了，」她回說：「不過，那是我的事，不用你管。」

19.

阿朝嫂心地善良，她只是口舌任性。無論是生病或遭遇災難，她都是眞心的朋友。她所照顧的小仁愛生病時，她會坐著將孩子抱

在臂彎裡，一個小時又一個小時，或是不眠不休地跪在旁邊，擦拭她發燒的小身子，直到我將她支開去休息。當她照顧生病的小女孩時，你可以從隔壁聽見她祈求上帝醫治的聲音。

她總是熱心地向人傳講耶穌。每當未信的患者來看醫生的時候，除非病人拿了大大一劑藥品和基督教道理，否則她是不放他們走的。

20.

阿朝嫂有時會說要離開我們，去台南讀女學，以便接受更多的聖經教導。

她說：「多年來我已經為阿金努力賺錢，也存錢幫他娶妻了，現在我不必再為他賺錢啦。」

但是我家的小女兒佔滿了她的心思，讓她懸念不已，阿朝嫂就說，必須等到我們回英格蘭休假時，她才走得開。

她喜歡替仁愛穿上小小的淺紫紅色漢人服裝，為她戴上一對銀鐲子，幫她套上自己親手繡縫的小鞋子，然後問：

「妳是英國小姑娘，或是福爾摩沙的查某囡仔呢？」

仁愛用台語說：「我是福爾摩沙的小姑娘。」

阿朝嫂就心滿意足了。

阿　雞

1.

「新娘子！新娘子！」

一群幼小的男童女童丟下野地裡正看守的山羊和水牛，光腳沿著稻浪起伏的田間那長滿草的狹路飛奔，要跑近觀看娶親的隊伍經過。

吸引人的樂聲越來越近了。孩子們認為那些鐃鈸、鑼鼓、號角的砰鏘、尖銳、嗡嗡聲是了不起的巨響，確實如此。漢人的殯葬或娶親樂聲，從遠處聽來往往就像風笛呢！

樂師們經過之後，接著是新娘的嫁妝：她的衣服跟其他要帶往新郎家的財物。運送這些物品的方式，看起來就像把小桌子顛倒過來拿，東西放在平坦的桌面，竹竿橫綁著桌腳。每根竹竿的兩端就落在前後兩個男孩肩上，娶親隊伍就這樣走過去。

小孩們伸長脖子要看所有漂亮的東西。

一個孩子說：「她有好多衣服喔！」

一個少女眼神陶醉地說：「多麼希望那些紅鞋是我的。」

一個年長些的女孩充滿渴望地說：「她有鏡子呢！真幸運。我家連一個也沒有。」

一個口袋裡僅有兩個錢幣的男孩說：「我的天啊！看看那些銀

圓！」

　　另一個孩子附和著：「還有那些大枕頭。」正好有兩個堅硬的香腸狀紅緞繡花枕頭經過他眼前。

　　現在過來的是一頂豪華的新娘轎，整個用鮮紅色的布蓋住，並且裝飾了蝴蝶結和人造花。因為遮蔽得相當嚴密，所以看不見新娘子。轎子四個角落都各有一根

當時的花轎與嫁妝(引自《台灣回想》)

竿子，由四個男人將它扛在肩上。

　　小孩子們向轎夫喊道：「你們扛的是誰啊？」

　　他們回答：「是『阿雞』(Chicken)。竹仔腳(Foot-of-the-bamboos)的阿雞要嫁給牛稠庄(Cowshed-village)的『阿喜』(Happiness)。」

　　娶親的隊伍很快就過去了，孩子們走回去照顧水牛，小女孩們心想，自己當新娘子的時候也可以坐那麼漂亮的轎子該有多好。

2.

這時，牛稠庄的新郎和父母及親戚們正等著新娘轎抵達。

阿喜的媽「大頭嫂」(Mrs. Big-Head)說：「現在我聽見音樂聲了。」管樂的旋律飄蕩在十二月暖和的微風中。

「大頭」說：「放鞭炮吧！」新郎的弟弟們齊聚家中共享好時光，這時聽從吩咐照辦。

竹子和泥巴蓋的房子覆著茅草屋頂，這家人興高采烈地加以裝飾。門和窗框都貼上鮮紅紙張，門口掛了紅色繡簾。屋裡已在神明前燃起香火，食物也供奉在神前。有食物享用，有砰！砰！砰！的鞭炮聲，受到如此格外的關注，神明該有多麼高興啊！現在當然會賜下健康、好運道給結婚的這對佳偶！

前面的接待室有門直通新房，一條美麗的花布簾吊在門上。竹床(大頭夫婦並非有錢人)裝飾了彩色簾帳，被褥裝了新的鮮豔被套，漢人都是蓋這樣的棉被。

音樂愈來愈大聲，新娘轎此刻已經停放在屋子的庭院。一連串的鞭炮齊放，空氣中充滿濃濃的爆破煙霧。新娘的嫁妝展示在院子的一邊，熱心的親戚朋友群聚圍觀，欣賞那些美麗的東西。

號角、管笛、鑼鼓這時全都放下，樂師和抬重物的挑夫全都因長途跋涉而又熱又渴，大家自行前往廚房飲用大量茶水。他們看到忙碌的廚子正準備著婚宴的佳餚，聞到那些鍋盤裡發出的美味，好希望晚飯時間已經到了。

阿雞坐在轎子裡等著。她才不過十五歲，感到害羞又有點畏懼此後的新生活。在此之前，她從未離開過家呢！

　　父母親送她上新娘轎，臨別時告訴她：「現在可要做個乖女孩，事事都按照婆婆的話去做，要聽丈夫的指令服侍他。」

　　阿雞突然嚇一大跳，她會被嚇到實在不足爲怪，因爲阿喜正用力踢了轎子一下！這麼做是爲了嚇她，讓她曉得必須立刻學著順服，這是身爲大頭嫂的媳婦的職責。阿喜本人並不想這麼做，而是族人們的習俗，只好按照母親的吩咐去做。

　　大頭嫂的一個姊妹現在走向轎子，解開綁著的簾子，請新娘出轎。親戚們和其他人群圍過來，看見一個女孩穿著鮮麗多彩的衣服，閃亮的黑髮用金飾打扮。但是他們看不見新娘的臉，因爲她雙手高舉在額頭，手裡拿著一小條絲巾，正好垂下來遮蓋臉龐。

　　這位新姨媽領著她穿越庭院，進入小屋的接待室。她和阿喜站在家族祖先牌位與神明偶像前面，一同焚香祭拜。這就是結婚儀式。然後阿喜的姨媽帶她進入臥房。

　　阿雞的婚姻生活就此展開。

3.

　　阿喜有四個弟弟，隨著時光流轉，他們一個個都相繼結婚了。大頭夫妻倆的屋簷下就與日俱增地住進了五位年輕太太，也增添了好幾個小孩，但是阿雞和阿喜兩人沒有孩子。這些太太們要輪流爲大家庭煮飯、餵豬、餵鵝、餵雞。他們經常起口角，紛爭如此頻繁，算不上是幸福家庭。在英格蘭，若家中住著一個爺爺、一個奶奶、五位丈夫、五位妻子、或許再加上二十五個孩子，會經常和諧相處嗎？

Book2

　　阿雞因為無子而憂傷，所以他們收養了一個小女孩。阿雞當然比較想有個男孩，但是男孩得花錢買，他們卻是窮苦人家。但是這個小女孩體弱，很快就死了。過陣子他們又領養另一個女孩，後來長大成為他們的女兒。

4.

　　幾年後，大頭夫婦倆都過世了。老房子和農務都得放棄，五兄弟也各自帶著家人離去。阿喜夫婦去住在一個小鎮的郊區，開始耕作自己的一小片農地。然而……

　　唉！黑暗的日子臨到。阿喜向來不是個健壯的人，終於經年累月地操勞成疾。沒多久，他就無法從事農作了，阿雞變得很不快樂。田地任其荒蕪，他們的兩頭水牛躺在路旁壕溝的水裡，發胖且懶得勞動。可憐的阿雞盡可能照顧丈夫，但是他們剩下的錢不多了，沒多久就被迫賣掉水牛和豬隻來換取食物。等這些錢花光，她又賣了髮飾和漢人婦女都會戴的一對鐲子。最後連家中的桌椅都變賣一空。

　　更糟的是，收養的女兒在長大到可以幫忙料理家務之際，卻死掉了，阿雞真的成了憂愁的女人。她變得又瘦又弱。有一天，她跌倒了，在身子側邊留下一處又藍又黑的嚴重腫塊。這樣的傷讓阿雞非常疼痛，病況越來越糟的阿喜極度苦惱，不知該如何是好。阿雞從不生病的，這下子誰來照顧他呢？

　　他跟阿雞說：「我知道了，可以打發人去鎮上買點鴉片，那東西可以止痛。」

阿雞抽了鴉片，疼痛確實立刻解除。然而，只不過好了一下子，疼痛很快就又回來了。因此阿雞抽更多鴉片，再次覺得好多了。

但是，阿雞除了身子側邊有腫塊之外，腿上的擦傷也非常嚴重，沒多久就破裂成潰瘡。她拿些中國膏藥包紮，卻弄得更加惡化，結果整條腿自膝蓋以下都紅腫發炎，疼痛極了，她在這種情形下，臥床五個月之久。眼看自己如此悲慘不幸的境遇，她時常想要了結自己的生命。

然而，她竟逐漸康復了，終於能再站起來行走，但是卻已染上鴉片煙癮，一心渴望的只有抽鴉片。

5.

可憐的阿喜終於死了，留下阿雞孤孤單單在世上，這時她的父母也都已經過世。她身邊沒有錢可花，就開始拿乾枝條和乾草捆紮成一小束，製作掃帚賣得一點小錢。她這樣從大清早一直工作到夜深，賺取足夠買糧食的錢，以及每天兩劑的鴉片煙，她是這麼依賴鴉片過日子了。如此生活真是悽慘。她疼痛的腿也從未痊癒，時常痛苦不堪。

6.

現在阿雞的農舍附近，有間竹子和泥巴蓋成的簡陋小屋，裡面住著一個可憐又孤單的轎夫。他那又瘦又黃的面孔透露了自己的故事：他抽鴉片煙。他常看見阿雞坐在農舍門口做掃帚，聽說她也抽

鴉片。他偶而路過時也會和她打招呼。有一天，他開始和阿雞聊了起來，話是這麼說的：

「妳又窮又寂寞。我賺的比妳多。我也是孤家寡人一個。何不放棄妳的農舍來和我同住？我們住在一塊兒的話，會比各自生活更省錢呢！」他再添一句會吸引這窮女人的話：「我也可以給妳更多錢抽鴉片。」

阿雞就這樣賣了農舍，帶著僅剩的家當，到轎夫的小屋去和他同居了。他是個善良的人，兩人的生活不再像之前那樣悲慘不幸。阿雞負責煮飯，男人家則天天出門工作。有時他會賺得不錯的收入，然後就帶回額外的一罐鴉片，供他和阿雞享用。阿雞仍繼續製作掃帚賣錢，日子就這樣繼續過了四五年。

7.

有一天，阿雞正坐在家門口綁著掃帚，一個婦人路過那兒。她看著阿雞，心想，這女人的表情看來多麼憂傷啊！因為她是個基督徒，就停下腳步和阿雞說話。兩人聊了一會兒之後，她說：

「妳每週會休息一天不工作嗎？」

阿雞驚奇得差點把手中的掃帚掉到地上。

「怎麼可能呢？」她說：「我就像現在這樣，要坐著忙到夜深，然後一大早就又起床賺錢好過活哪。」

這位名叫「阿麵嫂」(Mrs. Macaroni)的女人說：「妳如果認識萬物的偉大主宰——上帝，一天不要工作而去敬拜祂，祂是不會讓妳有所欠缺的。」

阿雞說：「告訴我這位萬物的主宰的事吧，我有時候就納悶著，世上這一切是從哪來的呢！」

阿麵嫂就告訴她有關上帝的事，臨走之前，說她還會再來。

過幾天她又來了。

阿麵嫂說：「明天就是做禮拜的日子，我要步行去葫蘆墩(Gourd-Hill，今台中豐原)的教會。妳要不要和我一塊兒去，可以聽更多有關萬物主宰的事喔？」

蘭大衛醫生招收的第一批學生，於禮拜堂附設診療所留影(攝於1897年，彰基提供)

阿雞回答：「我不可能去啦，我沒有像樣的衣服可穿呢！」

「我借妳」，阿麵嫂熱心地想克服困難。

「妳的衣服要借我？怎會這樣呢？我想跟鄰居借點錢，他們都不肯，我這麼窮，現在妳居然要借我衣服穿！」

「我現在就回家去拿來，妳明天大清早一定要準備好喔。」

阿麵嫂才剛要走，阿雞叫住她：「等等，我聽說禮拜堂那兒有個紅毛醫生？」

「喔，妳說的是彰化的蘭醫生。不，彰化還遠得很呢！可是蘭醫生有個學生住在葫蘆墩，他會去教會做禮拜。我請他為妳包紮腿傷。」阿麵嫂說完就走了。

8.

阿麵嫂隔天一大早真的依約前來。

她問道：「妳準備好了嗎？我們一定要早點出發，得走很遠的路呢！」

阿雞說：「我沒辦法走，要等這雙鞋做好才行。」

「我來幫妳」，阿麵嫂和她一起忙著縫製布鞋。

終於大功告成，阿雞穿上布鞋，再穿上阿麵嫂的衣服，兩人就上路了。

她們連著走了一個鐘頭後，阿喜嫂說：

「我累了，而且腿好痛呢！」

她的同伴說：「那我們休息一下。」

「還有多遠才到葫蘆墩？」

「距離我們的小鎮有九英里遠。」

「妳是說，妳每個禮拜天都這樣大老遠地步行前往？」

「是啊，妳如果聽了道理，也會這樣做呢！」

她們又跋涉了將近一個小時。

阿雞注意到阿麵嫂手裡有個小包袱，就問道：「那條手帕裡包了什麼？」

阿麵嫂說：「米。」

「要做什麼的？」

「用來煮我們要吃的飯。」

「基督徒全都像妳一樣好心嗎？」

阿麵嫂說：「我沒那麼好呀！」

9.

她們終於到達葫蘆墩，不一會兒就坐在小教堂裡。阿喜嫂驚愕地環顧四周。這些人來這兒都為了什麼？大家怎麼要站起來唱歌呢？唱些什麼呢？她從未聽過像這樣的歌聲，覺得好奇妙。

阿麵嫂在她耳旁悄悄地說：「妳若想要主耶穌救妳，就閉上眼睛。」

阿雞問道：「為什麼？」

但是她沒有回答，因為阿麵嫂緊閉著眼睛，阿雞看看四周，教堂裡只有她一個人的眼睛是張開的。這一切多不可思議啊！台上那個人好像在向上帝禱告，上帝又在哪兒呢？為什麼沒有人送供品給祂？為什麼沒有焚香？阿雞端坐在那兒，聚精會神地疑惑著。

「深交的朋友親逾骨肉。」

這些字句把阿雞從白日夢裡召回。前面那個人將這句話大聲又清晰地反覆說了三次，大家都張開眼睛坐在那兒聽著。阿雞也在聽，聽見他說凡接納上帝的，上帝就成為那人的朋友。

但是他講得太冗長，阿雞聽不下去了。

她大聲問阿麵嫂：「那個紅毛醫生的學生在哪？」

台上的講員喊道：「不要講話。」

阿麵嫂耳語道：「安靜點，他就快講完了，我們再去替妳的腿敷藥。」

教堂最後面的角落裡傳來一陣雞啼：「咕叫嘓—嘟嚕—嘓喔—喔。」

啊哈！這對阿雞而言是再熟悉不過的聲音了！

她問阿麵嫂：「是誰的雞啊？」

阿麵嫂耳語著：「妳真的不可以講話唷。」

阿雞說：「牠是隻不錯的公雞。」她邊說邊站起來，要看看那隻闖進來的雞，「可以做一道很棒的燉雞呢！」

這時傳道娘匆忙起身，從長椅間的走道跑下去，手裡一面揮著傘，很快地把不守規矩的公雞趕到教堂外面。

禮拜不久就結束了，阿麵嫂帶阿雞去找那位年輕的醫生。

醫生看過後說：「到我的診療所來，我幫妳包紮腿傷。」

阿雞說：「可是我沒錢呀。」

他回答：「我不要妳付錢，只要妳每個禮拜日來教會。」

那條可憐的腿，不一會兒就被繃帶包紮得很舒適，兩個女人再回到教會用餐。大鍋裡煮著美味的白米、豬肉、蔬菜，這些都是大家貢獻的食材，煮好的飯菜舀進一個大木桶，來自四周許多村莊的人們都進來就座用餐。

傳道人謝飯之後，人人拿著碗自行從木桶裡取食。阿麵嫂和阿雞坐在一群婦女和小孩當中。大家的筷子一陣忙亂之後，聽見鐘聲響起。

阿雞問道：「這是幹什麼？」

阿麵嫂回答：「主日學的時間到了。」

「趕快吃完妳的飯，妳一定要來開始學讀字母。」

木桶裡空無一物了，碗筷也拿走，男男女女和小孩子分別前往自己班上。

傳道娘手牽著阿雞，但是她感到困惑，也不太想跟著去。她的腳已經包紮得很舒服，她現在只想回家去做掃帚；不過她曉得，非等阿麵嫂不可，因為自己不確知回家的路怎麼走。所以她不是很有耐心地坐下來參加了主日學，接著是另一個小時的大禮拜，之後才和阿麵嫂再上路返家。抵達她們的小鎮時，天已經黑了。

一到家，轎夫就問她們：「去哪兒了？」

阿雞說：「去葫蘆墩的禮拜堂包紮我的腳。」

阿麵嫂補充說：「還去聽道理。」

10.

阿喜嫂和她的新朋友，在接下來的四個禮拜天都去葫蘆墩。每個禮拜天，紅毛醫生的學生都替她包紮腿傷，大約一個月後就好很多了。第五個禮拜日，阿麵嫂像以往那般去接阿雞。

阿雞說：「我今天不去，我的腿已經好了，非做掃帚不可。還得出門去抓青蛙做晚餐，因為我家沒東西配飯吃了。」

阿麵嫂試著勸她同行，但是沒多久就不得不放棄，只好懷著憂傷的心，自己孤單地踏上遙遠的路途。

阿雞忙著做一會兒掃帚，此刻正出門到路旁的壕溝去找晚餐。她帶著籃子，一抓到青蛙就連忙塞進去，心想這頓晚餐該有多麼美

蘭大衛醫師夫婦與兩位學徒(周燕福、周燕祿)合影(彰基提供)

味。今天的青蛙多肥美啊！牠們好快就上鉤呢！她的籃子三兩下就
裝得滿滿，阿雞充滿渴望地回家烹煮她的獵物。此刻她和轎夫兩人
坐在一起享用燉青蛙大餐，美食當前，很快就盤底朝天了。

　　盆子洗淨擺一邊去後，阿雞心滿意足地坐在農舍門口。

　　她心裡想著：「吃青蛙遠比聽那些單調乏味的道理棒多了。」
可是……

　　唉呀！她開始覺得不舒服了。

　　她疑惑著：「會不會是吃太多了？其實那一大碗是夠我們吃三
頓的；可是那麼好吃，又不花錢，才會一下子吃光光。」

　　她試著不去想不舒服的事，卻沒有用；此刻就像阿春兄的遭遇一般，令人難受的痛苦襲來。阿雞倒在床上呻吟，她的同伴進來一看，溫和地問道：「怎麼回事？」

　　「我的肚子好痛。」阿雞一面回答，一面又發出呻吟。

　　男人說：「抽點鴉片，妳今天才只抽了一劑而已。」

　　「不！我要祈求上帝。是祂在處罰我今天沒去禮拜堂。」於是阿雞這一生中首次向上帝禱告。

　　「主啊，救我，求祢除去這樣的疼痛。」她再三地哭求。

　　沒多久，疼痛就消失了。當晚，她上床睡覺時再次開口禱告，跟上帝說現在要敬拜祂了。很遺憾地告訴你，她的腿原本已經復原得不錯了，卻在那星期又裂傷潰爛。阿喜嫂認為這是上帝不悅的另一徵兆。

11.

　　接下來那個禮拜日，阿雞和阿麵嫂又跋涉至葫蘆墩。這回她來的用意，不但想再包紮腿傷，也想聽有關上帝的道理。她在禮拜中從頭聽到尾，並且加入禱告的行列，還熱心地輕聲複誦傳道人的話語。

　　禮拜後，她們走到教堂另一邊男人坐的地方，問候一位年輕醫生。

　　阿雞說：「你能不能好心地再幫我的腿敷些藥？」

　　「什麼！不是已經好多了嗎？怎麼又痛起來了呢？」

　　「上禮拜日我沒來聽道，而且也不想再來教會了，所以上帝懲

罰我。」

「嗯，來我的診療所吧，現在妳如果真心決定敬拜上帝，我想祂會再次醫治妳。」

12.

時間一天天過去，阿雞真的信守諾言，她再也不曾錯過禮拜日的禮拜。她熱烈地懇請轎夫也一同前往，卻不曾說動他。

有一天，阿麵嫂跟她說：「妳何不去彰化蘭醫生的醫館戒掉鴉片呢？」

阿雞回答：「不，我用不著去醫館，我求上帝幫助，已經開始放棄鴉片煙了。現在我每天只抽一劑，下星期我打算就此戒斷。」

阿麵嫂說：「那真是一個好消息。」

阿雞說：「上帝在幫助我，否則我是辦不到的。」

13.

過些日子，阿麵嫂又問道：「和轎夫同居的事又該如何？妳曉得，基督徒婦女除非是嫁給那個男人，否則是不該與他同居。」

阿雞回答：「我也想過這個問題，可是我急著想帶領他來聽道，所以才不容易離開他。他一直對我很好，我想讓他知道耶穌也能救他。」

但是隨著時間流逝，轎夫仍然不和她一起去教會，阿雞開始灰心了。

有一天，她告訴朋友：「我決定離開他，清水有些親戚要我去

和他們同住，幫他們煮飯；那邊有一間教會，我決定去那兒，可以學習更多基督教的道理。」

阿雞就這樣離開了可憐又傷心的轎夫，前往幾英里遠的清水居住。

14.

阿雞的親戚不信主，但是她自己每個禮拜日都按時去教會，成為非常熱心追尋上帝的人。

在「阿六」夫人的葬禮中，阿雞也和許多別的基督徒跟在棺木後面，前往山丘的墓地；「譚大爺」的夫人看見她，就問張有義傳道娘：

「那位身材高挑長相好看的婦女是誰？」

「她名叫阿雞，才來清水不久。她和親戚同住，幫他們煮飯，他們不信主，但是她渴望成為基督徒。」

「譚大爺」的夫人回說：「我正需要一個廚子，妳能否幫我問問，看她願不願意來我這兒？」

於是張有義傳道娘隔天就前往阿雞的住處拜訪，告訴她這個訊息。

阿雞很高興地說：

「我當然願意，因為『譚大爺』的夫人那兒是基督徒家庭，我能夠學習閱讀且增進教義上的知識。」

15.

於是阿雞住進你已經認識的那個大宅院裡。她成為忠心的佣人，貴夫人們都喜愛且尊重她。她每個月賺 1.5 圓，比和親戚住的時候多 0.5 圓。舒適的住宅以及美好的食物，對曾經生活極為艱難的阿雞而言，真是非常豪華的享受。

但是有件事讓她感到焦慮。她的腿上依然有個小潰瘡還沒痊癒，自從來清水後，一直沒有恰當地包紮。她很怕「譚夫人」若知道或看到，會不准她來擔任廚子，誰會讓一個爛腿人掌管飲食呢？

但是阿雞並不灰心。她確信上帝會醫治，一有空閒，就祈求上帝使她好起來。有時夜裡醒來，她會跪在床上，再度向上帝禱告。她沒有用繃帶綁，也沒有敷藥膏，而是用乾淨的水和肥皂清理傷口。阿朝嫂告訴我，有好多次、好多次都看見她中午吃過飯後，知道「譚夫人」在休息，就去坐在流經女主人的花園邊緣的一道小溪旁，將腿上的潰瘡浸泡在清澈乾淨的水裡，並且大聲向上帝祈禱。

上帝傾聽她多次的祈禱，潰瘡終得醫治。她因為爛腿而受苦達八年之久呢！

16.

阿雞時常想著曾經同居的轎夫，並且替這位可憐的人禱告，她決定將存下的錢託人送去，供他前往彰化醫館戒掉鴉片煙。於是她不在自己身上花分文錢，直到存了五圓。然後從她親戚家託一個人帶這筆錢去給他，還帶去懇切請求他戒掉鴉片並聽信道理的口信。

轎夫收下這筆錢，也向阿雞回覆了謝意。但是當送信的人回清

水後，對這個可憐的人而言，誘惑實在太大了，他竟把錢拿去買更多致命的毒品。

後來阿雞聽見這個消息，心中真是充滿了憂傷。

17.

有一天，彰化的文安姑娘來到清水。她要在清水待一個月，教導基督徒婦女，並向未信者講述基督教道理。這是阿雞頭一次看見「外國人」，現在她已經不再用「紅毛」一詞來稱呼異國人士了。

文安姑娘有一班傑出的學生。大宅裡的貴婦們全都出席，還有許多她們的佣人。阿雞是其中最熱心的學生之一。幾個星期的時光過去了，文安姑娘看出這個婦女值得栽培。

文安姑娘有天問阿雞：「妳想不想去讀台南的女學，或許將來可成為宣道婦？」

阿雞回答：「我非常渴望能去啊！」

文安姑娘問「譚夫人」：「妳願意讓她去嗎？」

夫人回答：「當然沒問題！我曉得我們教會多麼需要宣道婦。」

18.

於是現年四十五歲的阿喜嫂到台南去了。當時我在台南那間小學校教書，這就是我們最初相識的情形。她是勤快又熱心的學生，優秀的表現遠超過學校裡其他婦女們。

阿喜嫂留在台南兩年，從那時直到現在，她全時間只為上帝工

阿喜嫂(原書附圖)

作。她接受女宣教師的安排，一處一處去教導婦女，同時也向未信
者傳道，每個地方逗留一個月或兩個月。

19.

一兩年前，阿喜嫂和文安姑娘一同前往葫蘆墩。一天，她們要前往有段距離的村莊，因此得雇轎子載送。

阿喜嫂一踏進轎子，很驚訝地發現，自己曾同居過的可憐轎夫就在一旁待命，正要將轎椅扛上肩呢！阿喜嫂問候他，但因有文安姑娘和另外三個轎夫在場聽著，使得他太羞怯而沒能多談。然而，一路上的談話中，阿喜嫂發現他已經搬去葫蘆墩，既沒有戒掉鴉片，也從沒去過教會。

他仍舊在葫蘆墩抬轎子。

20.

阿喜嫂造訪各地方，其間的空檔，曾停留在彰化教會及醫館工作。看著她帶領大型的婦女聚會，真是極感欣慰。她的聖經知識非常好，可以用令人驚奇的方式，滔滔不絕地敘述舊約歷史，可以憑記憶引述許多聖經章節，也說得出經文章節的出處。

但是她最出色的表現，是向未信者傳講道理，她能掌握住每位聽眾的需求。她自己追尋信仰的親身經歷最能感動人心。她講的故事，就像我寫的這樣。

她會拉起一條腿的褲管，抬高帶著傷痕的肢體，讓大家都看得到，然後下結論道：「瞧！這就是我爛了八年的腿所留下的記號，它們是上帝恩待我的紀念品。祂透過我的爛腿來拯救我，只要你願意來到祂面前，祂也會藉著你的困境拯救你。」

吳　鳳

1.

　　現在這篇故事發生的年代久遠多了，所以是漢人朋友們講給我聽之後才寫下的。故事內容是那麼感人，使我無法省略不提。你讀的時候，能否試著想想我爲什麼會說這篇故事令人驚嘆？

　　兩百多年前，福爾摩沙尚未聽過耶穌的名，在阿里山上住著非常兇猛的未開化原住民。山下的平地人時常大感驚恐，因爲這些未開化原住民經常下山，見了人就殺，然後割下人頭當戰利品。

　　嘉義是距阿里山最近的平地城市，該城市的統治者看到周圍那麼多人被殺，感到非常憂心，於是派了警察和其他人試著去教導未開化原住民，要他們明白殺人是錯的；但是徒勞無功，未開化原住民只是砍下受派者的頭做爲回應。他們將人頭擺在屋頂上當裝飾品，並告訴男孩將來長大以後也要去殺人，才表現得出英勇氣概。

　　嘉義首長與民間領袖們越來越沒辦法，四周的人民也越來越驚恐。有些人經常要挑著重擔，運送食物和其他東西進到矮丘地帶的村子，未開化原住民就下山埋伏在灌木或矮樹叢中等候。他們會衝出來殺害路過的人，割下人頭，搶走貨物。許多人因此送命，整個嘉義地區成爲非常不宜居住的地方。

山上的原住民(原書附圖)

2.

嘉義的領袖們終於找到一個人,希望他能教育未開化原住民。這人無論住在何處,都很受大家敬重,他的品行好,道德高尚。他名叫吳鳳(Gaw Hong)。嘉義的領袖們希望他去和未開化原住民住在一起,吳鳳欣然服從,且願意盡全力教導他們。

當晚,吳鳳將這個消息告訴妻兒。你想,吳鳳的兒女聽說要上山和那些獵殺人頭的未開化原住民生活在一起,難道不害怕嗎?但是父親叫他們不用怕,因為他會照顧大家,並且教導未開化原住民不要殺人。

3.

於是吳鳳帶著家人,前往阿里山的高山中居住,四周都是福爾摩沙獵人頭的未開化原住民。除了說是上帝差天使在身邊護衛之外,我沒辦法告訴你未開化原住民為何沒砍下他們的頭顱。但是他們可不曉得這個道理,因為他們從未聽過關愛世人的天父上帝。

吳鳳是個善良又親和的人,心中極渴望教導未開化原住民向善,並且放棄殘忍的習俗。他立刻親切對待他們,對他們所有的工作感興趣,試著盡全力予以協助。他也對孩童很親切,我想,他會常常帶他們到自己家中和兒女一塊兒玩耍。我想,那些未開化原住民的兒子會想玩擄人殺頭的遊戲,他們和藹的老師在一旁看著,會說那是錯的,一定要學著幫助別人,而不是殺人。

因為未開化原住民不會說中文,所以吳鳳得學會說未開化原住民的語言,否則無法與他們交談。於是吳鳳到他們家四處走動,學

講看到的所有東西的名稱，詢問有關男人女人與孩童的各種問題，很快就能匯集單字成句了。他的兒女也很快學會陌生的發音，沒多久，已經能和那些人毫無困難地交談。

吳鳳向未開化原住民說的，都只是親善仁和的事，讓他們曉得，他是為了和他們交朋友才來住在他們當中，大家很快就看出果然如此。他們從沒想過要砍下他的頭。當吳鳳說他們到平地去殺害從未傷害他們的漢人，是既殘忍又不對的事，他們就熱切地傾聽他的教導。經過吳鳳如此頻繁又熱誠的教導，未開化原住民開始瞭解那是錯誤的行為，一段時間後，他們答應吳鳳放棄殘忍的習俗。

當嘉義的首長、民間領袖和小老百姓收到吳鳳差人送來的信息，得知未開化原住民已答應放棄獵殺人頭，他們是多麼驚喜、多麼高興、多麼感激啊！

4.

然而，未開化原住民有一天來跟吳鳳說，他們明天非獵個人頭不可，因為每年祭天的時候到了，需要人頭當供品。

他們說：「我們若不這麼做，小米的收成就會不好，大家會吃不飽。我們依舊答應你不隨便殺人，可是你一定要准我們每年為了祭神去獵個人頭。」

吳鳳聽了非常傷心，試圖規勸他們，極力說服他們沒有必要用人頭祭神。可是他越是勸阻，他們越是決心照自己的意思去辦。他開始想，究竟要怎樣阻止他們到平地去殺人，結果只想到一個辦法。

這時他說：

「我答應給你們一顆人頭。明天黎明時，你們來我家旁邊那條路守著，就會看見一個身穿棕色外衣、頭戴紅帽的人，可以砍下他的頭。」

未開化原住民聽見這話非常高興。他們回家用剩下的時間準備隔日祭天之事。

吳鳳等妻兒們吃過晚飯後，告訴他們自己決定要做的事。

你猜得著那是什麼主意嗎？

吳夫人非常悲痛，心中充滿憂傷。她試圖勸吳鳳不要執行這樣的計畫，讓未開化原住民下山去殺別人就好。他的兒女也痛哭失聲，全家在這最後一夜非常憂傷地相守著。做父親的雖滿懷悲痛，卻肯定這麼做是對的，他向妻兒表明自己不會改變主意了。

5.

第二天早上，他黎明就起床，穿上棕色外衣，戴上紅帽，朝熟睡中的孩子看最後一眼，向淚流滿面的妻子道別，勇敢地上路了。

未開化原住民藏身灌木叢裡，在晨曦中守望，等著看吳鳳是否實踐諾言，讓他們可以擄獲一個人頭。此時，一個人朝他們走來。沒錯，就是這個人，因為他身穿棕色外衣，戴著紅帽。正當這人走近時，他們衝出去捉住並砍下他的頭。就在仔細查看究竟吳鳳給他們的是哪種人時，這才發現……看哪！就是那位親切的老師，是他們的朋友！

6.

現在我不知道接下來確實發生的事，只曉得未開化原住民充滿了恐懼和憂傷。據說他們有的暈倒在地上，有的覺得一陣奇異的疼痛越過身體，其他人站著嚇得發抖，說不出話來。還聽說有人那天晚上作夢時，看見吳鳳非常生氣的表情。不久之後，他們當中爆發瘟疫了，大家認為是吳鳳的靈魂在懲罰他們。

我們確知的是，之後阿里山四十八個未開化原住民村落聚集在一起，將一塊大石埋在地裡，誓言再也不殺人了。

自從那天——很久以前的 1769 年——直到現在，阿里山的未開化原住民從未食言，那個地區再也沒有人被獵殺。

7.

今天在嘉義郊區有間廟，是吳鳳那時代的嘉義首長與民眾為了紀念他所建的。裡面有一尊吳鳳騎著馬的雕像，還有另一尊他太太的雕像，她也共同承擔了這樣的犧牲。吳鳳的雕像兩旁有一副對聯，其中之一寫著：

千古已逝斯人常在

另一邊寫著：

捨身成仁最是大愛❶

----

❶ 校註：目前吳鳳像兩旁的對聯只剩木框，框內空白，疑是墨跡淡化變白之故，但在其神位旁，另有一聯：「以身為犧精誠貫金石，止戈曰武遺愛在閭閻」，似較近原意。

8.

遺憾的是,人們尊吳鳳爲神明,在廟裡拜他的雕像,不斷在神像前面焚香上供。一年一度爲了祈求豐收、健康、好運道,人們會在特定的日子前來祭拜。

還有一件事也令我覺得遺憾;巫師們也到吳鳳廟去大賺一筆,他們在吳鳳的雕像前狂野地手舞足蹈,召喚他的神靈來附身。當他們被吳鳳附身時(這是他們說的),人們就圍過來訴說自己的病痛。

日治時期的吳鳳廟全景(引自《見證——台灣總督府》)

一位母親說：「我的小兒子重病躺在家裡發高燒，我該讓他服什麼藥？」

一個可憐的男人說：「你看我脖子上長了這麼個大腫塊，告訴我該擦什麼藥膏才能消掉？」

旁邊站著一位面容焦慮的婦女說道：「我該拿什麼藥給丈夫吃呢？他從屋頂上跌下來摔斷腿了。」

巫師就告訴他們該拿什麼藥給病人，大家都按各人心意包了紅包給巫師，然後急切地離開去買藥了，他們相信這是吳鳳的吩咐。

9.

正如嘉義這間廟一般，吳鳳的兒女也在他出生的村子蓋了間小廟。其中安放了一尊吳鳳的木雕，旁邊還刻了兩隻狗。我想他們會選擇雕刻兩隻狗，是因為吳鳳有時會和未開化原住民一起去打獵，很可能就帶著自己的獵狗隨行。看到爸爸帶著又大又黑、鬃毛倒豎、白牙閃閃發光的野豬回家，吳鳳的兒女豈不非常興奮？這座小廟建好以來，吳鳳的親戚就住在一旁，此刻他的曾曾曾曾曾曾孫就住在那兒呢！

日本人是 1895 年以後才來到福爾摩沙，他們也很推崇吳鳳偉大的犧牲，每年都安排一個晚上舉行提燈遊行來紀念他。

10

你想吳鳳的故事是不是很感人？要記得，他可從未聽過耶穌說：「人為朋友捨命，人的愛心沒有比這個大的。」他不知道這種

Mashitbaon(譯註：位在今南投縣仁愛鄉)的原住民學童(原書附圖)

犧牲自己的行為，也是耶穌和阿里山的未開化原住民生活在一起時同樣會做的事。耶穌為拯救全世界而死，吳鳳則是為了救嘉義的人民而死。

嘉義現有的教會已超過三十年的歷史，有許多漢人成為基督徒，卻仍有十萬個未開化原住民尚未認識上帝。

自從日本人來到福爾摩沙，就致力於征服這些住在山裡的部落，如今已經少有獵人頭的族群存在。日本政府在許多山區為兒童開辦學校。這樣的教育工作逐漸拓展，到現在已有多達 191 間學校分佈在未開化原住民的領地，學生總數將近有 9000 人。(這是 1923 年二月官方給我的統計數字)

　　你看見的這張相片,是最近剛開辦的學校裡的一群學生。這些
男孩女孩的臉龐,難道不會激發人們心中的愛與憐憫嗎?

　　在遙遠的壯麗高山中,有一個地方名叫霧社(Misty Village),那
兒有間創立於十七年前的學校,是規模最大的原住民學校之一,數
百位男女生在那兒受教育。我和蘭醫生以前曾經造訪過霧社,有天
早上就去看看這個學校。日本老師很親切地接待我們。他雖然大多

日治時期的霧社公學校(引自《台灣懷舊》)

Book 2

以日文教學，當然也能講當地人的語言。我們看得出他關心學生，學生也信賴他們的男老師。我們看到男女孩開朗熱誠的表現，深受感動。他們玫瑰紅的雙頰、健壯的身體、聰慧閃亮的眼睛，全都大大吸引我們，寄望他們能夠認識耶穌基督。

　　但是福爾摩沙的山地部落從未聽過耶穌的名。他們尚在等候英格蘭的男孩女孩長大，前來告訴他們耶穌為他們而死。

Book 3

In Beautiful Formosa (1922)

《福爾摩沙的故事・續集》

開 場 白

　　倫敦某主日學裡有個男孩說：「看看這兒！真是受夠了！我翻開這本書想讀來自福爾摩沙的精彩故事，第一章講的卻都是地理！好像我們在學校裡還沒讀夠那套老東西似的！」

　　他的朋友表示同感：「真倒霉！一本宣教用書有這樣的內容真是古怪，不過，既然已經寫了，我還是讀讀看吧！。」他隨便抓起書來翻閱。

　　（是啊，我相當贊同那好像是令人受不了的內容，然而仔細深思後，覺得許多有關福爾摩沙的事情你們還不知道，會想聽我講講。既然要瞥一眼不怎麼有趣的地理，就再投一點歷史內容進去吧，反正地理和歷史總是非摻雜在一起不可的。）

　　頭一個男孩說：「喂！把球拋給我。出來玩足球嘛！」

　　第二個男孩說：「我正在看這本書值不值得讀哪！」想不到他竟開始感興趣了。不一會兒就讀完第一章，他的評語是：「還不壞嘛！」

　　下個禮拜日，他一如往常來上課。

　　上完聖經課程後，他說：「派克先生，你知道幾乎全世界用的樟腦都來自福爾摩沙嗎？」

　　老師說：「小伙子啊，我實在不知道是這樣呢！」

　　「嗯，是真的，我從書上讀到的。既然福爾摩沙是我們特別關心的島嶼，我要盡量多認識它。」

　　派克先生說：「不錯喔，傑克！」

　　結果派克先生和班上其餘的學生也讀了這本書，以下就是他們所讀的內容——

史地雜談

　　沒錯！幾乎全世界的樟腦都由福爾摩沙供應。那兒群山中長著雄偉的樟樹，路經煉腦寮就聞得到樟腦芬芳的氣息。

　　樟樹是常綠植物，葉子顏色深且有光澤。除非你在木材上刻了凹痕，否則聞不到香氣；當你拿樟樹的葉子在手中搓揉，發出的香氣會使你想起咳嗽時在胸口抹樟腦油的情景。

　　可是，唉！有句語說，每一盎司樟腦的代價就是一滴漢人的鮮血。因為占地約 1,500 平方英里的樟樹林，就位在原住民的領地裡。你知道這些原住民是未開化的族群，有時當工人們正在削鋸樟樹之際，獵人頭的土著會突然竄出，猛撲並砍下工人的頭。這種情形實在太頻繁了，政府於是組成原住民衛兵，由日本警察控管，以保護樟腦業者。因此往後幾年就少有流血事件了。

　　福爾摩沙另一項重要產品是鹽，你會在沿海一帶看見遼闊的鹽田。

　　鹽和樟腦都由政府專賣，在每年的稅收上貢獻數百萬圓。這兩樣產品每年賣出的數量相當可觀，大多數的鹽出口至日本帝國的其他地方。

　　這兒也大量種植稻米和甘蔗。居住在中國南方、福爾摩沙的漢人，與住在日本的日本人，餐餐吃米飯，配著一點點蔬菜或豬肉、

魚肉增添味道。我們這些宣教師也吃很多米食，不是加在布丁裡面吃，而是將米當成馬鈴薯一般，和肉類、魚或雞一塊兒吃。這地方每年收成兩次稻作。

糖是取自甘蔗，在很大的榨汁機裡製成，大量出口至日本的其他地方。口渴的時候啃甘蔗是很棒的事，只不過你的牙齒得夠強壯，才有辦法將它撕開成片，再吸吮口裡的甘蔗汁，然後把渣吐掉！

福爾摩沙也有一種特別的茶，叫做「烏龍茶」，非常甘醇可口。它生長在北部低緩丘陵的紅色沙質土壤。這種茶大多輸往美國，但是你也可以在倫敦找到一些。上次我們回英格蘭時，走在皮卡迪利大道(Piccadilly)上，就看見一間店名叫「福爾摩沙烏龍茶館」，於是走進去喝了杯來自我們這美麗島嶼的清香好茶。

可是，以上談了太多地理，現在就來加一層歷史吧。

你知道大約三百年前福爾摩沙只住著未開化的部落嗎？

他們有些人住在高山，其餘就住在平原和丘陵地。各個部落說的是自己的土話，彼此間時常抱著敵意且互相爭鬥。這些人原本有著馬來人的血源。

1623 年，荷蘭軍隊搭乘戰艦來到福爾摩沙，他們登陸且宣稱這島嶼是他們的殖民地。同一時期，也有宣教師和商人從荷蘭來此做生意及教導當地人。宣教師在平地和當地人住在一起，他們開辦學校且拓展傳道事工。他們教導荷蘭語言，也編纂荷蘭—福爾摩沙字典。他們改善了水利灌溉，鼓勵人們耕作土地。這些事實表明，他們有意長久佔領這島嶼。

但一個渡海而來的漢人海盜心想：才不讓他們得逞！這人名叫鄭成功。他曉得有許多漢人定居在福爾摩沙，因爲廈門當地曾經動盪不安，數千漢人跨海前來福爾摩沙沿岸避難安身。鄭成功確實已祕密調查過福爾摩沙的情況。島上的漢人聽聞此事，就邀請他來解救他們脫離荷蘭的統治，因爲荷蘭人向他們課徵重稅。

因此鄭成功就在 1661 年的八月 31 日❶，從廈門率領好幾百艘船和二萬五千名士兵啓航而來。他首先停靠澎湖，然後登陸台南北方，數百名漢人在那兒張開雙臂歡迎他們，並且群來效忠他的麾下。原住民也跟漢人聯合，歡迎鄭成功與他的軍隊。

鄭成功的部隊中，有些是攜帶弓箭，其他則手持三叉戟，還有些步槍射手和大砲。軍兵全都穿著金屬盔甲。荷蘭人無法抵擋如此猛攻，他們的堡壘和財物被奪，遭到殺害或放逐。

就這樣，結束了荷蘭人佔領福爾摩沙三十八年的歲月，他們值得稱讚的努力迅速消逝。

現在開始由漢人來統治福爾摩沙。從廈門來的人越來越多，他們想取得田地和農地，原本住在平地的原住民就被驅趕到越來越遠的高山上。福爾摩沙落在漢人手中長達 234 年，這時期的人口，因爲從大陸源源不絕的移民而增加。

我覺得遺憾的是，漢人並未成功治理這地方，因爲當地居民的海盜行爲惡名昭彰，他們惡待不幸在海岸遇難的船員。

---

❶ 校註：鄭成功襲台的日期，應該是1661年四月30日。請參見C.E.S.原著、林野文漢譯，《被遺誤的台灣：荷鄭台江決戰始末記》(台北：前衛，2011)。

　　1895 年，中日戰爭後，福爾摩沙被割讓給日本，如果要告訴你日本政府英明治理福爾摩沙的情形，描述他們爲這島嶼做的所有美事，勢必要花費許多篇幅。不過，我已經聽見呵欠聲，這段歷史內容眞的夠長了。

　　現在就好比要把三明治完工，必須再添一片地理喔！

　　誰曉得福爾摩沙有座日本帝國最高的山峰？不錯，就是摩里遜山(Mount Morrison)，或者更正確的名稱是新高山——玉山，高度將近 14,000 英尺，比日本國內美麗的富士山更高。它是形成本島背脊的山脈的一部分。直到目前爲止，我們宣教師當中只有兩個人曾經攀上玉山，其他宣教師們尚且期待著有朝一日能有此行；不過，我們大多數人都曾經由嘉義前往阿里山，從阿里山山脈看見玉山壯麗的景觀。

　　這樣的遠行非常愉快。我們從嘉義搭有趣的小火車走了七個小時，在山區轉來轉去，時而螺旋狀，時而之字形，一直往上轉，火車噴著煙穿過七十二個隧道，空氣越來越涼，然後寒冷得越來越刺骨，直到我們那攜帶型氣壓計記錄著 7,500 英尺高時，英勇的小火車終於停在我們投宿的村莊。

　　環繞四周的是壯麗的森林，唉！可惜它們很快就被砍伐了。這些林木占地約 8,500 英畝，是極爲珍貴的樹種。許多木材被運往日本造船。這種樹名叫檜木，是扁柏的一種。它和樟樹的高度和樹圍都長得非常巨大。阿里山有棵檜木爺爺，環抱樹圍有 64 英尺長。檜木和樟木都是極珍貴的建材，福爾摩沙特有的傢俱是樟木製成的。

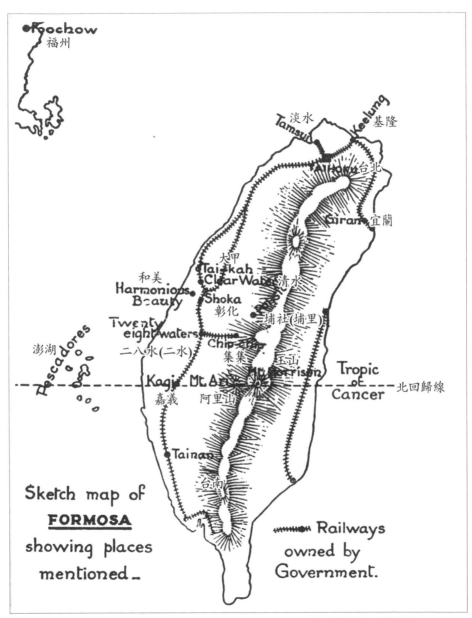

福爾摩沙的手繪地圖(原書附圖)

　　如果稱檜木是群山之王，那麼竹子就不愧爲平地之后了。我們這些宣教師的生活環境與所有的宣教事工，都被這種優雅且用途廣泛的植物圍繞著。福爾摩沙一定有幾百萬又好幾百萬的竹子，人們發揮各種可能性來利用它，甚至達成似乎不可能的任務。

　　福爾摩沙的水果多棒啊！買一根香蕉不用花一便士，同樣的價錢在這兒能買五根或十根，而且一年四季都買得到！鳳梨和木瓜也是整年都有熟果可吃，我們自家的園子裡就種了木瓜。處處可見製鳳梨罐頭的工廠，單單我們彰化就有大約十五家呢！柿子、柚子、橘子、枇杷、龍眼、芒果、荔枝、釋迦以及其他沒有英文名稱的水果，全都在成熟的時節滿足生長在熱帶氣候的人們的渴望。

　　我應該說是亞熱帶才對！北回歸線通過福爾摩沙的中間，正好位在嘉義南方，搭火車旅行時就能看見標示這重要地點的紀念碑。

舊時路旁常見的水果攤(引自《蓬萊舊庄》)

　　福爾摩沙南北長 250 英里，東西寬 80 英里。島上的降雨量很
豐富，你若前來福爾摩沙的話，會在北部的基隆登陸，基隆就是世
界上降雨量排名第四的地方。所以你瞧！濕答答的迎賓禮等著你
呢！

　　我怕你會覺得這些內容太沉悶，不過，講到福爾摩沙的居民就
會讓你比較感興趣了。這兒有住在平地的漢人(約四百五十萬人)，有
住在山區的原住民(據估計約有十五萬人)。為數超過二十萬的日本人
大多住在城鎮裡，而且多屬官員階級。

　　台灣的漢人現在通常被稱作台灣人(Formosans)。整體而言，他
們忠誠順服日本的統治，認識到自己在島上享有和平與繁榮、法律
和秩序。他們感念日本政府建設良好的供水系統、道路、電力設
施，以及電話的通信設備帶來的許多益處，大多數富有人家現在都
能收聽來自台北、上海、日本、香港或馬尼拉的廣播。

　　人們也非常感激政府鋪設鐵路，大家可以按自己的荷包或個人
的原則，去選擇搭乘頭等、二等或三等車廂。日夜通行的特快車也
有供應美食的餐車服務，夜間搭火車旅行，想要的話也有舒適的臥
舖可選。

　　搭乘眾多的窄軌鐵路支線來旅行，實在很難稱得上舒適，卻是
非常方便的交通工具，行車非常顛簸的公共汽車也是如此，其路線
四通八達，串連了所有的城鎮與較大的村落。山區沒有火車或公共
汽車可搭，卻有頗富盛名的福爾摩沙台車，初來乍到的外來客人，
會覺得這實在是最令人毛骨悚然的旅行方式，但經驗豐富之後，就
常說這是用來兜風的交通工具。乘坐轎子的時代，已迅速從福爾摩

沙消逝了。

　　福爾摩沙的人民也感念日本政府讓他們的孩子能受教育。所有的城鎮及數百個鄉村都有設備齊全的六年制小學。大一點的城鎮有高級中學、中等學校、商業學校、農校、師範學校，甚至設有大學。這所大學是三年前設立在首府台北。

　　小學裡有教日文，因此絕大多數福爾摩沙的男孩、女孩都多多少少能講流利的日語。

　　現在我這個三明治已經做得夠厚了，可以端出去傳給大家。請你們每個人拿自己喜歡的去吃，將那些乏味又難以消化的留給別人。

竹　子

　　一支小竹筍冒出頭來，向上看著不停搖晃的美麗竹子。雖然竹子長得那麼高，讓他看不見頂端，但是他可以透過鮮綠的葉子看見蔚藍的天空，也聽得見竹子互相磨擦時枝幹軋軋作響。他聽著竹葉在微風中發出沙沙聲，心想這樣的世界多麼美好啊！

　　他坐在那兒曬太陽，努力長得更茁壯，一面悄悄地自言自語起來，他微弱的聲音混和了頭上那些竹子輕輕發出的樂音，以下就是他說的內容：

　　「說真的，一想到我們竹子是世界上非常有用的東西，我不禁納悶，如果沒有我們，那這個村子裡還會剩下多少東西。雖然目前看來，我只是一支嫩筍，但是就算這樣也有用處的，我曉得我這支竹筍是很好吃的喔！雖然如此，我還是希望能夠長得像我那些大哥哥們那樣又高又美。」

　　這時，有個小男孩從旁邊跑過去。他是從稻田要回家，在村子口路經我們這支小竹筍附近的竹林。他停下腳步看著竹筍，接著邊跑邊說：「我去告訴媽媽。」

　　小筍子心想：「啊！我猜他想拿我配飯吃。我一定要長得更快些。」他繼續更努力地長大，一面像之前那樣喋喋不休地自言自語。

茅草屋頂的竹屋及背後的竹叢(原書附圖)

「唉呀！我不相信自己算得出我們竹子的用途。但願我有指頭
可拿來算，可惜我沒有，所以得用我又厚又粗的小腦袋來算。人們

所用的竹子，當然是從我這兒長出來的。我聽爸爸說，我們竹子大約在十歲大的時候最有價值，我不曉得自己是否活得到那個年紀呢！(嘆口氣)」

「現在讓我看看，人們用竹子來蓋小屋，牆壁、屋頂、橫樑、門、窗框全都用竹子。朝屋裡望去，你看見什麼了？眠床、桌子、躺椅、碗櫃、椅子、凳子，沒錯，甚至連枕頭都是竹子做的，每件傢俱都是竹製品。連門口也有竹製的圍籬，用來防堵小豬進門到處用鼻子拱。那兒還有一張特製的竹椅，可將嬰兒放在裡頭，免得她淘氣胡鬧。」

「廚房也是如此，沒有我們這些竹子的話，人們可怎麼辦是好？你會看到一個竹製擦洗用的刷子、竹籃、竹掃帚、竹筷、竹湯匙、用來濾出米粒的竹篩子、可以舀出米粒的長柄竹勺。」

「庭院裡，你可以看見人們用竹竿來吊掛洗好的衣物，也會看見竹製雞籠，以及用竹子圍起來的豬舍。男主人要去市場，會戴上一頂遮陽的竹帽，回來時就拿竹竿擔著物品。我一定不能遺漏茶罐。在男主人上路前，女主人會將泡好的熱茶倒進一節又厚又短的竹筒裡，當太陽炎炎高照，男主人口渴時就有提神的飲料喝。我已經數算多少用途了呢？喔！我差點忘了，還沒講完呢！」

正當此時，一些小女孩、小男孩來到圍繞村子的竹林邊玩耍。小竹筍繼續長大，一面自言自語。

「看看那些小孩，我聽說英格蘭的男孩女孩們有許多玩具，他們卻沒多少東西可玩，不過，我至少能供應一些。他們在吹的哨子、小弓箭、嗡嗡響的陀螺，全都是用我的大哥哥們製成的呢！我

竹子可用於編製農具、紙燈、樂器、箸、桶箍、扇骨、傢俱、傘骨等(引自《攝影台灣》)

想現在一定已經數到一百種用途了。我好像聽見那個男孩在說什麼？捕魚？是啊，他的叔叔住在海邊，搭乘竹筏去捕魚，用竹竿釣魚，把魚放進一個特製的竹簍。那就有一百零三種用途囉！」

但是，唉呀！我們這支小竹筍沒有來日可言了，因為他剛聽到一個聲音說：「媽，在這兒！」抬頭一看，就是那個從田裡回來的男孩，他的媽媽手裡拿著一把大刀。她低頭看著說道：「不錯，是支很棒的嫩筍，可煮來當晚餐。」小竹筍沒來得及數算更多竹子的用途，她就用刀將筍子刨起。

小男孩帶著筍子回家，媽媽將它切成薄片，放進鍋裡燉煮。

孩子的爸爸坐在竹桌旁的竹椅上，拿著竹筆在寫漢字。這是個非常悶熱的夜晚，蚊子不停騷擾著，他拿起竹扇頻頻揮趕。每隔一段時間，他也從竹管抽幾口煙，這煙是用粗糙的竹製紙張點燃。太陽已經西下，但是餘暉依然非常悶熱，會從小竹窗射進來，於是他起身拉下竹簾。正要坐下繼續寫字，就聽見太太喊著：「來吃飯了！」

不久，小男孩和父母親就不停動著筷子。

父親說：「好棒的嫩筍啊！」

小男孩驕傲地說：「爸，是我發現的。」一面津津有味地嚼著竹筍。

這就是小竹筍的結局，我最好別再寫下去，否則你會以為我在哄人呢！

漢人新娘

1.

有誰想聽漢人新娘的事嗎？你想知道她如何度過在老家的最後幾個小時嗎？

不久前我和安義理姑娘(Miss Adair)造訪大甲(Tai-kah)，這地方離彰化約二十英里，那天恰巧有個女孩要出嫁，她家並非人人都是基督徒。安義理姑娘曾經在大甲教會教書，這個女孩以前就是她的學生。女孩名叫「阿鈴」(Bell)，在她父母尚未聽見福音之前，就已將她許配給一個家裡未信主的年輕人。我確信你會對他們訂婚的方式感興趣，然而我要告訴你的內容，大多是非基督徒家庭的情況。

那位青年並不是自己來找阿鈴，跟她說：「我愛妳，嫁給我好嗎？」喔！不可以的，那會使對方大為震驚且不可能成事。除此之外，他從未和她說過話，甚至可能從未見過面！訂婚也不是由雙方父母洽商安排，他們極可能根本互不相識。

2.

當一個年輕人已屆適婚年齡，父母也都希望他成婚，或是想有個媳婦在家中幫忙時，周圍的鄰居馬上會對此大感興趣。或許某個男人有一天會把這對父母親帶到一旁，告訴他們說：「我認識一個

適合你兒子的好女孩。她十八歲，長得漂亮，身體強健，而且脾氣好。」或者有個女人會過來大聲耳語著透露：「我認識一個女孩正適合你兒子，她會煮飯、洗衣、縫衣，還上過學，而且會刺繡。她不懶惰、不愛發牢騷、不說謊，而且長得很漂亮。」(可憐的孩子，她或許非常平庸呢！)

可能有許多人會來告訴這對父母，說有個女孩恰好是個合適的對象！父母全聽過之後，會仔細衡量且想盡辦法去打聽，就和你母親要請個女傭時的情形沒什麼兩樣。他們也會想見見人們推薦的女孩，然而，可不能讓她曉得自己是候選人喔！否則她們會力求表現出最好的一面。可能那位即將受託的媒人或媒婆，會帶這個年輕人的母親不經意地造訪女孩的家，甚至連她的父母都不曉得對方相中了自己的女兒呢！或者趁女孩子上市場購物時去看她一眼，這倒容易。

說來遺憾，基督徒媒妁姻緣時，偏好以教會做為觀看未來媳婦的地點。父母會帶著兒子一同到女孩做禮拜的教會去，他們也可能是分別前往，先有人向他們指出是哪個女孩，然後就在整個禮拜中，私下悄悄觀察。(「就是她！坐在戴眼鏡的老婦身邊那個。沒錯，就是那個女孩。看！她穿的是豬肝色外套，正拿著粉紅扇子給自己搧涼呢！」)

3.

當女孩的父母終於首肯時(後來的時代則以女孩本人的意願為準)，順利達成任務的媒人或媒婆就會得到一小包豐厚的日圓當謝禮。接

下來就要去訂製一對金鐲子、一對金戒指、頭飾，還有一堆糕餅甜食，在選定的日子將這些都送往新娘家，現在這椿婚約就算穩妥了。金飾是給新娘本人，一部分糕餅、甜食則由父母分送給許多親朋好友，藉以宣佈女兒已經文定。有時送出的訂婚餅價值好幾百日圓呢！

從訂婚到結婚，可能會相隔好幾年，或只有幾個禮拜。新娘本人以及她的父母對此毫無發言權。新郎的父母擇定婚期時，媒人會傳來訊息，說男方要在那天來「帶她走」。

4.

阿鈴就是按上述方式訂了婚，安義理姑娘與我正巧在她要被娶走那天在當地作客。我曾參加過多次漢人基督徒的婚禮，卻從未在一個並非所有成員都是基督徒的家庭，於婚禮這天看著新娘永遠告別娘家。我並不是說她再也不能回娘家，而是不再與父母同住，將全然絕然地歸屬夫家族人。

我還要補充一件事，新郎的父母會在婚禮前給新娘父母一筆錢，以此表示感謝他們將女兒送給夫家。由此可見，新娘其實是花錢買來的。(局外人相互探詢的首要問題之一，就是：「他們為了娶這個新娘給多少錢？」)

5.

安義理姑娘和我抵達時，房子裡擠滿了人。我們被帶往新娘的臥室，一路要從人群中擠過去。這房間也塞爆了。阿鈴坐在床上，

她的腳和身子都斜倚著床頭,蚊帳遮掩了部份視線。此後一直到她最後離去時,我們都沒看到她的臉,我一點兒也不曉得她的長相呢!她拿著手帕蓋住臉龐,雖然已經二十歲了,卻哭得像個小孩。安義理姑娘認識她,去她身邊坐了一會兒,握著她的手,輕聲地在她耳旁說話。一些新娘的女朋友穿著漂亮的絲綢,擔任她的伴娘,鄰居們以及街上來的婦女、兒童都站在那兒看著。她美麗的嫁衣全都備好在床上了。

稍後我們被帶去看新娘父母準備讓她帶往新家的嫁妝。大部分的東西都排放在看起來好像顛倒了的桌子上,全準備好要在娶親的隊伍中帶往新郎家。其中也有好幾件傢俱,各用兩根竹竿綁好,準備扛著加入娶親行列。不一會兒,我們被請去用餐,再次從街上來的群眾當中擠過去,前往樓上擺設餐飲的地方。這不算是婚筵,只是簡單的中式餐飲而已。

6.

現在要舉行新娘離家前的告別儀式了。地點是宅邸裡的主要房間,也就是前面的接待廳。有一張椅子放在屋子的中間,面對靠牆放的桌子。桌子上有一張幾年前去逝的祖父的照片。我覺得遺憾的是,桌上也放著最後幾尊家族偶像。我沒看見任何祖先牌位,但是有位不信主的叔叔點燃一大盆香火,放到祖父照片前面。房裡擠滿了人。面對那張椅子的右邊角落放了兩張長板凳,安義理姑娘和我以及其他基督徒婦女坐在這兒。新娘的父母各坐在桌子兩旁,面對屋子中間那張椅子,眾人就這樣等待新娘到來。同時也有越來越多

的鄰居擠進來。室內好熱，有許多小手肘戳著我的背，企圖擠得更近一點。新娘的父母掉著眼淚，老祖母也是，她從我們抵達直到離去都淚汪汪的，每隔幾分鐘就向我們保證：「我們阿鈴向來是個好女孩：她從不生氣使性子，總是溫柔又聽話。」

7.

　　終於聽見有人喊著：「她來了！」一個阿姨走在她前面，溫柔地用手拉著領她出來。阿姨啜泣著，可憐的阿鈴也一樣。我不曉得她長得怎樣，因為她仍然用手帕遮臉。她穿著漂亮的紅褐色絲綢，但是這套美麗的衣服都被一條粉紅雪紡面紗淹沒了。她頭上插著彩色的人造花，手拿一束人造捧花。透過面紗，可以看見訂婚時收下的珠寶。阿姨讓她坐在椅子上，然後站在她旁邊，並且將那些靠得太近的孩童往後推。

　　安義理姑娘現在宣佈要讀一首聖詩，她請一位和我們一起來的宣道婦大聲朗讀，讓那些站在後面的未信者能聽見。我們一同唱了這首詩。安義理姑娘接著帶領大家禱告，將阿鈴交託給慈愛的天父，並且為雙方家庭代禱。

8.

　　接下來是我身為宣教師親眼所見的許多感人場景之一。阿鈴即將永遠離開父母。她從椅子起身，站在兩條長凳之間(在全都不信主的家庭中，新娘此時通常是跪在地上)，他們都前來向她道別，然後大家一同哭泣著。新娘的父親看起來相當難過，他拉著阿鈴的手說：

「妳一直是個乖女兒，願妳在新家受人疼愛！」母親和祖母也在啜
泣中不斷複述同樣的話。別人告訴我，這是通常的道別用語。阿鈴
斷斷續續地感謝父母為她所做的一切，請他們原諒自己不聽話及未
盡心孝順的過失。在場的基督徒婦女都掉下淚來，我也不敢保證自
己的眼睛是乾的。

新娘轎停放在接待廳後面的門內。阿鈴被送進轎子，她從頭哭
到尾，在眾人面前的啜泣就此不復見。我希望她終於能把手從臉上
放下，因為她的手臂一定很酸痛呢！這是一頂令人讚嘆的新娘轎，
有著美麗的紅色、金色緞繡罩子，由八個男人抬起裝在兩邊的堅固
竿子。

9.

當阿鈴坐進轎裡被遮住後，我們看到另一感人的小場景。一個
年紀可能是十二歲的女孩，從一間臥室進到接待廳。她身穿明亮的
嶄新絲綢，頭髮用紅繩編辮子，盤繞在頭上。她是阿鈴的小丫鬟，
也將永別這個家，從此全然隸屬於新的一群人。阿鈴的父母向來善
待她，她不曉得未來的男女主人會如何待她，因為漢人的婢女時常
遭到虐待。她哭得像個孩子，也迅速被帶進新娘後面的另一頂轎
子，她們將一同被帶走。

安義理姑娘和我就在此時避開那兒，很高興能到外面呼吸新鮮
空氣。我們前往主要的大街去拜訪一個基督徒家庭，抵達不一會
兒，就聽見中國樂隊那嘟嘟聲、尖銳的笛音、鏗鏘聲、砰轟聲朝著
我們來了。有人喊著：「迎親隊伍來了！」我們就走到門口，看著

隊伍經過。

10.

　　樂隊前導，接著是……看到的一堆食物令我難以理解。跟在數不清的中式布丁和糕餅後面的，是若干全豬、全羊，整隻動物帶著皮，底部縱切開來，擱在竹製框架上，然後排放在我曾告訴你的那種好玩的桌子上。有隻山羊下巴綁了粉紅紙帽，看起來相當喜氣。另一隻則口裡塞了棵橘子。在涼爽、颳著大風的日子裡，牠們全都看起來相當寒冷呢！每隻動物都按上述慣例來運送。後來我們才得知，這些食材是新郎父母送給阿鈴的禮物，我們看到的，只不過是新娘的親朋們不想留下來的過剩食材，他們按漢人禮俗送返而已。

　　這堆開胃美食經過後，接著又是另一隊奏不出優美旋律的樂團，然後是新娘的嫁妝。體積較小的東西都放在顛倒過來的桌上，上頭安裝了兩支竹竿，由苦力挑在肩上。我們看見的東西真是五花八門！漂亮的絲質衣服、絲綢製的鞋襪、金鐲子、金耳環及別的珠寶、一些未搗碎的純金、家用必需品和裝飾品，例如洗濯盆、茶壺、茶盤、圖畫、鐘、繡花枕、絲被、毛毯、花瓶、留聲機。上述這些東西以及其他物品，一個接一個迅速通過目瞪口呆的旁觀者面前。

　　接下來是傢俱，從飄過來的香味可知，其中多半是樟木製品。有桌子、廚櫃、衣櫃、五斗櫃、一些鑲有珍珠母的可愛黑檀木椅子、幾張小一點的椅子和凳子。這些全都以相同方式運送。鎮上的苦力當天真是生意興隆，他們也很期待新郎家準備的婚筵大餐呢！

Book3

現在來的是第三組樂隊，然後是幾頂轎子，裡面坐的是媒婆與一些伴隨阿鈴前往新家的基督徒婦女。最後是嚴嚴遮蔽的美麗新娘轎，後面跟著一頂較小的轎子，我們看得見裡面坐的是正在哭泣的婢女。

11.

阿鈴的新生活就此展開！但願她嫁到親和的人家，能准她繼續維持既有的基督教信仰。我們也為她祈禱，願她不但能以溫柔的性情與榜樣，也能以她的言語，將她對耶穌基督的認識帶給丈夫及夫家的人們。

第四章
螞蟻的故事

1.

　　我雖然只是隻小螞蟻，卻真的懂許多事，這點你倒是頗不以為然。有人說我聰明，當然我不像你們有些人那樣懶惰。聖經裡有個人，名叫所羅門，你或許從未聽過他的事，他叫那些懶人來看我努力工作的情形，叫他們應當以我為榜樣。我真的羞於像你們一樣，把時光浪費在玩樂。我從早忙到晚，也不像你們需要睡覺。

　　我和一對醫生夫婦住在離英格蘭好遠的一間屋子。那兒有好多房間供我和親戚朋友居住，可是他們不要我們住那兒，還企圖把我們趕出去。他們無論怎麼努力就是沒辦法如願。他們把食物放在餐廳的菜櫥裡，小氣得要命，連一小口也不給我們吃。菜櫥有四隻腳，每隻都站在一個小水罐裡，讓我們沒辦法爬上去。有一天，一隻好心的老蜘蛛織了一個網，恰好跨在其中一個水罐上，告訴你，過不了多久就被我發現了。我趕快把朋友們叫過來，大家馬上過橋去囉！我們有好幾百又好幾百隻，找到花生醬就大吃了一頓，這是他們家最棒的食物，夫人一出現，我們連忙爬下菜櫥，隨手還拿著一些好東西，要存放到自己的儲藏室去。她這個人最討厭了，比主人還吝嗇。她搞不懂我們是怎麼進到菜櫥去的，因為她的眼力不夠敏銳，看不見那座橋。她叫來廚子，他比較像我，是個有點聰明的

人，他很快就發現原因，結果我們那座精緻的橋樑就被毀了。他們有時會忘了把所有的食物放進菜櫥，偶而就會把餅乾亂扔，我靈敏的小鼻子馬上聞到了，大家就有得吃；不過，我們得非常機靈才能吃得飽。縱使夫人口裡說我們非常聰明，我猜她是但願螞蟻全都又蠢又笨。

2.

但是我有個堂兄弟就比我更會給人找麻煩，我曉得他製造不少禍害，說真的，連我都不主張用那種手段呢！他被稱為「白蟻」。他的體型比我大，看起來像小小一隻蛆；他是在黑暗中工作，好像對自己的工作感到難為情似的。他在地底下和房子底下挖出通道，並且吃光自己挖出來的東西，他和成千上萬的兄弟們進到房子的樑或門框裡，我想那是奸詐的行為。他們一路前進，一面吃掉那些木材，有時他們足足吃了好幾天、好幾個禮拜才被發現。有時他們甚至上到屋頂去，沒人看得見他們的行蹤，因為他們只吃掉木材的內部，表面上的漆依然美麗如昔。某人哪天突然敲它一下，你想會怎樣？木材已經是中空的啦。相信我，這些白蟻害宣教師花了大把大把的鈔票，我不想有這樣的親戚呢！

3.

雖然我們的體型最小，卻不是只有我們被當成仇敵。喔，不！我們並不是體型最小的，我忘了還有蛀書蟲。他的尺寸約有半個米粒大，你可以想像他是最柔弱的白蛆。他們進到書本裡，從封面一

直往書頁裡吃過去，穿過封底後再繼續往下一本書吃過去。他們鑽出非常細小的隧道，如果沒被人發現的話，他們可以造出好幾百條隧道，你看吧，這就毀了一堆書本啊！要趕走他們的話，就得把書曬在艷陽下，也有人在封面塗上一些氣味難聞的藥物。我曉得有些人非常珍愛書籍，他們就認為蛀書蟲是最可惡的仇敵，我贊同這點，因為我知道書本會使人變得聰明。

4.

以體型大小而言，接下來就是蠹魚。我猜你從未見過這些小動物，所以我要告訴你他們的長相。他們是大約半英寸長，小小一條會蠕動的東西，看起來有些像魚，而且有銀色的背部。他們有好多隻腿，跑起來好費力啊！夫人看到他們咬衣服就厭惡極了，所以她經常到處搜尋，我得說他們真是危害不小。

5.

下一個仇敵就是蟑螂，我告訴你，他們長得可真醜，有些體型長達二或三英寸。他們是深棕色，而且能飛，他們把翅膀摺放身上時，你根本沒料到他們會飛。他們從陽台爬進臥室。他們最喜歡浴室，因為那兒較溫暖又有好多東西可吃。夫人有時會發現他們正吃著肥皂、海綿、藥瓶上的標籤，她會大聲喊來主人，他拿著一隻拖鞋趕來，不過，他並不是常常用它來拍蟑螂。當他正中目標時，會在地板上留下一灘可怕的東西。他不曉得會這樣，可是我和同伴們都注意看著，他若忘了清理乾淨，等主人們洗過澡上床打鼾時，我

們就有一頓可口的宵夜了！

6.

接著要說的是蜘蛛，夫人也討厭這東西，蜘蛛的體型確實很大。你若計算他們腳張開時的大小，我猜圓周是有十二英寸。他們也喜歡浴室。他們不會傷害別的可憐傢伙，就只是喜歡待在牆上什麼也不做。有時主人會說：「別理他」，大家都知道主人的心腸軟，但是夫人就不同意了，於是落下一陣重重的拍打，可憐的蜘蛛腿部捲曲，就這樣翹辮子了！

7.

還有另一個喜歡浴室的生物，那就是壁虎。這友善的小傢伙有著灰色身子與四條腿、一條尾巴，閃亮的雙眼像針尖一樣銳利。主人和夫人都喜歡他，因為他會吃掉蚊子、蛀蟲和蠹魚。他爬在牆上和天花板，只不過有時會失足，噗通掉在人們頭上，弄亂了人家的頭髮，又害人驚聲尖叫。但是他依然是個不錯的小生物。

8.

你會以為浴室很像聚會的地點，真的沒錯。蝙蝠也擠在這兒呢！他可以把自己壓得近乎扁平，躡手躡腳地爬過牆上的裂縫。蝙蝠不但髒兮兮，又會想撞擊你的眼睛，連主人都不喜歡他。他極擅長閃躲，很不容易捕捉，但是主人腦筋很好，有辦法對付他。你一定猜不出那是什麼辦法，我就來告訴你。主人的心臟老弱，通常是

不打網球的，但是我向你保證，他真的和蝙蝠打了一場很棒的球賽；主人手持球拍，蝙蝠假裝自己是顆球，他們就在浴室裡到處飛翔、舞動、跳躍，夫人在門那兒偷窺這一幕。主人曾經是個網球好手，但是蝙蝠可從沒玩過網球，所以主人總是打贏。可憐的蝙蝠遭重擊，墜落地板，於是主人從頸背抓起他，將他帶往陽台丟到外面去，蝙蝠只好飛到別處去找個新家了。

9.

　　現在要提另一個住在屋外的動物，福爾摩沙這兒人人與他為敵。他身體長、個性狡滑、帶有劇毒，而且非常危險，他就是蛇。他們有好多種類、好多尺寸、好多顏色。有些蛇不會傷害你，但是有些卻是毒蛇。他們只在夏天出來騷擾人們，尤其在夜晚，特別容易出沒。天一黑，除非提著燈，否則沒人敢出門，生怕會踩到蛇。現在我要告訴你一則毒蛇的故事。有一天，主人突然看見一條鮮綠的蛇滑過家門前的草地。這種蛇名叫「青竹絲」，因為他像竹葉一般綠。這條蛇的身子中間隆起一大團，主人拿起厚木棒快跑過去，朝蛇的頭猛揍了好幾下，直到他再也不扭動。後來主人想知道，究竟蛇的身子裡是什麼東西，讓他凸起一團；雖然你會認為，他在醫院裡為那麼多人動手術應該受夠了，沒想到他又拿起刀子，剖開蛇的肚子。雖然蛇已經死了，廚子還是怕得要命，但是又很好奇地想看，所以就從門縫偷看。我猜廚子以為那是一隻死老鼠，沒想到主人拉出來的是一隻大青蛙，只不過因為全沒了氣息，再也不能呱呱叫。

10.

　　你想不到像我這樣一隻小小的棕色螞蟻能講這麼多事情吧！我實在已經浪費太多時間了，可是我曉得人類喜歡閱讀，才寫這些供你消遣。我想你現在要繼續去玩了，而我呢？必須去工作啦！

阿　和

1.

　　讓我帶你回去拜訪清水。1892 年，有個男嬰誕生在當地，父母將他命名爲阿和❶。這是個未信主的家庭，他的父親還是個爲人卜卦的算命仙呢！想要求助的人，會在約定的時間前來他家，就像英格蘭的醫生會在看診時段於家中接受病人應診。算命仙就是這樣等候他的客人上門，他們前來請教各種疑難雜症。

　　在我們國內，人們偶而爲了好玩而去算命，但是此地的人卻相信，執業的算命仙所預言的一切眞的會實現，大家就按預言的內容去計畫與行動。但是男男女女不只是詢問將來要發生的事，還請求算命仙告訴他們兒子完婚的吉日，或蓋新房子的破土吉時。家中有人過世，也要請算命的告訴他們埋葬的吉祥地點、舉行葬禮的吉日。生病了也會來請教算命仙：該找哪位醫生、哪尊神明需要安撫、該去哪座廟上香。算命仙靠著抽籤、查閱算命書、擲筊，來斷定所有的問題。算命仙給了答覆之後，客人會用紅紙包好厚厚一小疊酬金給他，然後心滿意足地離去。我不用多說，你應該知道，人

---

❶ 校註：阿和，全名爲王寬和，台中清水人，曾被「台南教士會」派至集集與埔里大湳教會擔任「囑託傳道」。

們一旦成為基督徒，就再也不會和算命仙有任何瓜葛了。

阿和的父親是位頗有名望的成功算命仙，賺了很多錢。他和妻子都熱心拜偶像，家中總是聞得到昂貴的香火味，接待廳的偶像和祖先牌位前，幾乎不間斷地燃香。

2.

這就是阿和成長的家庭環境。他九歲時被送往一個漢人老學究開的私塾，因為我曾提過的優良日本小學在那時代尚未普及。阿和在這學校裡讀了很多古文，你若能夠路經那條蜿蜒曲折的路(這樣彎曲的路才不會讓惡靈找上門)，就會聽見男孩們揚聲吟誦課文。無論如何，阿和學了很多古文，這對他大有助益。

3.

阿和完成私塾教育後，開始以大豆來製作醬油維生。唉！他一面賺錢，卻一面花在不當之處。他染上賭博惡習，經年累月在其中打滾，情況越來越糟。他交了一票壞朋友，這些人的行徑比他還惡劣，大家日夜窩在一起聚賭、飲酒，還從事其他不道德的行業。他們甚至還詐賭，用打暗號的方式讓自己篤定贏錢。阿和能在一個晚上以詐賭方式贏得超過九百日圓，然後隔一或兩天就又花光光！

4.

隔年，我提過的這些狐群狗黨到廈門去混，阿和也被慫恿同行。他們在口袋裡走私鴉片。這群人開了一小間鴉片窟，每抽一小

筒就收取五十錢，這個量的成本只不過六錢而已。

　　這群人瘋狂地賺更多錢花用，也賭得更兇，他們還開始用可怕的方式行竊。他們取得麻醉劑，把香煙浸泡其中，一個個穿著絲質長袍出門，看到穿著貴氣的人就上前搭訕，然後帶往較隱密的地方，請對方抽根煙。抽了幾口之後，噗通！受害者倒地。過沒多久，受害者醒來一看，發現自己漂亮的絲袍、金錢、錶、戒指全都不見了。

　　另一種詭計就是製造小型的隨身炸彈。他們耍的是相同伎倆，帶著看起來富有的年輕人到鄉間閒逛，然後突然從口袋抽出炸彈，靠在那人頭上威脅道：「要錢還是要命！」

　　你料想得到，這群混混無法在同一地方久待，他們搬去福州後又遷往上海。阿和離開的這幾禮拜，他母親都非常傷心，因為她曉得孩子會過著惡劣的生活。她天天祈求神明保祐阿和，花很多錢買拜拜用的金紙和香，在偶像前燃燒祭拜，藉以取悅神明。

　　阿和雖壞，卻不至於像朋友們那般邪惡。

　　他告訴我們：「我好害怕，深恐自己也變得像他們那樣惡毒。我把所有的錢都花用在邪惡的事上，只好從上海寫信回家，求我媽寄錢來讓我可以回家。我一收到旅費，就在晚上逃離那班人，搭船回福爾摩沙了。」

5.

　　在接下來的兩年，阿和都跟母親住在清水，卻依然過著墮落的生活。母親以為，他若結婚的話就有希望改邪歸正，但是，唉！他

們替阿和選的太太，脾氣卻很暴躁，夫妻經常吵架。幾番大吵之後，雙方離異收場，太太回娘家去了。

6.

1917 年是阿和生命的轉捩點，這時他二十五歲。除夕是漢人所謂從舊的一年跨過新年的時候，通常都是歡聚盛筵的場合；當時他和幾個年輕人在低俗的餐館作樂，夜色降臨時，他們玩得越來越快活，最後竟然打鬧起來，因此打破窗戶且損壞傢俱。阿和為此駭怕而潛逃。他怕被日本警察抓去關，心想：「有誰能救我呢？」腦海裡閃過一個住在附近的基督徒青年，是和他同姓，所以有親戚關係，這是一個友善、熱心的小伙子，曾經在我們彰化醫館當學徒。雖然已經是凌晨兩點，又下著大雨，阿和還是到他家去敲門，把他從睡夢中叫醒。

「阿誠」(Honest)一開門，阿和就突然喊著：「你一定要救我！你如果救我，我會去聽道理！」(清水那兒的教會已設立好幾年了。)

阿誠有位伯父，受雇於鎮上的地方官，後來就由他去為阿和求情。官方召集那幾個引起喧鬧的年輕人，嚴厲申斥並警告後，沒有懲罰就釋放他們了。

現在阿誠的機會來了。「你說我如果救你脫困，就要去聽道理。明天就是做禮拜的日子，你一定要跟我到教會去。」阿和同意了。

隔天阿誠來接他。

阿和說：「你先走，我隨後就來。」他怕人家看見自己和一個基督徒走在一起。

阿和真的跟著去了，整個禮拜中都困惑地坐著，驚愕地看著教堂裡的一切。離開教堂時，他被鄰居認了出來。

他們嘲諷道：「除夕那天我們不是才聽見你打架鬧事的聲音嗎？現在居然正要走出教堂！」

阿和抬起腿來，盡快朝回家的路走去。

7.

從此以後，阿和整個生命都轉變了。他再也不賭、不喝酒、不去看惡質戲劇表演，再也不走進邪惡的場所；他戒除腐敗的生活，就像蛇脫了一層皮似的。

阿和向來惡名遠播，過去的老同夥們會以此奚落他，說他就算去禮拜堂了，到頭來還是會和他們混在一塊兒。當他含著眼淚告訴阿誠這個情形時，阿誠安慰他說：「你如果來聽一年的道理，過去的惡名將逐漸減少。如果聽兩年的道理，從前的壞名聲會消失。如果聽三年的道理，你就會有好名聲了。」自從第一次在禮拜日去教會後，阿和就時常想起阿誠這番話。

8.

年輕的蘇育才傳道，有次在禮拜天講到浪子回頭的故事。阿和聽得頭都抬不起來，雙頰漲紅。禮拜結束後，他去找阿誠，說道：「是你把我的過去、我從前的生活情形告訴傳道的嗎？因為他講的

Book**3**

是我的故事，他說的每件事都恰恰吻合我的狀況呢！」

有個禮拜日，蘇傳道的另一番警誡也讓阿和時常謹記：「一個人好比一棟屋子，地基若打得不實在，就沒人敢住在裡面，或走近它，因為怕會被它倒塌壓垮。沒有一個好人敢親近聲名狼藉的人，是因為怕自己會被傷害。」

9.

有一天，阿和坐在阿誠的小藥房聊天，蘇傳道手臂夾著一堆海報走進來，那是用來宣傳有個特別的佈道會要在教會舉行。蘇傳道定睛看著阿和，說道：

「現在你已經來做禮拜好幾個禮拜，是該開始做工的時候了。和我一起到外面去，幫忙將這些海報貼在鎮上。」

到目前為止，阿和都羞於坦誠自己去教會做禮拜，這時他腦中閃過一個想法：「現在麻煩來了！但是，我一定得斷然面對啊！」於是他爽朗地笑著答應傳道。

蘇傳道說：「那麼，就來吧！」一面將一大疊海報往阿和手臂上放，他自己手上只拿漿糊和刷子呢！蘇傳道走在前面，阿和小心翼翼地跟在後頭。一些從前的老朋友看見，譏諷地嘲笑他，阿和卻大膽邀他們來參加聚會。

10.

有天晚上，阿誠必須出門一趟，問阿和能否來幫他顧著藥房，晚上留宿那兒，隔天早上再回去；阿和很高興幫朋友這個忙。

晚上十點，阿和關好店門，安頓好要過夜。十一點過沒一會兒，聽見微弱的敲門聲。他納悶著將門打開一兩英寸，外面站著從前的損友，是一個住在附近的女孩，她曉得此刻只有阿和一個人在。他迅速點亮油燈，盡量拉高燈芯放光明，使勁把門大開，站在那兒告訴她，耶穌以及祂的權能可以救他脫離罪惡，然後將她送走，再回頭睡覺。他不曉得隔壁的鄰居全聽見了。阿誠隔天早上回來時，他們將發生的情形告訴他。

11.

這事之後，阿和放膽為耶穌做見證，沒多久，他就受洗，被接納成為教會會員。他時常想為基督贏得那些老朋友，他們卻一直輪番與他爭辯，取笑他，仗勢欺負他，企圖激他燃起舊有的怒氣。這對阿和而言真是一大考驗。

有天晚上，他覺得自己的脾氣特別難以控制，就拋開煩擾他的一切逃到山丘上，在月光下，眼淚決堤似地流下臉龐，他一而再，再而三地哭喊：「上帝啊，保守我不要發怒，幫助我贏得勝利！」

心靈的風暴平息後，他才回家過夜。

12.

阿和盼望為耶穌贏得自己的母親，卻不是那麼容易。多年來她熱心拜偶像，要她放棄實在很難。但是兒子容光煥發的生命，以及持續不斷懇求，再加上他的禱告，終於征服了母親的心，她現在信靠、敬拜的是真神上帝。

Book**3**

13.

遺憾的是，阿和賺錢的工作並不順利。近來他是製作漢人的美食：豆腐，到街上去兜售。但是收益不多。阿誠有天給他三圓，建議他去學做海綿蛋糕，這是清水人特別喜愛的食品。阿和就買了麵粉、糖、鴨蛋，請朋友教他從打蛋到烘焙成海綿蛋糕，一整套錯綜複雜的過程。結果做得不錯，他就準備好做這項生意。然後他也學做別的糕餅、圓麵包和糖果。有好一陣子，他就在街上賣這些東西，生意還不錯。

14.

蘇傳道大約就在這時候遷往另一個教會，有位阮瓊❷傳道奉派將前來清水。阮瓊傳道抵達的前一天，阿和到教會去，發現教會和傳道的宿舍都很髒，沒人打掃。這讓他極為憂心，於是自掏腰包雇一個苦力，幫他一同洗刷所有的地方。隔天，他還親自為阮傳道夫婦及小孩煮好第一餐飯。

他告訴我們：「我看新老師來到，就如同看耶穌蒞臨一般。」

---

❷ 校註：阮瓊(1884-1982)，又名烏瓊，字韞玉，屏東竹仔腳人，原派駐彰化教會，1919年因蘇育才受聘為彰化教會第二任牧師，故轉赴清水教會。(另據《傳教師小兒洗禮簿》記載，阮瓊三子阮德生於1921年9月25日，在「清水街」由林學恭牧師施洗。)原書中稱這位傳道為Mr. Yellow (a preacher named Mr. Yellow)，若按原意本應翻作黃傳道才對。我猜，連瑪玉會弄錯的原因，極可能是「黃」與「阮」在台語的讀音皆為Ng，僅在音調上略有不同而已。

15.

這事過後不久，阿和有一天坐在阮傳道屋裡和他談話。

阮傳道：「你幾歲了？」

阿和回答：「二十六。」

「你該結婚了。」

「你如果幫我找個基督徒好女孩，我就結婚。」

正巧一位宣道婦，也就是我們的老朋友阿喜嫂走進來。她當時正在清水教會工作。

阮傳道：「哇！這位不正是我們想找的人嗎？」 他馬上委託阿喜嫂為阿和找個合適的女孩。

阿喜嫂很高興受託幫忙，兩禮拜內就帶來消息，說她找到合適的女孩了。

「她是一位真正的基督徒(阿喜嫂以此為首要條件)」，「她住在二水，身體強健又長得漂亮(阿喜嫂把這點放在最後面)。」「她姓謝(Thankful)，受洗時的基督徒名字是蘭(Orchid)。」

阿和就在清水教會與阿蘭結婚。婚禮那天在小鎮引起不小的騷動。

「那個鱸鰻(流氓)阿和要結婚了呢！」街上的人爭相走告。(台語所謂的「鱸鰻」，就是指懶惰、無所事事的年輕人，和我們的俚語「壞蛋」相對應。)

但是到了夜晚，關上門後，阿和聽見有人在門外談論從前他過著墮落的生活，然後讚美他全然改過自新。阿和很高興地得知，自己惡劣的名聲真的改善了。

Book**3**

16.

這事過後不久，阿和被選爲教會的執事。接下來那年，他和阿蘭有了一個男嬰。

做父親的說：「他眞是恩典的賞賜！」於是「恩賜」(Gracious-Gift)就成了孩子的名字。

阿和非常渴望賺得更豐厚的生活費，於是向朋友借錢，開了間西點麵包店。他製作各式各樣的糕餅點心，將成品展示在櫥窗裡的玻璃盒內。我就在這時期造訪清水，第一次見到阿和。我還記得他給我一些用碾碎的烤花生和糖漿製成的美味糖果。

但是，唉呀！這項小生意並不成功，所以他結束營業搬到埔里，借了更多錢在那兒開麵包店。同樣的失敗又發生了，他和阿蘭憂愁地回到清水。現在他們在自己家中製作糕餅，然後在街上叫賣。

17.

有天早晨，郵差送了封信來給阿和，這是來自我們在台南的教會總部(headquarters, 應指「台南教士會」)的信。信中邀請阿和到新開拓的集集教會擔任傳道，問他是否願意，試用期爲六個月，謝禮是每個月十八日圓。

清水的人一聽，都不想讓他去，他們還提供更多錢要讓阿和開另一家小飯館呢！

但是阿蘭說：「難道這不是上帝的聲音在呼召我們去傳福音嗎？」

集集基督教會(引自《南部台灣基督長老教會設教七十週年紀念》)

阿和說：「但是他們只提供六個月的薪資呢！」

阿蘭回答：「之後上帝會再度為我們開路。」

就這樣，阿和跟清水的弟兄們說：「難道救人不比賺錢更重要嗎？」因此他給台南回信，答應接受這個提議。

18.

幾天內，阿和、阿蘭就帶著他們的男嬰離開清水了，他們住的是集集大街上租來的一間店後面，店面要做為禮拜堂(preaching-hall)。他們努力工作，一小群聽眾逐漸增長。六個月結束時，他們

阿和(原書附圖)

收到台南寄來的信，請他們留下來，在當地繼續工作一年。

　　接下來阿和又被派往另一個教會，這回是群山中的埔里，也就是他開設第二間糕餅店的地方。他和阿蘭在埔里做了一年美好的事工，後來聽說我們彰化醫館需要一位傳道人，阿和有一天就從埔里前來，詢問我們是否願意用他。我們非常高興接納他的提議，這個小家庭很快就搬來彰化，他全心全意在醫館的病患當中工作。我們就這樣天天一塊兒工作，成為越來越熟識的朋友與同工。

19.

　　但是他心中有件焦慮的事，就是先前為了在清水和埔里開設糕餅店❸，而向幾位朋友借錢的債務問題。他擔任傳道的月薪不超過三十日圓，此時他已經有三個幼小的孩子，實在挪不出錢來償還借貸。這件事一直放在他心中。

　　阿和在我們醫館熱心工作幾個月後，有天來到我們家，說有特別的事要和我們討論。於是他開始向我們說明自己的債務問題，雖然他願意獻身傳福音，但良心又驅使他去賺錢來償清債務。他已決定回集集開設養兔場，他的姊夫(brother-in-law)要給他一些錢去經營。

20.

　　大約十八個月前，他們從日本訂購了第一批兔子。阿和在集集

---

❸ 校註：原文為「……集集和埔里……」，經查應為「……清水和埔里……」，故更改之。

鎮外的郊野，親自用竹子蓋了一間小小的農舍，還一併爲兔子蓋了棚屋。

最近我們去集集教會渡週末，看到阿和現在是集集教會的長老，也是一位熱心傳福音的傳道人。他帶我們到他的小屋，去看那群爲數好幾百隻的白兔。各個兔子家族都住在分隔開來的籠子裡。恩賜和他的小妹珍珠(Pearl)會幫爸媽餵兔子，牠們的主食是地瓜和榕樹葉。

那些兔子看起來似乎數不清！讓我想起──

> 步履沉重的老人邁向墳地，跳躍嬉鬧的年輕人多開心，
> 父親們、母親們、叔叔伯伯們、堂兄妹們，
> 豎起尾巴又翹起鬍子，
> 成千上萬個家庭，
> 兄弟們、姊妹們、丈夫們、妻子們……

21.

我們一同坐在竹子蓋的小農舍裡吃晚餐，金黃色的夕陽照亮了我們周圍香蕉園的蔥翠綠葉，阿和講他自己一生的故事給我們聽。當他說個不停時，阿蘭也會這兒、那兒補充一點小細節，我就告訴自己：「我要把它寫下，寄給英格蘭的主日學朋友看。」

這就是阿和的故事。

文 章

1.

關於文章❶這孩子的記載，是篇大不相同的故事。他誕生在彰化一個基督徒家庭，迎接他的是充滿愛的懷抱。他是父母的頭胎孩子，幾個禮拜大的時候就被帶到教會，藉著洗禮的儀式將他獻給上帝。這已經是好幾年前的事了，文章從未偏離主的道。

文章的父親直到近幾年都從事木匠的工作，他名叫歹錢(呆錢)，你會認為這名字實在不好聽。或許你也猜想，他的父母為孩子命名時，可能還未信主。沒錯，歹錢直到十七歲才第一次聽見福音。

文章的幸福基督徒家庭裡還有好幾個小弟小妹，他母親是我所知最虔誠的基督徒之一，和她談話時，常感受到她深刻又單純的信心，令我相形見絀。

2.

文章六歲大的時候，母親帶他來上主日學。我還記得那第一個

❶ 校註：黃文章(1912-1954)，又名光輝，彰化人，父黃歹錢，母吳阿市，1922年得腦膜炎，導致耳聾，後畢業於台南盲啞學校，以製作皮鞋維生，1934年與彰化醫館護士潘秀美結婚，育有子女七人，後因癌症去世，享年四十二歲。

禮拜日，依然能夠清晰描繪出文章的模樣，他帶著熱切的表情坐著
聽老師說話，小小的腿從長板凳上垂懸著(我們的初級班現在已經備有
小竹凳了)。有個禮拜日，當老師告訴他耶穌是個木匠時，文章興奮
地說：「跟我爸一樣！」

　　文章八歲大的時候去讀彰化的日本小學。打從一開始他就愛上
學校；他敏捷又聰慧，功課都做得很完整。他在主日學人緣很好，
曾經獲選在聖誕節的娛樂節目中表演歌唱或朗誦。

3.

　　這一切都在 1922 年的四月結束了。十歲大的文章身體不適，
歹錢請蘭醫生到家裡去出診，結果馬上將他送來醫館救治。醫生怕
他是染上恐怖的疾病，五月 2 日終於證實了所害怕的病況。文章
得了腦膜炎！需要立即通報官方，他們趕來後，用圍籬和門鎖將患
者隔離在一間小病房裡，因為這種腦部高燒的症狀會致命，且是傳
染性疾病。

　　現在開始為救治文章的小生命奮鬥了。他父親從頭到尾陪伴
著，在那令人焦慮的幾禮拜當中，只有蘭醫生與我看得見他。那個
時候我們沒有護士，但是沒人能像歹錢那麼溫柔且一心一意地照顧
病人。他日夜陪在病人身邊，從不離開。文章的母親當時在家照顧
其他幼小的孩子，我每天都去告訴她文章的病況。曾有一度我們恐
怕文章就要從我們身邊溜走了，實在很難向歹錢嫂啟齒。她雖然淚
水溢出眼眶，卻從不抱怨，只是回答：「或許耶穌要文章去祂身
邊，我一定要甘心順服。」

好幾天後，我帶了好消息給她。「文章渡過了最糟的時期，他的命保住了。」美麗的微笑照亮她的面龐，說道：「感謝上帝！」

4.

唉！令人發愁的新症狀開始出現了！文章已經恢復意識，然而，我們跟他說話時他顯然聽不見。我們得提高音量，隨著時間一天天過去，我們必須大喊才能讓他聽見。醫生看出令人悲痛的可能性，告訴了孩子的父親。我則帶壞消息給他的母親。他們看到孩子渡過危險期都滿心感謝，渾然不知他即將耳聾的嚴重性。最後文章的聽力全然喪失。我們或許可以朝他大吼，聲音卻一點也無法傳到他耳裡。醫生曉得文章從此再也聽不見了。文章以後的人生將會像石頭一般聽不見！

五個禮拜的隔離終於解除，歹錢帶著又瘦又蒼白的小男孩回家。你能想像媽媽曉得文章再也聽不見她的聲音，是怎麼迎接他的呢？文章坐在家裡的小竹椅，看著弟妹們玩耍。他曾經是個多話的孩子，尤其渴望「等我的耳朵好了」就能回學校上課。看他這麼瘦弱又蒼白，我們怎敢讓他曉得，耳聾的毛病沒有復原的希望了！

5.

我們七月要北上，到淡水山邊一棟小屋去渡假。文章如果是一個英格蘭的小男孩，好心的朋友們就會送他去博格諾(Bognor)或伊絲特本(Eastbourne)，讓他恢復得更健壯。但是福爾摩沙沒有那麼棒的海邊涼風，我們就做了次佳的決定，帶著他和大弼、仁愛一起去

渡暑假。遠離平地的可怕熱浪，我們一直往上走，往上走，往上走到山邊，一個強壯的苦力背著文章，一路爬到我們小茅屋的陽台才放下他。文章嗅著山邊涼爽的空氣，看到展開在眼前的遼闊景色，覺得好興奮！

在山上那幾禮拜的時光，讓文章全然脫胎換骨。剛抵達時，文章小小的腿又細又瘦，讓他幾乎不會走路；可是沒多久，他就和大弼在山坡上蹦蹦跳跳了，他們一同採百合花、蓋城堡、追蝴蝶，或是在更高處的高原小溪裡抓蝦子。他們回到家就生起一小堆火來煮蝦子(數量大概有半打)，還端上晚餐的桌上呢！這兩個小男生一直是很要好的玩伴，現在則是友情彌堅的好朋友，永遠維持著彼此的友誼。

「開店做生意」是他們喜愛的另一個遊戲，看他們倆透過記號、手勢、唇語在做買賣，實在很有意思。他們每天早上一同上課。文章做算術、寫字、畫圖，也學了好幾節聖經，到現在他還會背那些經文。我們很感謝上帝，讓他尚未耳聾時，幼小的心靈就已認識耶穌！晚飯後，我們家四個人、文章、我們的廚子、阿嬤會圍坐在桌子旁，一同用台語做禮拜。除了仁愛之外，每天晚上大家輪流帶禱告，我還記得當文章禱告說：「上帝啊！請讓我的耳朵能再聽得見，否則我在這世上就變得沒有用了。」我的喉嚨為之哽咽。

6.

回到彰化後，文章又住在家裡了，但是這可憐的小男孩變得不

快樂,失去開朗的一面。他非常想念學校,已經厭煩除了照顧小妹什麼也不能做。再加上他家四周那些不信主的孩子,曾經有陣子蠻同情他,現在根本忘掉憐憫的心意,反而開始嘲笑他,戲弄他。他的父母親、他自己還有我們實在傷痛不已。

7.

於是我們開始打聽政府設在台南的盲啞學校。詢問的結果頗有好評,就問歹錢夫婦是否願意讓我們送他去那兒就讀。他們看到有此展望,感激不已。然後我親自去告訴文章,將我們的提議寫在紙上給他看。看到他開心的微笑又出現了,我是多麼高興啊!於是我們幫他提出申請,學校接納文章入學,但得等到下個學年的五月才能開始上課。

台南盲啞學校(引自《見證——台灣總督府》)

時間一到，我就親自
帶他去台南。日本校長很
親切地接待我們，他叫別
的學生來負責照料文章，
看到他們以手語歡迎文
章，然後伸出手臂環抱著
他，洋洋得意地帶他離
去，真是令我既高興又欣
慰。校長引導我參觀校
園，處處井然有序，教室
和寢室都寬敞通風，讓我
印象深刻。文章被安排在
一年級的班上，但是因為
他已在彰化上過小學三年
級，程度遠超過剛進入盲
啞學校的一般學生，所以
馬上就升到二年級。

　　學校的建築有一半是
供盲校使用，另一半則是
聾啞學校。文章是學校裡
唯一聾而不啞的學生。早
上兩邊的學校都在上課，
午後盲生是跟專業的按摩

身穿聾啞學校制服及帽子的文章，
腳上的鞋子是他自製的(原書附圖)

師學習按摩，聾啞的學生則由熟練的工匠教授製鞋。透過這樣的方式，讓孩子從這所傑出的學校畢業後，能有良好的謀生技能。

8.

文章非常快樂地在學校安頓下來，很快就獲得男女師長們的讚賞。他是學校裡唯一的基督徒，無論早晚，從不忽略讀經和向天父禱告；飯前也都不忘謝飯禱告。在校長的允許下，一個讀台南中學的堂哥會在禮拜天帶文章去上主日學，然後一同做禮拜。文章雖然聽不見，卻喜愛參加靜寂無聲的禮拜。

9.

1924 年我們回英格蘭休假，有天晚上，在聖約翰木教堂(St. John's Wood Church)和陽光聯盟(Sunshine League)渡過一段快樂時光，我將文章的事告訴大家。該聯盟的男女孩們立刻要求讓他們供應文章在聾啞學校的學費，從那天 ˙直到現在，他們都把文章當成自己的朋友。他們支付文章的開銷，一直到 1928 年四月完成學業為止；最近他們又……先讓我賣個關子吧。

10.

我南下去參加文章他們學校的畢業典禮，那真是最有趣的場面。學生們排列在大廳，一邊是盲生，另一邊則是聾啞學生。盲生聽著講台上的演講，一位聰明的日本女老師則默默用手語翻譯給聾啞學生看。台南州知事及其他政府官員都在場，還有許多日本和福

技藝科(靴工)工作情形(引自《見證──台灣總督府》)

盲啞學校的授課情景(引自《見證──台灣總督府》)

爾摩沙的先生女士。文章代表該校的男生用日文宣讀一篇文章,也代表所有畢業生領取畢業證書。

典禮後,來賓們可自由參觀許多展覽,有男孩製作的精美鞋子,女孩做的刺繡、縫紉、編織。還有圖畫、書法,以及別的教學成果展覽。學校的教職員都很讚賞文章,校長那天穿戴華麗的金飾帶與肩章,他問我是否能讓文章再多待一陣子,才能更精通製鞋的技巧。也就是計畫讓文章在假期過後再回學校,不用上課,而是整天都學習手工的技術。他之前時常寫信給我們或寫給父母,我來翻譯其中一封,你們就能明白他寫了什麼樣的信——

11.

我給所愛的爸媽寫以下這封信。願您們平安!很久沒寫信給您們了,因為我忙著製鞋。最近我的技術頗有進步,覺得很高興。現在我可以使用機器了,卻不是統統都瞭解,因此還不能回家住。等我懂得製鞋的每個細節,就能回去長住了。但是老師告訴我,若想開間自己的製鞋店,大約需要五百日圓(五十英鎊)。我們如果沒這筆資金,就沒辦法開始做這行。當他們這樣告訴我時,我覺得好傷心,可是我們的聖詩這麼說:

……我們絕不灰心,要在禱告中將它帶到主前。

所以我心中有平安,我天天禱告,盼望著,也相信著時間一到,上帝將為我安排。

　　我常在家裡為您禱告。爸，您真的信上帝嗎？您讀了自己的聖經沒？有天天禱告嗎？您如果沒這樣做，我會非常傷心的。請您誠實地寫信告訴我，別跟我說假話喔！

　　爸，幾天前您寄了些餅乾給我。我收到時正好很餓，所以不到一個小時就全吃光了喔！非常謝謝您。您如有一點餘錢，能否請您再寄些給我？

　　我很用心在製作鞋子，有時頭會痛。盛夏即將到來，我一定要趁空檔休息。當我工作的時候，會在心裡想著耶穌。祂是我最好的朋友。

您的不肖子 文章

1927 年六月 24 日

12.

　　看到文章對父親說的那番話，你或許感到有些不可思議，但是歹錢先生並沒有因此生氣。文章是父母眼前的亮光，他父親也非常明白忘記禱告的試探。他不只一次告訴我，自己的基督徒生活是從這個親愛的小伙子的榜樣得到幫助。

　　至於他母親，她的信仰既深刻又堅強。我經常去拜訪她，從未失望而返，一直都受到激勵。她是家中的屬靈亮光，長子就是追隨了她的腳步。

13.

　　1928 年的新年，文章和他的朋友大弼一同在彰化教會公開告

白耶穌是救主。這兩個男孩和其他人一同被楊世註牧師[2]接納成為教會會員，並且一同守聖餐。他們的父母心中真是感慨萬千。

14.

文章的禱告有了回應。聖約翰木教堂的朋友們，出於愛心的犧牲奉獻，募集了二十五英鎊，讓文章去買一台腳踏的製鞋用縫紉機；三一(Trinity)、哈洛(Harrow)教會的主日學也在同一時間寄來二十英鎊，指定要給文章。他滿心喜樂與感激地收下這些禮物！

他租了一小間店面，買好材料和工具，再加上製鞋的縫紉機。文章馬上動手做了兩三雙鞋，展示在一進店面就看得到的小玻璃盒。後來我們醫院的一些職工開始給他下訂單，接著是我們的牧師與其他人也向他訂做鞋子，文章就這樣展開自己小小的事業。若不是英格蘭那些男女孩們的愛心，這一切都不可能成事，我曉得文章和他父母心中滿溢了感激之情，他們永遠不會忘記大家的愛心。

15.

我向來都穿文章做的鞋。他的工作穩定進展中，無論客人要求的是哪種鞋型，他都能精巧地完成任何設計，我覺得他的手工真是完美。他取得許多訂單，開始有能力幫大家庭賺錢。

文章的助手是出生在基督徒家庭的一個聾啞男孩，他也在台南

---

[2] 楊註牧師(1881-?)，字世註，彰化員林人，1908年入台南神學校，曾派駐歸仁、柳原、太平境、南投、霧峰、社頭、大社、彰化、豐原、鹿港、澎湖等教會，亦曾擔任台中中會議長、南部大會議長等職務。

文章結婚團體照(彰基提供)

的聾啞學校受教育。他還年輕，沒有文章那麼聰慧靈巧，但是也在
進步中，能在比較簡單的製鞋步驟上幫很大的忙。

16.

　　我用不著告訴你，文章禮拜日是不開工的。(唉！並非所有福爾
摩沙的基督徒都是這樣呢。)他和聾啞助手早上和下午都來教會，講道
的時候，文章會借助一本台南發行的季刊來研讀主日學教材。

　　這兩個小伙子通常會在禮拜六下午到我們家來打一兩個小時的
網球。因為台南聾啞學校的主要休閒活動就是打網球，所以他們的

球技都很高超。能和他們一塊兒打球真不錯，或者光是看著他們放下一整個禮拜坐著製鞋的工作，發洩一下精力，也很讓我感到欣慰。

17.

這是文章到目前為止的故事。上帝從他身上取走了很重要的功能，卻也賞賜了很多恩典，「上帝多給誰，就向誰多取；多付託誰，向誰的要求也大。」你會偶而想起大海遙遠一端的這個男孩嗎？你如果住得比較近，我確信你也會想跟他訂製鞋子；不過，你倒是可以為他禱告，讓他的小事業能更加興旺，那麼他照亮周圍的光，就會隨著歲月流轉而越來越明亮，你願意這樣做嗎？

拾穗集

　　台灣人的講道內容，和我們在家鄉教會所聽見的大不相同。他們講道時引用的實例，有的奇怪有趣，有的則生動有力。這兒是我最近聽到的講道內容。男孩、女孩們可仔細分辨，猜猜其中哪些是跟基督徒講的內容，哪些又是以未信主的人為聽眾。這些講章的片斷，都是從彰化教會和彰化醫館的講道中收集的：

　　「聽福音就像吃土豆。除非你細細咀嚼，否則嚐不出土豆的味道。土豆嚼得越久，就越有滋味；越是咯吱咯吱津津有味地嚼，就越覺得美味。起初聽見福音時，你沒能體會出多少道理，覺得沒什麼感受。其中的教誨你聽得越多，就越發現令人感動的地方。聽福音的時間越久，你更用心咀嚼，就能體會出更多的意義。」

　　　　　　　　　　　　　　　　＊

　　「在一間賣香皂、香水、髮油的店裡當店員，經常聞的都是芳香的氣息，卻變得渾然不覺。但是別人一進門就說：『好棒的香味，聞起來好舒服啊！』在賣魚的店裡，情形也相同，裡面的店員已經不會注意到腥臭了。別人一走近，就不喜歡魚腥味，有時甚至會摀著鼻子呢！

　　我們的罪就像這樣，會習以為常而不自知。我們會染上壞習

慣，卻未加留意。但是別人看得出我們生活上的缺失與錯誤。我們一定不可習於犯罪，必須悔改，歸向耶穌，祂能救我們脫離罪惡。」

＊

「店老闆在年終會想要出清舊有的存貨，就以非常便宜的價格清倉。然後再訂購各種美麗的新東西，這些貨他們當然要付款。店裡展示了所有的新貨，看起來非常吸引人，大家都想進去逛逛買買。老闆出售這些商品，並不是免費送給客人。

舊的一年即將結束，我們會想擺脫生命中的舊事物，好比過去一年的壞脾氣、惡劣的舉止、自私自利、不體恤人。但是這些壞習性沒有用處，除了耶穌，沒人想要這些呢！耶穌想要你的這些壞習性，所以我們一定要給祂；祂很樂意從我們身上取走，然後我們得在新年訂購新的東西。我們必須向上帝訂購，祂會給我們所需要的東西，而且還是免費的呢！就讓我們為新的一年訂購仁慈、愛心、溫柔，這都不用花錢買。我們若擁有這些美好的東西，人們會因此受到吸引，我們就能將它用在別人身上。『你們白白地得，也要白白地給。』」

＊

「我們若與上帝分離，就像壞掉的電線。耶穌就是電器技師，會幫我們修好，使我們再次與上帝通電。」

＊

「一隻螞蟻找到一片餅乾或一隻死掉的毛毛蟲時，他會怎麼做呢？他會馬上去叫同伴，大家一起來享用。我們傳基督的道理也應

該像這樣。有人將耶穌和祂的大愛告訴我們，既明白這是很寶貴的事，就當學習螞蟻的榜樣，去召喚其他人來分享。」

*

「田地不會自己長出稻米給我們，一定要辛苦地犁田、灌溉、耙鬆、播種、收割。無論從事什麼樣的工作，都不能期待不勞而獲。聽福音也是同樣的情形，不可以光說：『這道理很好』，卻不試著自己追求。若想親自瞭解，就必須傾聽、提問、到教會去，努力追尋。」

*

「我們面對各樣事物，都在做選擇。你選外套的布料，會看哪一件最耐用？你在市場選購蔬菜，要看是不是最新鮮？你選要拜的神明，會看大家最相信的是哪一尊？你選醫生，要看誰最聰明？替兒子選媳婦時，誰聽過做母親的這麼說：『任何女孩都適合我兒子？』母親不都是想選個自己喜歡，健康又脾氣好的女孩嗎？我們樣樣都想選最好的。

選擇宗教信仰也是如此。我們想選最好的。哪個才最好呢？嗯，哪個教會最大間？信耶穌的教會現在最大間。怎麼說？因為人們總是只進不出，誰聽說過人們進到耶穌的教會，後來變成一個巫師或回教徒，或加入吃素的宗派？沒有！各式各樣不同境遇的人進到耶穌的教會，有佛教徒、道教徒、富有的、窮苦的、高的、矮的、文人、農夫、藝術家、商人、各樣膚色與種族的人，他們進來後就很少離開了。他們為何進來呢？因為有耶穌拯救我們。沒有別的宗教信仰能救我們。其他宗教都只勸人為

善，好像我們憑著自己就能行善！所以我說耶穌的教會是最好的沒錯，因為我們有耶穌做個人的救主。」

*

「有一天，一個人拿著一封信走進郵局。他四處看看是否有人監視，趁著沒有人注意，就偷偷地把信投入郵箱後跑走。信封上沒有貼郵票！他以為躲過了郵局這關，可以免費寄封信！殊不知當朋友收到他的信時，要被罰雙倍的郵資。

我們或許以為做壞事沒關係，只要沒人看見那邪惡的行為，就能不被追究。這可是大錯特錯了！上帝看見我們一切邪惡的行徑。有天大審判臨到，若不尋求耶穌做為救主，我們將為自己的罪行受罰。」

*

「你若看見許多孩童玩在一塊兒，可從他們臉上明白他們是屬於什麼樣的國度。看見一個鬈髮黑臉的男孩，你會說：『他來自非洲。』如果是一個棕色皮膚、頭髮沒那麼捲的，你會說：『他是印度小孩。』如果看見一個額頭刺青，脖子繞著珠鍊的女孩，你會說：『她是來自山上的「生番」。』如果你看見孩子有黃色臉龐、直直的黑髮、細長的眼睛，你就知道他們來自中國或日本。你如果仔細看大弼和仁愛，從淺色的臉龐和金色頭髮，可知他們是英格蘭的孩子。

就像這樣，我們是天國的孩子。無論我們生於世上哪個國家，我們的面孔應當展現出自己是屬上帝國。我們的臉若閃著愛心、喜樂、平安的光輝，人們就會知道我們是屬天國的子民。」

一位原住民少女(原書附圖)

打毛線

1.

你看，這張照片裡的兩個小男孩，是不是很迷人呢？你想不到他們是醫館裡的病人吧？你看到的是他們住院數禮拜後即將康復的影像。你看得出他們正在做什麼嗎？沒錯！是打毛線，他們做得很高興喔！我想，你會喜歡聽我分別說說他倆的事情。

2.

相片右邊那個男孩名叫「小弟」(Little Brother)。母親帶他來醫館時，他已經病得很嚴重。當時的模樣和你現在看到的大不相同，你會認不出是同一個男孩呢！他的身體一側長了嚴重的膿瘡，醫生替他動手術切除。

手術後有好一陣子，他病重得只能躺在床上，什麼也不能做，雖然每天換藥的時候會讓他痛得哭出來，但是他實在很乖。醫生在他身上挖了一個相當大的洞，但是經過幾禮拜後，洞口變得越來越小，原本非常瘦的小臉頰，逐漸越長越胖。

醫生一准他坐起來，我就問他想不想學打毛線，他又瘦又蒼白的臉上閃耀著渴望學習的微笑。於是我帶些橘色毛線和竹製棒針開始教他。他學得很快，半小時內就能自己打幾針了。

編織中的小弟和阿憫。阿憫(圖左)腳上的白色突出物，
是他的殘肢；他的拐杖在圖的最左邊(原書附圖)

　　隔天，我們開始打一雙毛線護腕，他是那麼快樂又驕傲。我們
一面打毛線，一面反覆唱著「耶穌愛我」及別的聖詩。之前他從未
聽過耶穌的名。他母親通常都坐在一旁看著、聽著。

　　他說：「媽！我會打毛線，妳不會，但是我會教妳。」

3.

拍這張相片時，我試著要逗其中另一個男孩笑，他卻忍著不笑，所以臉上的表情看起來有點滑稽。他名叫「阿憫」(Pity)。

母親帶他來醫院求診時，大約和「小弟」入院同一時間。「阿憫」的母親是非常窮苦的寡婦，所以查塔姆(Chatham)主日學富同情心的男女孩們送「阿憫」一個吊床。可憐的「阿憫」，一條腿病得很嚴重，已有好一陣子了。從膝蓋以下都腫脹、出血又感染，醫生斷定除了截肢沒別的辦法。但是「阿憫」不曉得病情有多糟，他說：「醫生啊！可是我聽說你治好了比這更糟的病，能不能請你試試看醫好我這不聽話的腿，不要切掉它……」

唉！實在沒有別的辦法，所以第二天早上，「阿憫」雖然一點也不累，醫生卻給他吃了能夠睡著的藥，他馬上又回到夢境去了。等他醒來，到處都找不到自己那條恐怖的腿了！他所能看到的，只是一個露出褲腳，若隱若現，墊在枕頭上，滑稽可笑的白色圓頭。

一開始，每天換藥都非常痛苦，但是他就像「小弟」一樣，是個勇敢的男孩。有天早上，他很感興趣地咯咯笑，跟護士說：「妳為什麼要在我的怪腿上放個白帽子！」

有天我問他：「想不想學打毛線？」

他回答：「我太笨，學不來的。而且，什麼是打毛線呀？」

「我會教你，」我帶著棒針和迷人的橘色毛線說道：「現在看這兒，仔細看著我。」我很慢很慢地打了幾針給他看，然後交給他，指導他動手。但是他粗短的小指頭不像「小弟」的手那麼靈巧，所以學得不快。

Book3

4.

可惜這兩個小男生不住同一病房，所以還互不相識。

我分別告訴他倆：「那邊的病房住著一個男孩，和你同樣年紀，他也在學打毛線呢，最好別輸他喔！」(他們倆都是八歲大)

所以他們都很認真打著毛線，每天都問：「那個男孩打得怎樣了？」

有一天，當他們能走動時，我們把兩人都帶出病房，讓他們肩併肩坐在一張大竹椅上(就是你在相片裡看見的那張椅子)。他們很仔細地觀察對方，還更認真地察看對方打的毛線。從此以後，他們天天都花很長的時間聚在一塊兒。

5.

有一天，當第一雙護腕快要完工時，我問：「接下來你們想織什麼？」

「小弟」說：「給我妹打一些護腕。」

「阿惘」說：「幫妳打一些護腕。」但是我勸他也幫自己的小妹打一些護腕。

第二雙護腕完工後的某日，我帶著兩雙紅色賽璐珞的長棒針，和已打了許多針的淡黃褐色厚毛線團出現時，兩個男孩好興奮哪！

他們喊叫著：「醫生娘！這是做什麼的？」

我回答：「讓你們打一件毛線衣，是給自己穿的無袖毛線衣。」他們欣喜地跟媽媽說：「媽！我們要學打一件真正的毛線衣喔！」

6

兩個孩子當中，「小弟」比較聰明，會細心照料他的作品。他用一條大手帕將它包好，想休息不打了，就好好地捲起來，塞進棉被下面。

但是「阿憫」就常弄得一塌糊塗。他會坐在大椅子上，邊打毛線邊高聲唱著「耶穌愛我」，當我聽見：「醫生娘！快來啊！我打錯了，漏掉好幾針呢……」，就得趕過去幫他搞定。

他不但沒好好照料所打的東西，小手還常常髒兮兮的，所以他打的毛線衣開始變得黏糊糊的。再加上別的病人會去找他，跟他說：「阿憫！教我打毛線。」他會試著教人家；結果，因為有許多人拿他的作品去練習，那件毛線衣變得看起來很不怎麼樣了。

我終於說：「阿憫，你這個壞蛋！如果不顧好你的作品，又讓別人拿去打的話，我就要拿走不給你囉！」經過這一番威脅，他總算比較細心點了。

這時他的腿也將近痊癒，於是我們向木匠訂製一雙拐杖給他。你在相片裡看到了沒？真希望你看得見我們第一次拿給他時，他那付高興的模樣。所有有空的人全都跑到中庭來，想看他第一次使用拐杖的情形，因為「阿憫」非常有人緣，或許因為他是個淘氣鬼吧！

但是「阿憫」的拐杖，用在其他事上比用來走路更多。他喜歡隨身帶著拐杖，爬上通往樓上病房很長的一段石階，然後坐在頂端，先將一枝拐杖像滑雪橇似地急遽往下送，接著是另一枝，望著它們一階一階顛簸下降，高興得尖叫。我想他是很想坐上去，像雪

橇一樣溜下來,幸好那是不可能辦到的。

7.

「小弟」的毛線衣完工了,要求我再教他打另一件,要帶回去送姊姊。你在相片裡看見的,就是他非常熱心在打的第二件毛線衣,但是「阿憫」手上還是打著第一件呢!到頭來他總算也完成了,然後我買了些玫瑰色的毛線,讓他爲小妹妹打件小一點的毛線衣。

「小弟」幾個月前和媽媽回家了,雖然正值盛夏的大熱天,他卻說自己覺得「有點冷」;走出醫院時,他很驕傲地在白色夏衫上面套著他那件毛線衣。不曉得何時能再見面,我會時常想念他,祈求上帝保守他和母親不會忘了在醫院學到關於耶穌的那些事。

8.

「阿憫」這淘氣的孩子,在康復之後又留住了一段時間,他母親受雇在醫院的大廚房裡煮飯。後來他們回大甲附近的家去了,那地方有教會,我們寫信請當地的傳道去探訪他們,也接「阿憫」去上主日學。

我們已經好幾個月沒見面,但是在接下來那個元旦,我們正和訪客圍坐家中之際(元旦是全世界的假日),我們聽見陽台傳來「砰,咕咚,砰,咕咚」的重擊聲,以及「醫生!醫生娘!」熟悉的微弱呼喊聲。

是「阿憫」,他帶著滿臉笑容又調皮搗蛋的表情站在那兒,他

母親就跟在後面。他們老遠從大甲來拜訪我們，帶了一塊年糕和一些橘子給我們。「阿憫」看起來胖嘟嘟的，皮膚曬成棕色，像顆漿果似的，我們看得出他長高了，因為他的拐杖已經顯得太短。

9.

我們一塊兒渡過很快樂的午後時光。「阿憫」和從煙台回來渡假的大弼、仁愛玩得很高興。他們找出舊的泰迪熊、汽車、積木，那一幕就是「阿憫」坐在地板上被玩具環繞著。他極為興奮地看著汽車在蓆子上到處跑，單腳跳這兒、跳那兒去追那些車子，還對著泰迪熊、絨毛兔子、微笑的彭左狗狗(Bonzo)咯咯笑。他從沒見過像這樣的玩具。他媽媽告訴我們，每禮拜日她都帶「阿憫」和他的小妹去上主日學，持續不斷地去教會。他們得走三英里路去教會呢！

吃過糕餅、甜點，也喝過茶後，我說：「阿憫！讓我聽聽看你會讀多少白話字了。」這小男孩熱切地跳起來，依偎在我身邊，看見他在主日學有那麼大的進步，讓我很欣慰，因為他相當熟練地讀了一首聖詩給我聽。我們聽見他現在就讀於大甲的小學，也很替他高興。

他拄著拐杖撐起殘肢，笑容滿面且口袋裡鼓鼓地裝滿好東西，答應我們會再來玩。我們盼望能經常與他保持聯絡，我們醫院為耶穌贏得許多人歸信祂，我確信「阿憫」和他母親、他的小妹也是其中之一。

Book**3**

第九章
大掃除

我們這兒有一絕佳的制度，就是在日本人統治的地方進行春秋兩季大掃除！不分階級高低都得服從規定，但日本人與漢人以外的他國國民可免除。每年的春秋較少降雨，因此是執行規定的理想條件。希望我們家鄉的某些城鎮也可以採用這值得讚賞的慣例！

在一個秋高氣爽的日子，警察發出命令：「本禮拜五是南門大街(South Gate Street)的清潔日。」家庭主婦要是抱怨：「但是那天我不方便配合，我要去清水拜訪兄弟」，也沒有用。不行，不行！除非得了重病，否則任誰也不能妨礙執行這項規定，也沒有人企圖避開不幹。

就這樣，到了禮拜五那天，凡是住在南門大街的人，都和太陽一道起床。飯還在煮，家人就已經開始把傢俱搬到家門口的街道上，將每項物品撢掉灰塵並擦洗乾淨，還整理出垃圾。多麼熙熙攘攘的忙亂景象啊！

飯煮好了，小孩吃過早餐後連忙去上學，留著讓爸媽自己大掃除。這時整條街都忙翻了，當我在早晨七點，騎腳踏車前往醫院途中，看到的景象真有趣。多麼盛大的除舊佈新場面啊！人人都頭上

綁著舊毛巾，努力工作著，清洗、擦揉、敲打、猛撞，拿著肥皂、掃帚、竹枝、雞毛撢子、舊布，輕拂、擦淨、打掃、洗滌。多麼匆促又手忙腳亂啊！那是很壯觀的景象，我騎腳踏車經過時，真希望當時隨身帶了柯達攝影機，以拍下那個畫面。

這樣興高采烈的工作，一直持續到屋裡清空為止，然後家家戶戶就把屋內大大洗刷一番，連個蜘蛛網也不留。

但是南門大街許多的商店又是如何呢？喔，沒錯！他們也得儘量搬空，只是不需將那些易腐敗的或過於精巧的物品曬在陽光下。

大約十點的時候，街道兩旁的屋子大多清空了；此刻你如果突然被送到彰化的南門大街，一定會既驚訝又困惑。你在街道兩旁，會看到各式各樣的傢俱和家用品堆積如山，其中又隨處可見一堆堆的垃圾，所以你很難不撞到傢俱或垃圾。在垃圾堆上，你會看見狗和雞用鼻子撥弄著或刨挖著，我想他們找的是米粒或死蟑螂，雖然看得見的盡是髒東西、灰塵、舊錫罐、扁掉的硬紙箱、破掉的烹飪用瓦罐、殘餘的茶杯、凹陷的錫壺。你可別問我大家為何將這些東西一直留到大掃除才送出來。當所有的垃圾都堆放整齊後，垃圾車和清潔人員就來剷上去運走。

同一時間，負責執行大掃除的警察則睜亮眼睛四處走動，必要的時候，他們會毫不遲疑地訓誡或斥責。但是沒人敢馬虎！

早晨時光緩緩過去了。近午時分，我再次騎著腳踏車，慢慢穿過狹窄而不確定的路徑，那大概是街道中間空出來的地方，陽光正直射著那些傢俱、床褥、衣物，以及南門大街居民們所有的屬世財產。龐奇(Punch)先生若能悄悄看一眼福爾摩沙的清潔日，我想他會

Book**3**

以曬太陽爲題材，創作更令人愉快的偶戲。

太陽就這樣微笑著，讓曝曬的一切變得乾淨、清爽、淨化、消毒，一個小時又一個小時，直到下午四點，警察再度來巡視了。這回他們走進每間屋子，查看是否樣樣都乾淨，合格的話，就在外牆貼上一小張紅紙，表示准予將所有物品搬進屋內。如果被貼上白紙，這間房子就不合格，還得再打掃乾淨。

夜色降臨前，還有費力的工作尚待完成，小孩子也放學回來了，所有的人手都要派上用場。乾淨的床、椅、桌子、碗櫥都烤得熟透了，除蚤後的寢具、蚊帳及衣物也烤得半熟，這些必備的家用品統統搬回掃乾淨的屋裡。扁掉的錫罐、舊紙箱、破飯碗、缺了嘴的茶壺，任何髒東西或垃圾都不能再進到乾淨的屋裡，一切聞起來都是乾爽又清新。

最後是將屋前的馬路掃乾淨，這樣就大功告成了。

黑暗中，街道顯得一如往常，我爲了要去教堂又路經那兒一趟，我看見很多戶人家正在吃晚餐，很滿足地用筷子扒著米飯，一面說著白天的辛勞苦工。

擔當最沉重任務的媽媽說道：「眞高興把接下來六個月的工都做完了！」

爸爸說：「沒錯，我也這麼想，畢竟這是非做不可的好事，免得我們不停收集垃圾。」

金　耀

1.

離彰化沒有幾英里的一個沿海村子，住著一對年老的善心夫妻。他們很窮，小小的竹厝裡只有兩個小房間。老人有一小片菜園，還有一處種稻的田地。他們也養一頭豬、兩隻鵝、幾隻雞。

農舍裡還另有一個居住者——竹桌上的一尊神像！儘管他們是那麼窮，卻還經常買一點香，每天晚上在神前燃香拜拜，祈求神明保祐。

時光流轉，他們一直沒有小孩，開始覺得悲哀，焦慮著自己衰老時不知有誰會來照顧。有天，這善心的老婦告訴老伴：「我想，我們最好收養一個小男孩，等他長大就能賺錢養我們。你認為怎麼樣？」老人同意了。

2.

離他們家不遠的地方，住著一對生了許多小孩的父母，他們幾乎養不起一大家子，卻又生下一個小男嬰了，「阿薯」夫婦(Mr. and Mrs. Potato, 就是我們這對好心的老夫妻)去問是否可以收養這個男嬰，扶養他成為自己的兒子。

事情就這樣辦了，孩子四個月大時就交給阿薯夫婦。他們將多

年來省吃儉用所存的五十日圓送給嬰兒的父母，收養孩子就是花錢買的，而不是贈予。

　　小男嬰命名為金耀❶，新父母很疼愛他。他們買罐裝的煉乳餵他，長大些，就將米飯煮軟再加些蔬菜湯給他吃。偶而會殺隻雞來吃，這能讓他們一家吃好幾頓呢！他們是個幸福家庭，金耀漸漸長大，成為養父母眼中的亮光，是他們對未來所抱的希望。

3.

　　金耀八歲的時候，面臨就學的問題。究竟該送他去讀書，還是讓他幫父親種田和菜園呢？或是讓他受雇去幫鄰近的農夫在野外看守水牛或山羊呢？

　　阿薯夫婦雖是窮人家，卻想讓自己的孩子得到最好的，於是決定送他去讀離家最近的小學，大約有一英里半的路程。(這些學校的平均學費大約是一年七日圓。)所以他每天早上會跑去上學，光著小腳，飛奔在稻田間的小徑上。他背上綁著大大一條彩色手帕，裡面裝著學校的書，你還會發現有個小錫罐，裝著煮好的米飯和蔬菜。中午休息時間，你會在操場上看見許多來自四周各村的男女孩都拿著錫罐在吃飯。他們吃飽後，會玩跳房子或打球，或者玩大操場上的鞦韆、五朔節花柱，和別的遊戲設施。

　　金耀在下午四點回到家，會幫母親餵雞或到菜園除草，然後預

---

❶ 校註：周金耀牧師(1916.8.15-1985.4.20)，彰化伸港鄉人，生父蘇卻是，養父周益。1937年進台南神學校，1941年畢業於台灣神學院，曾任民雄、豐原、田中、鹽水與鹽埕等諸教會牧師。

習隔天的功課。吃過晚餐，他會和父母一同在神明前焚香，把光腳上的泥巴洗淨後，就爬上竹床，拉下蚊帳，睡覺去了。

　　阿薯夫婦和金耀就這樣一天天、一禮拜又一禮拜、一個月又一個月地過日子。時光也一年又一年過去了。金耀從一年級升上二年級，又升上三年級、四年級、五年級，就在最後一年升上六年級時，卻⋯⋯！

4.

　　1928 年六月，一個禮拜五的晚上，才剛升上六年級幾禮拜的金耀，晚飯前幫母親去餵鵝和雞，結果被石頭絆倒，跌了一跤。他的膝蓋撞到石子，瘀了一片青腫。隔天上午，他雖然膝蓋疼痛，還是照常上學。當天回到家後，他痛得更厲害了，所以禮拜天他沒出去玩，也沒去田裡幫父親的忙，而是坐在小農舍門前的竹凳上寫功課。禮拜一，父母叫他不要去學校，留在家裡讓腿休息，但是他說自己已經上六年級，必須儘可能出席，所以帶著勇敢的微笑跛著上路了。

　　唉！膝蓋的傷遠比他想的更嚴重。膝蓋裡面陣陣抽痛，讓他無法專心上課。老師看他那麼痛苦，就叫他回家臥床休息。這孩子一瘸一拐地走一英里半那麼遠，從學校回到家時，已是淚流滿面。

　　膝蓋現在開始腫脹了，裡面長了好大一個發炎的腫塊。可憐的阿薯先生因為無知，請來地方上的江湖庸醫，他製作了一個濕敷草藥膏，混和了泥土及別的髒東西，將它放在腫脹的膝蓋上。後來傷處就爆裂成大大的潰瘡。結果又敷上另一片髒東西，還厚厚地塗在

Book3

擴散的傷口上，可憐的小金耀眞是痛苦極了。原本清瘦的小伙子，現在迅速暴瘦，病得很嚴重了。

鄰居力勸他的父母送他到彰化醫館。但是對他們而言，彰化似乎遠了些(對你們而言，就好比從英格蘭「地的盡頭」(Land's End)到蘇格蘭的「約翰閣羅」(John o' Groats)那麼遠)，老人家忽略了拖延的嚴重後果。幾天後，金耀終於被溫柔地抬進轎子裡，兩個苦力扛著，「阿薯」先生跟在一旁走，他們長途跋涉到彰化來了。

5.

當時是七月，我和蘭醫生正在(中國的)煙台渡假。文甫道醫生❷和烈以利姑娘❸都在醫院，金耀被抬出轎子沒多久，醫生就幫他麻醉了，然後將那些可怕的泥巴和髒東西全都刮除；留下的是一個又大又臭的開放性傷口，範圍是從膝蓋往上延伸一直到股關節，而且發炎的情況正擴散中！

醫生搖著頭。他對金耀能否存活沒抱太大希望。但是醫生、護士唯獨信靠上帝，盡可能付諸所有人力，結果金耀活了下來。

起初那幾天，病情非常不穩定。這小伙子好幾次被送往手術室，在麻醉下治療他的腿。他的皮肉壞到極處，醫生必須切除拿掉許多肉片。換藥引起的疼痛非常劇烈，好幾次得事先注射嗎啡才能

---

❷ 校註：文甫道醫生(R. H. Mumford, M.B.)，在台時間爲1923年至1933年。

❸ 校註：烈以利姑娘(Miss Isabel Elliot, R.N., 1881-1971)，是加拿大長老教會女宣教師，原本在台灣北部，後因1927年加拿大教會分裂，改至彰化醫館工作，1940年遭日本政府強迫返國。

蘭大衛醫師(左後)、連瑪玉(右前)、烈以利姑娘(左前)與日本醫官合影(彰基提供)

料理傷口。烈以利姑娘要花好幾個
小時換藥，但是這男孩總是勇敢面
對。

　　當我問文甫道醫生關於最初那
幾禮拜的情形，他曉得我正在將這
篇故事寫給英格蘭的男女孩們讀，
便說道：「告訴他們，我認為是金
耀的精神讓他保住一命。若非他這
麼勇敢，就算我們用盡一切醫治，
他終究會死於這樣的傷口！」

　　瘦得只剩皮包骨的金耀，一度
引發了咳嗽。怕的是轉成肺炎，這

蘭大衛與文甫道合影
(約1925年，彰基提供)

樣一來他的生命必將結束。但是他還是活過來了！

　　發炎的情形也是令人非常焦慮。要非發炎擴散得太靠近臀部，
讓截肢變成不可能，不然也曾考慮替他截肢。

6.

　　我們九月初從煙台回來時，所認識的是個病得非常嚴重的小男
孩。他已經脫離危險期，這是過去幾個月來住院治療的成效，現在
一大片沒有皮膚的傷口，還要等長出皮肉來覆蓋住。你從相片中看
到的，是傷口的一部分(為了拍照而拆除繃帶和敷料)。換藥仍是讓他
非常痛苦的事，每回都要花超過一小時來處理，但是這勇敢的男孩
每天早上都等著換藥呢！

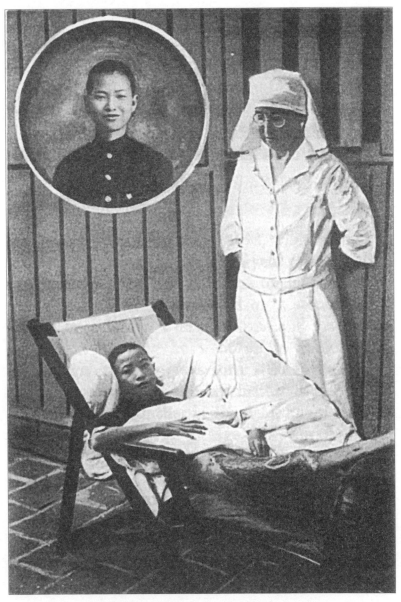

金耀與烈以利姑娘：左上插圖是金耀復原的樣子(原書附圖)

現在他的情形好些了，我就開始教他白話字拼音。每天早上，那張熱切的小臉都等著我，他天天不斷地學習，表現出相當聰明又敏銳的能力！

一個月內，他已經學完初級課程，開始讀一本「真道問答」的小冊子，這是我們常用的教材。這一切對金耀而言都很新奇。

男孩、女孩們，你們能想像從未聽過上帝或耶穌的名是怎麼個情形嗎？仔細想想！若有人來告訴你耶穌在世的故事，你會有怎樣的反應？喔！身為宣教師真是非常美好的事，金耀的眼神渴望又驚奇，滿懷期待地緊盯著你的臉，能在像他這樣的男孩身邊傳講耶穌，真是奇妙。

7.

我們當然也開始打毛線啦！金耀遠比另外那兩個較年幼的男孩學得快。這能幫他渡過許多無聊的時光，無論是平針或反針的織法，他都能打得很整齊完美。在那幾個禮拜，他幫自己打了件黃褐色滾藍邊的毛線衣，還幫親愛的老父親打了頂溫暖的毛線帽，讓他的光頭免受海邊寒風之苦。

8.

當金耀知道我們有個男孩比他大一點點，就常要求我講講他的事。聖誕假期越來越近時，他開始數算日子，我前往基隆接搭船回來的兒子時，金耀幾乎和我一樣興奮呢！

那天終於到來，我帶著大弼去拜訪他。這福爾摩沙的小伙子第

一次見到英國男孩，用多麼銳利的眼神在觀察啊！他害羞地邀大弼坐在他床邊，兩人很快就用金耀的母語聊開了，多半說的是自己學校的事。假期中有好幾次像這樣的探望，大弼要回煙台時，金耀覺得好悲傷。

9.

你看到的那一大片紅腫的肌肉又有什麼辦法治療呢？傷口要好幾個月、好幾個月才能自行長出皮膚，於是醫生決定做皮膚移植。醫生在麻醉後，從他完好的腿上取下幾塊皮膚，蓋在紅腫的肌肉的一個角落，這讓他那條完好的腿表面很痛，看到他因為疼痛而輕聲哭泣，真令我們不忍，好像過去好幾禮拜來的苦難還沒受夠似的！然而，第一次移植的皮膚只是小小的碎片，實在不夠覆蓋那麼大的傷口。後來宣教師們就建議，從我們當中健康的人身上切取皮膚，幫忙他覆蓋傷口。金耀一聽見這事，眼睛溢滿淚水地說道：「喔，不要！那太痛了！讓我的皮膚自己長出來就好，不管要等多久都沒關係。」他不同意進行這樣的辦法。

但是我們自有做法，於是一塊取自一位健康強壯者肢體上的皮膚[4]，蓋在金耀的傷口上。之後，醫院裡的其他同工也貢獻出皮膚，金耀漸漸強壯起來，小臉頰也胖多了，這才從他自己身上取更多皮膚來移植。

---

[4] 校註：此項植皮手術由蘭大衛醫生操刀，割下其妻連瑪玉右大腿的四塊一吋寬、三吋長的皮膚，貼在周金耀的傷口上，此手術在當年乃醫史無前例的創舉，其後，此事蹟被稱為「切膚之愛」。

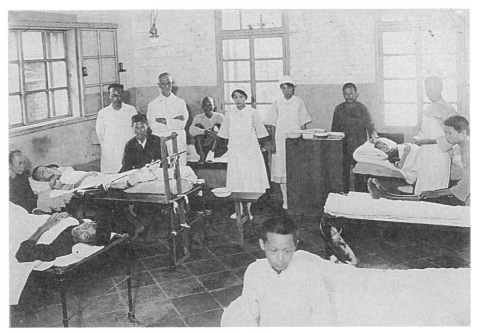

周金耀(左側病床上的兒童)手術後住院照片，旁邊為其養父周益(彰基提供)

　　好幾個月後，那紅色的皮肉終於都被皮膚蓋起來了，雖然外表看起來像個縫補過的袋子，有陣子也跛得很厲害，但是那條腿實際上恢復得很好。

10.

　　1929 年五月，他離開我們，及時趕上小學六年級的課程。他在家的時候，經常前往只要走幾英里就到的和美教會(Harmonious-Beauty, 你會在下一章看到這教會的故事)，也按時上主日學。因為他已經能流利地讀白話字，所以在聖經知識上大有進展。

　　與此同時，阿薯夫婦也成為真心信靠上帝的人，他們除掉供在竹桌上尊榮位置的偶像，棄之於豬舍的泥沼中，連豬隻們也不理會那尊偶像呢！

11.

　　金耀回學校讀書時，最大的心願就是讀完六年級後，能夠返回醫館來工作。這也是他父母的希望，我們也這麼期待著。所以1930年四月，他又回到我們當中了。人人都歡迎他，因為這孩子很受大家疼愛，他逗人喜愛的微笑、彬彬有禮的態度、熱誠的個性，都一天天令我們感到喜樂。

　　他開始在藥房裡工作，負責包藥粉，或在藥瓶上貼標籤。但是他的表現是如此聰明，所以很快就能幫忙藥品的計量或秤重，他學得很快，只要教一次就能懂。沒多久，他就成為很好的藥劑師，勤快、整潔又可靠。

　　他的個性也在這時逐漸發展。看著他，就好比看著一朵美麗的花正在綻放。宗教信仰對他而言也是非常實在的事，他不想只留著獨享。醫館裡每禮拜六晚上為病人舉行「幻燈片禮拜」，金耀很快就想參與協助。我們策畫放映「拿撒勒耶穌的一生」彩色幻燈片，由護士和藥劑師兩個兩個一組，輪流以幻燈片的內容來傳講信息。金耀就以此方式開始做見證。

　　接著他又踏上更進一步的階段。有位藥劑師生病了，請金耀代他主領當晚的禮拜。我不曉得他已經這麼進步，直到他跟我說：「醫生娘，妳想不想聽我講道？」

　　我當然想在場聽聽看囉！看著他登上醫館禮拜堂小小的講台主領當晚的禱告；他看起來是個瘦弱的小伙子，卻能簡潔又熱誠地主領簡短的禮拜，我看著、看著，淚水不由溢滿眼睛。這會是那個好幾個月前病厭厭躺在床上，第一次聽我講耶穌的故事的小男孩嗎？今晚他引用使徒行傳的經文，記載保羅向雅典那些拜「不認識的神」的人傳講上帝，金耀向醫館的病人宣告，自己信奉的慈愛上帝，就是他們尚未認識的神。

　　他以簡單的禱告來結束禮拜，然後帶著可愛、溫和的微笑下台朝我走來，問道：「醫生娘！這樣可以嗎？」

12.

　　接下來的幾個月，我數次在週末拜訪鄉間的教會。一兩位醫館的同工會與我同行，我們帶著幻燈機。禮拜六和禮拜日晚上，教堂常擠滿非基督徒，我們輪流放映幻燈片和講道，好幾百人因此聽見福音。

　　有個禮拜六晚上，我們去到附近的和美教會。之前我曾問金耀，是否也一塊兒來，並向在場的人發言，我給他五張幻燈片做準備。當晚，那個小教堂如同以往擠滿人，可能還有一百個或更多人擠在陽台的門口和窗戶。

　　在傳講耶穌生平之前，我們通常會先放映一些普通的風景，有倫敦、紐約、巴黎、瑞士、或福爾摩沙的幻燈片。有關福爾摩沙的部分，會放映彰化醫館的生活照，其中之一正是金耀和烈以利姑娘的合照，也就是你看過的那張。當晚，我們的一位醫師首先上台，

他想用這張幻燈片簡單敘述金耀的故事；接著就繼續講耶穌生平的第一段內容。他離開講台前，宣佈下一個講員就是金耀，也就是大家剛才在幻燈片看到的那位。

當瘦小又跛著腿的男孩登上講台時，現場全然靜默。

他說：「沒錯！那是真的！我就是你們幾分鐘前在幻燈片看到的那個男孩。我差點死在醫館，但是耶穌透過我在醫館領受的愛心與治療，保住了我的命，耶穌拯救了我，所以我要一生為祂而活。因此今晚我來這兒要告訴你祂為我做了什麼。」接著他繼續用我之前給他的五張幻燈片來傳講信息。

那是他首次向一大群聽眾傳道，我再度明白，上帝應許給他的是傑出的前景。

13.

我能生動描繪他的另一個場景，是發生在北港，我們一行三人在週末前往那兒，北港可稱之為「福爾摩沙的麥加」。成千上萬的香客，一年一度前來造訪天上女神的大廟，尋求平安與榮華富貴，這真是福爾摩沙島上偶像崇拜的堡壘。

不過，那兒也有一間小教會，我們就帶著幻燈機前往。教會的傳道為了讓盡可能多的人來聽福音，就輕率地為禮拜六晚上的聚會租下一間大戲院。他還在鎮上到處張貼海報，宣傳我們要來的事。

當我們抵達戲院時，發現現場竟來了近千人，亂哄哄地等著看免費表演！我們當中從來沒有人見過這麼大陣仗，實在不知該如何應對，但是隨著夜晚降臨，希望落空的人出去了，現場總算比較安

靜。

我永遠記得金耀站在巨大廳堂的講台上，向好幾百人講道的那一幕。金耀在寬廣的戲院裡顯得那麼瘦小稚氣，當我聽見他清晰、熱誠的聲音，看著他很自然地一會兒指著映出幻燈片的布幕，一會兒轉身面向聽眾，我不知道哪個十五歲的英格蘭或加拿大男孩，會像金耀當晚這麼勇敢爲耶穌做見證。

14.

去年(1931)二月 22 日，彰化教會的牧師爲金耀施洗，接納他一同領聖餐。

15.

去年金耀和我們相處的時候，多次表達渴望成爲福爾摩沙教會的傳道人。並不是說他在醫館任職就沒機會事奉耶穌基督，而是盼望上帝若爲他開路，讓他更進一步受教育來預備好自己，就能全時間事奉祂。

我們經常爲此禱告，如今他已是台南中學的學生，他希望接下來能進入神學院就讀。我們憑著信心送他就學，他的學費都是家鄉的朋友們在供應，因爲中學的課程是相當花錢的(紅丘聖保羅主日學認養了金耀)。或許我們不會再認識比金耀的精神更優秀，或是性格像他那麼溫和的男孩了，所以我們才會向凡是讀過這篇故事的人大大稱讚他。

連瑪玉與周金耀合影(彰基提供)

16.

金耀在醫館臥床相當厭倦的期間，曾告訴我：「幸好我跌倒了，否則我不會來到這兒，爸媽和我就不可能學會真道了！沒錯！這真是幸運呢！」

當我們回顧過去三年的種種，然後看見這個少年有深刻的信仰，又極渴望將自己的生命獻給上帝，我們確信他象徵耶穌冠冕上一小片貴重的金子，有一天當祂來的時候，會用它來打造珠寶。

鴻　謨

1.

　　離彰化五英里遠的地方，有個和美小鎮。當地有街道、商店、一個市場、一個郵局、一間警察局、兩間廟宇。那兒也有間美麗的小教堂，教堂的鐘樓裡有一口小銅鐘，每個禮拜日敲出愉快的鐘聲，告訴和美人那天是做禮拜的日子。

　　我要告訴你的，是小鎮大街上那戶許家的故事。他們是有錢人家，經營生意興隆的商店，店裡賣各式各樣的東西，像水壺、乾豆、掃帚、鴨蛋、扇子、餅乾、細麵、籃子……，其實就是一間雜貨店。

　　這個家庭有好幾個兒子，其中排行老二的，就是我想介紹給你的鴻謨❶。可能的話，他會自己述說親身經歷，不過，他將故事內容告訴了我，就讓我代他寫下吧。你讀這篇文章時，可以不時翻看他的相片，想像他正對著你說話。

---

❶ 校註：許鴻謨牧師(1906.5.20-1978.9.30)，彰化和美人，父許仰嵩。1927年畢業於台北神學校(台灣神學院)，1937年封牧，曾任富里、大甲、新市、清水、台南東門、和美、濟南等諸教會牧師。

2.

　　鴻謨的祖父是和美庄長，當時鴻謨還很小，只隱隱約約記得祖父病得很嚴重。家人請來附近的江湖醫生，接下來那幾天就讓他喝了好幾碗古怪的湯藥，那段期間也特別禮遇家裡的神明，希望藉著供應額外的祭物來平息神明的怒氣。但是可憐的老人情況卻越來越糟。請醫生、焚香、祈願、下拜、獻上供品都沒有用，只好派一頂轎子到彰化，去請外國來的基督徒醫生到家裡出診。

　　病人跟蘭醫生說：「你如果把我治好，我就去聽你的道理。」

　　但是已經來不及了，這位老紳士不到幾個小時就嚥下最後一口氣，全家都陷入哀悼慟哭中。

　　鴻謨告訴我，當蘭醫生去診察他祖父時，他也擠在房間裡偷看那位長相奇特的外國人。我們可以說這是鴻謨第一次接觸基督教。

3.

　　不到幾個月後，有個年輕的福爾摩沙基督徒醫生來和美定居。他開的診所離許家的商店不遠。每天晚上，他都和妻子、小孩一起做禮拜。他們會開著門，唱詩的時候，人們常站在走道上觀看、聆聽。向來會站在那兒聽的人當中，有個熱心的小男孩，除了鴻謨還會是誰呢！只要一聽見詩歌的旋律，他就會從父親的店跑過去。是音樂吸引著他，當時他根本沒想要去瞭解做禮拜的意義。這是他與基督教的第二次接觸。

4.

鴻謨七歲大開始讀和美的小學，像一般人那樣，一直讀完六年的課程。他是個安靜又細心的孩子，不會和學校的夥伴們玩些喧鬧的遊戲，卻把休閒時間用在閱讀任何拿得到的書。

有天，他從學校回家的路上，看見一個人面帶微笑在市場賣書。

那人喊著：「好消息！好消息！來買呀！每本只要兩錢！」

鴻謨走近一看，是些封面鮮亮的迷人小冊子，每本書裡面還有彩色圖畫呢！他跑回家找爸爸。

「爸！請給我兩錢去買一本裡面有好消息的書！」

當時福爾摩沙的父母都會備著一錢、兩錢等著孩子要(一錢等於四分之一便士)，於是這小男孩帶著所需的錢跑回市場。他慢慢地走回家，一面讀著其中認識不多的漢字，但是特別用心看那些彩色圖畫。畫中是一個留著鬍鬚的人，穿著滑稽又寬鬆的衣服。好幾隻模樣古怪的動物跟在那人後面，牠們有長長的白毛，其中幾隻還有角。鴻謨不知道那是不是一種奇怪的小水牛，牠們也會像和美到處都有的水牛一樣可用來犁田嗎？那種動物當中，有一頭幼小的，舒服地依偎在圖畫中那人的懷裡。那人的表情和藹又溫柔。

回到家時，他父親正在書桌那兒記帳。

鴻謨說：「爸！這就是我買的書。」隨手把書拿給他看。他父親看了幾分鐘後，輕聲笑著說：「哎！這是『道理書』，沒什麼用處。你可千萬別理它！」接著就把書扔到一邊去。

這就是鴻謨第三次接觸基督教。

5.

　　鴻讓十三歲的時候完成小學課程，渴望繼續讀中學。當時福爾摩沙的男孩要讀中學並不容易，無論是政府設立或宣教差會在淡水和台南設的中學，都不易就讀。因為福爾摩沙只有少數中學，而每年申請入學的卻是好幾百人。結果競爭就很激烈，候選人數往往遠超過入學考試的錄取名額。因此只有少數得分最高的人能進去讀。大多數得分低的人都大失所望了。

　　當時和美有另一個少年，也努力想考進加拿大長老會差會在淡水設立的中學。他勸鴻讓取得父親允許，也上淡水去，於是這兩個男孩和許多人一同參加入學測驗。幾天內，考試結果就公佈在每日發行的報紙了。鴻讓的名字列在順利考取的榜單中，但是另一位男孩卻落榜了。

日治時期的淡水中學(引自《開台尋跡》)

6.

　　鴻謨現在是個害羞又保守的男生，自己一個人在學期開始時抵達淡水，有些惶惑不安，學校裡的男孩或老師他一個也不認識。但是偕叡廉校長❷很親切地接待他，隨即由一位職員帶他到宿舍去。

　　他發現自己要和另外兩位男生同住一小間房，三人並排睡在日本風格的床舖上，每人擁有三英尺乘六英尺的草料填充蓆子(榻榻米)。這幾張蓆子併在一起，所以三個人有九英尺寬的空間。此外，每個人有一條棉被，睡覺時可將自己捲成臘腸狀。

　　其中一個男生，就像鴻謨是新生，但是另一位就年長些，已經讀三年級了。年長的大男生馬上向兩個年輕的學弟施展權威，真的有些霸道，教職員卻忽視這類的欺壓。他叫兩個學弟代他完成自己分內的工作(每個男生在校區建築和花園裡都各有不同的負責區域)，每天晚上回宿舍自由閱讀或寫字時，他會把電燈移到自己那邊，害別人看不清楚。

　　他用許多法子欺負這兩個年紀較小的男生，他的態度實在太蠻橫、無情，使得鴻謨不由得心想：「我幹麼來這裡？我有舒服的家，那麼好的爸媽。為什麼還要留下來和這恐怖的傢伙住呢？」

　　有天，他逮到機會就帶著包包溜走，搭上往彰化的火車，再轉支線回和美。他的父母非常驚訝，問他回家的原因。鴻謨就告訴他們所遭遇的麻煩。父親說：「嗯！你一定要回去，因為我已經繳了

---

❷ 校註：偕叡廉牧師(George William Mackay, 1882-1963)，父馬偕牧師，母張聰明，台北五股坑人。1914年創辦五年制之淡水中學。

學費。你要更努力維護自己的權益,準備好事事容忍,直到能在學校久待。」

兩天後,帶著父親臨別給他的明智忠告,鴻謨又被送回淡水了。

7.

鴻謨現在開始過著比較不那麼痛苦的日子。那個惡霸依舊仗勢欺人,讓鴻謨耽憂發愁,但是他記住父親的忠告,勇敢地忍受不合理的要求。他也變得非常熱衷求學,開始享受學校的日常生活。晨禱時間也很吸引他,他發現自己很專心在聽。

1911年舉辦的首屆南北教士會聯合會議,照片中有吳威廉夫婦(二排左六、七),劉忠堅夫婦(三排右二、三),蘭大衛(三排右一)及連瑪玉(一排左一)(引自《台灣盲人教育之父》)

　　一天早上，聖經課程有句不可思議的話：「有人打你一邊的臉，連另一邊也讓他打吧！有人拿走你的外衣，連內衣也讓他拿走吧！」還有之前的一句：「要愛你們的仇敵」，這些句子都非常有力地打動鴻謨。

　　這怎麼可能辦到呢？當宿舍裡那個傢伙惡待他時，難道眞的要再讓他做出比那更過分的事嗎？這個男孩是他的敵人，可能去愛他嗎？耶穌的教訓確實非常難學！鴻謨經常仔細思考這些事。

8.

　　第一年的日子就這樣悄悄飛逝，鴻謨開始讀二年級了。其中一位宣教士老師，廉叡理牧師[3]，開始在校內成立基督徒奮進會。這是每禮拜四晚上的聚會，任何有心參加的男孩都可以去。淡水中學[4]的蕭安居牧師[5]之子蕭樂善邀鴻謨一塊兒去參加，他很高興地答應了。

　　經常吸引鴻謨的就是音樂。他極爲喜愛音樂，也非常熱心地在吳威廉牧師娘[6]教的歌唱課學習，吳牧師娘也是宣教師之一。

---

[3] 校註：廉叡理牧師(Rev. G. A. Williams, B.A., 在台期間爲1919-1927)，加拿大長老教會宣教師，其離台可能與「加拿大聯合教會」成立，而北部教會決定仍歸屬加拿大長老教會，並於1927年生效有關，該次分裂造成二十位男女宣教師離開北部教會。
[4] 校註：連瑪玉原書中寫的是淡水教會蕭牧師，但在許鴻謨就讀淡水中學與台北神學校時期，淡水教會的牧師是鍾天枝牧師(任期是1919-1935)，而淡水中學同時期卻有位蕭安居牧師，故更改之。
[5] 校註：蕭安居牧師(1874.1.14-1964.7.18)，桃園埔仔人，父蕭大醇傳道。五歲喪母，十三歲喪父，由其兄蕭田傳道撫養成人，1892年入牛津學堂，1906年封立牧師，曾任八里坌、桃園、新竹等諸教會牧師，後轉任淡水中學教師(1914-1950)。
[6] 校註：吳威廉牧師娘(Margaret Mellis Gauld, 1867-1960)，曾在神學校與淡水中學教音樂，1927年加拿大教會分裂後，改至台南工作，亦曾在樂山園工作。

不過，除了音樂之外，鴻謨更進一步開始喜歡別的事了。他漸漸明白自己是被基督教吸引。他一直守著這個祕密，直到再也忍不住，就去找廉叡理牧師問個不停。老師對他非常感興趣，努力要幫他邁向光明的真道。當時蕭樂善也站在鴻謨身邊，兩個少年彼此間的友誼開始增長，直到今天依然持續不斷。

9.

鴻謨向來有許多錢可花，他父親通常一次給他送來二十或三十日圓，他自己所需不多，多半拿去幫助比較窮困的男孩選購他們買不起的東西。

但是有件東西他喜歡買，那就是基督教書籍，他從目錄訂購來自日本的書。他的休閒時間全花在鑽研這些書。娛樂時間他不加入學校一般的遊戲，反而口袋放本書就往海邊去。或是坐在宿舍俯瞰群山(淡水有最美的風景)，一面打開書本，仔細思考屬靈的事。

他告訴我：「我時常望著山，邊思考邊訝異，轉眼就一個小時或更久。」

假期回到家中，他還是讀這些書。他父親首先想到的，就是鴻謨對基督教心有獨鍾。

有天他問道：「你讀個不停的是些什麼書啊？」

鴻謨靜靜地將那時正在研究的書拿給他看。許先生臉色鐵青。

「你絕不可以和這些道理扯上關係。倒是該更勤勉地讀你學校的書才對。」

10.

可是鴻謨還是不斷研究基督教，三年級的時候，他已經很確信自己所讀、所聽的道理，他肯定自己唯一的立場就是信靠耶穌基督，因而請求受洗加入教會。蕭安居牧師查驗他的信仰狀況，驚訝地發現他的聖經知識很成熟，看出他的信仰深厚誠摯，不能拒絕他的請求。

鴻謨沒有寫信請父母許可。他曉得一定不會獲准，他心中有耶穌的話：「愛父母過於愛我的，不配做我的門徒」，就以此為依據行事。但是他在受洗且被教會接納後，寫信告知父母。很快就收到他們的回信了，如他所料，他們對此大表不滿。

接著是新年假期到來，他在家渡過十天難熬的日子，實在很不容易為主堅守立場。當他做飯前禱告時，家中許多親戚就嘲笑他，因為漢人的家庭型態就是好些叔伯姑嬸與兄弟、堂兄弟姊妹都住在一起。比起他們的揶揄、奚落，父母的怒氣更令他難受；尤其是禮拜日那天，他大膽地前往小教會去做禮拜。和美有名望的許家的兒子，竟然自甘墮落，放棄祖傳宗教信仰，去和那些做禮拜的人混在一起，想想看這有多駭人！

11.

從此以後，鴻謨迅速地增進對救主的認識與感恩。

中學的三年級快結束了，他的朋友蕭樂善已經打算去讀神學校，準備宣教。鴻謨開始想著：何不也去讀神學校，一生都獻給耶穌基督呢？怎麼猶豫不前呢？有什麼因素能阻礙他回應「往普天下

傳福音」的大使命呢？

　　一連好幾天，他都和這問題纏鬥著，也不斷祈禱。他曉得一旦這麼做，恐怕會遭受族人逼迫，也會和父母失和。他知道那意味著辛勞的人生，也曉得傳道人與牧師的謝禮很少。他若留在家裡的話，會過著安逸優渥的生活。但是他緊握聖經不放，把握住許多嚴峻的警誡和珍貴的應許，他打贏了這場仗。從此以後，他的生命不再為自己活，要全然用來事奉耶穌基督，將福音帶給依舊生活在黑暗中的人。他帶著這個美妙的消息去找蕭樂善，他的朋友非常高興。接著鴻謨告訴了廉叡理牧師。

　　他的老師說：「讓我們來感謝上帝。」兩人站著一起禱告。

12.

　　現在困難的事來了——寫信告訴父母。鴻謨寫信請求他們准許讓他進神學校接受訓練。他是多麼耽憂地等待父親回覆，一面也對結果早有預感！鴻謨很快就收到回信了，信中充滿憂傷與憤怒，懇求兒子拋開愚蠢的念頭，說只要鴻謨選任何一間別的學校、或是學院、或是大學，在福爾摩沙、在日本、在上海或香港，都沒關係，他們願意負擔所有的費用；任何學校、任何地點、花多少錢都可以，只求他放棄進淡水那兒的神學校！

　　收到這樣的信讓鴻謨很難過，他曉得自己沒辦法順從父親的願望。他也寄出了回信，信中同樣充滿了憂傷，對自己無法接受父母的建議感到遺憾，然而，除了這間神學校之外，他哪兒都不想去。

　　他焦慮地等了好幾天，盯著信箱看父親是否再回信。但是許先

生沒有馬上回信，反倒從他的叔伯和別的親戚那兒寄來好幾封信，全都是同樣的語調，憤怒、輕蔑地譴責他有辱家門。鴻謨的回信同樣再次表明不想讀別的學校。

學期結束的時候到了(四月)，這也是學年結束的日子。他已經申請就讀神學校，審核神學生候選人的委員會，曉得鴻謨家激烈反對，究竟要不要讓他入學就意見分歧。這時鴻謨的保證人蕭安居牧師出面協商(每個申請入學的人都需有保證人為他負責)，才決定錄取他。

13.

開學前有幾天的假期。他該回家去嗎？雖然他憑著本能敏銳地感到憂心懼怕，卻又覺得應該回家一趟。

他的父母也覺得很難再面對這個兒子，兄弟們則待他像個罪犯。但是許先生夫婦及叔伯姑嬸們以為，他們可以用強力的勸說來迫使他回心轉意。

父親說：「你如果肯留在家裡，幫我經營和記帳，我會每個月給你一百日圓。」

一個叔叔說：「你還年輕！等到三十或四十歲再來考慮讀神學校的事吧。」但這種拖延戰術也徒勞無功。

第二個叔叔說：「先追求些世上的知識，才更有能力去教導別人。」

金錢不怎麼吸引他，他也不會渴望懂得更多世上的學問。唉！他早已看夠這類學問而感到害怕。他的叔伯們抽鴉片、賭博，有的

娶了兩個或更多妻妾，全家的請求，鴻謨都聽不進去。

14.

許先生現在幾乎心碎了，有天他在兒子面前大哭。鴻謨的回應是淚如雨下，濕透雙頰。他母親扭著手，悲泣兒子如此不孝。

父親擦乾眼淚說道：「聽好我要說的話！你若堅持不顧我的期望與命令，就必須立刻離家，再也不許踏進家門！」

許先生說完，就走進臥室關上門。

現在鴻謨的心情確實沉重，眼淚再度流個不停。沒有別的辦法可想，只好收拾包裹回淡水，離開的時候，他以為再也不能走進家門了。

他告訴我：「但是我的心不斷告訴自己，『信靠耶穌一切都會圓滿』，因此得了安慰。」

15.

於是他回到了淡水。假期尚未結束，他就忙著將自己的東西從中學搬到神學校，藉此忘記才剛經歷的憂傷與沉重壓力。蕭樂善陪在他身邊，蕭家也永遠為他的朋友敞開大門，蕭牧師夫婦特別親切的接待鴻謨，他們曉得這孩子的信心受到嚴酷考驗。

16.

這時在和美家中，有位叔叔仔細想著姪兒倔強的表現，他開始跟許先生夫婦這麼說：「我想啊……終究還是要讓孩子走自己的

路。他看起來是心意已決，不過，我們當然不需和他的宗教信仰扯上任何關係。」

但是鴻謨的父母難以接受，父親想要再嘗試扭轉他愚蠢的決心。他親自前往淡水，希望能及時勸兒子放棄進神學校就讀。但是他發現鴻謨人已經在神學校了，許先生堅持將他的東西再打包送回中學去，好讓他在那兒開始讀四年級。

鴻謨覺得父親的氣已略消，就乖乖照辦。可是許先生回家後，他又將自己的行李搬回神學校，然後寫信告訴父親他已經這麼做了。

他收到父母親的另一封信，以及好幾封親戚們寫的，信的內容在質問：他們究竟做了什麼，竟出了個如此不孝的兒子？他為何挑選收入這麼差的行業呢？他怎能期望靠那工作維生呢？他別想從家裡獲得任何資助！如果耶穌的教會果真那麼好，道理果真那麼實在，為什麼和美相信的人那麼少？

這類疑問和許多別的批評、威脅接踵而來，其中有些是引述了孔夫子的譴責，弄得鴻謨的大腦和神經都累壞了。

他就是處於這種情形下，開始在神學校研讀！

17.

第一個學期很快就結束了，鴻謨很喜愛這樣的生活和學習；但是日子一禮拜又一禮拜的過，他的心開始為了暑假迫近而沉重起來。時間一到，他敢回家嗎？父親真的說到做到嗎？或者他那些威嚇的話只是希望打消他的念頭？

他熱切地祈求上帝指引。學期結束時，他決定冒險回家去。車子接近彰化時，他的心臟怦怦跳得多快啊！轉乘通往和美的支線時，那五英里的路，他的心跳更是因為害怕，跳得比小火車引擎噴出的蒸汽更快速了。

他拖著發抖的腿走在小鎮街上。那時天色已黑，悶熱得令人窒息，壓力又那麼大，汗水流下他的臉龐，他白色的棉衫像濕抹布般黏在身上。

快走到家的時候，他只能全神貫注地祈禱：「天父啊！軟化我爸的心，不要讓他把我趕走。」他沿著後街走，趁沒人看見，悄悄從屋後溜進去。在大家還搞不清狀況時，他就已經出現在眾人當中，於是每個人都出神地領受這樣的驚喜。他父親既驚愕又輕蔑地注視他，卻沒說一個字。或許是看到這俊美的小伙子溫和、熱誠又清純的臉龐，觸動了他的心弦也說不定。誰曉得呢！

總之，鴻謨在家渡過了暑假，家人多半不理會他，他也安安靜靜地滿足於自己的書本，不去妨礙任何人，話也說得少。他也花很多時間去找小教會的傳道。幾禮拜就這樣過了，他又回到神學校。

18.

沒幾禮拜後，他聽說父親病了。這回根本不用考慮該怎麼做，他去向神學校的校長劉忠堅牧師❼報告，帶著校長的忠告，就搭下

---

❼ 校註：劉忠堅牧師(Rev. Duncan Macleod, B.A., 1872-1957)，生於英國蘇格蘭，1907年受加拿大長老教會派至台灣北部，1927年加拿大教會分裂後，改至南部工作至1939年，二戰後再度來台，至1949年才退休歸國。

一班火車南下了。

到家後，他穿過前門的商店走進去，悄悄去到父親的臥室，母親正在那兒照顧著。鴻謨直接走到床邊說：「爸！聽見你生病，我好著急，所以回家探望你。」

許先生陰鬱地看著兒子，卻沒有回答。

母親說：「他已經好了一點。」

鴻謨安靜地在床邊站了幾分鐘，後來才想到自己好餓，就走進廚房，看能不能找到什麼當晚餐。一個嬸嬸馬上盛了一碗細麵，加了湯、肉、蔬菜給他吃。他喝過提神的福爾摩沙茶後，就找了張沒人睡的床，爬上床，拉下蚊帳，全心全意地為父母親禱告，祈求讓他們能歸信上帝，也求上帝讓父親能很快好起來。禱告後，他就心滿意足地把頭枕在圓圓硬硬的枕頭上(熱天不用蓋被)，很快就一覺睡到天亮。

吃過早餐，他自動自發地前往父親的臥室。許先生好多了，兒子站在一旁問候他昨晚是否睡得好，他的表情柔和許多。

我想是因為鴻謨這次回家探望，扭轉了許先生的態度，他的心又向著兒子了。接下來那幾天，鴻謨感受到家裡的氣氛顯然不同，他明白全家已開始認命地接受他會繼續在淡水學習。他滿心感謝地回神學校。

19.

這個少年現在穩定地繼續研讀神學課程，從一年級升上二年級。二年級暑假，他像往常一樣回到家。

一天晚上，他和母親坐著閒聊許多事後，她開始切入一個不同話題。

她說：「你已經十九歲了，我想選個吉時幫你訂親。我已經想好適合你的人選，這事擱在我心裡已經好幾個月了呢！」

鴻謨問：「她是基督徒嗎？」

「不是，她當然不是！」

「那我就不能和她訂婚。」

他母親反駁說：「可是，你要是知道她是哪位小姐，我相信你會同意的！」然後提了一個鴻謨幼兒時期就已認識的女孩的名字，她是家族裡另一房的姻親。

母親繼續說：「你若娶她，我會給她許多田地，這樣你就會有很多錢去補足你選的那種賺不了錢的生活。」

這小伙子還是反對。

許太太重申：「那我就再多給些！我給你足夠的錢，讓你帶她去日本。你可以隨自己喜歡選一間學校給她讀，你自己也可以在那兒繼續求學。」

但是鴻謨溫和地持續不斷求母親拋開這種念頭。

他說：「我要結婚的話，非娶基督徒女孩不可。」

母親聽見這話，就知道自己的希望破滅了。

20.

第三年的課程一個月又一個月過去了，鴻謨很怕母親仍會企圖勸他和那位非基督徒親戚訂婚，就開始構想，或許找一位自己中意

日治時期的淡水高等女學校(引自《開台尋跡》)

的人訂婚比較安全。(事實上，福爾摩沙的神學生通常都在三年級或四年級期間訂婚。)

　　淡水高等女學校有個名叫呂玉理(Jade)的美麗女孩，鴻謨曾在聖誕節表演及學校的音樂會見過她。蕭安居牧師夫婦都認識她，就問鴻謨是否需要他們幫忙，撮合兩人的婚約。玉理的父親擔任傳道很多年❽，他偶而會來神學校探望蕭樂善。就是這樣才見到鴻謨，他很欣賞這安靜又熱心的學生。

....

❽ 校註：呂玉理(1907.8.22-1972.11.17)之父呂阿加傳道(1879.11.15-1951.11.22)，雙溪人，1907年台北神學校畢業，曾任紅毛港(楊梅)、中壢、頂雙溪、大溪、雙溪、坪林、馬偕醫院、新莊與三角埔諸教會機構傳道。

鴻謨說，他要先取得父母許可，新年的假期即將來臨，他想等到那時再親自處理。許先生夫婦聽了兒子說的情況後，覺得女孩子似乎不錯，但是出身窮人家呢！如果他一定要娶個基督徒，為什麼不找個家境富裕些的呢？

但是鴻謨堅持不放棄地擺明立場，父親終於說：

「那麼，我就和你一同北上。我想去她家住的地方看看。我可以在當地打聽一下，看看他們的名聲怎樣。我也想看一下女孩本人，我如果同意的話，你母親和我就會表示贊成。」

鴻謨的心為此歡欣跳躍，因為他知道自己贏了。

21.

當時他屬意的新娘子的父母，正派駐宜蘭內地的鄉下教會，位在本島的東岸。於是許先生儘快安排和兒子踏上這趟長途旅行。

他們坐了好幾個小時的火車，終於到達宜蘭，在教會湊合著過夜。有個朋友答應要來教會和他們會面，指點他們往後的道路，但不幸的是，待會你就會聽到，他自己根本未曾去過那兒呢。

那是要翻越山丘，走三、四個小時的路程，所以他們下午一點動身，預計四或五點的時候會到達。但是他們走了又走，都已經五點了，還看不見有住家的跡象。他們詫異是否走錯路了，一直希望能遇到人問路。

六點了，黃昏的薄暮逐漸轉暗，他們卻依然跋涉著，腳好酸，疲累極了。七點時，天色已黑。他們真的麻煩大了。蛇會四處爬行，他們以為非在開闊的山邊過夜不可了。

突然，他們來到好幾條小徑的叉路口。現在該怎麼辦才好？其中若有通往目的地的路，要怎樣才能知道是哪條呢？

這時，鴻謨身爲基督徒的信心脫穎而出。

他說：「我們唯一的希望就是禱告，我們在天上的父會引導我們選擇正確的路徑。」他靜靜地脫下帽子，大聲禱告，誠摯又簡潔地祈求上帝讓他們知道該走哪條路。

他一結束禱告，似乎就非常肯定那麼多條路當中該走哪一條，於是由他在星光下帶路，他父親和朋友跟隨在後。

二十分鐘後，他們就遇到一間農舍，這是自從中午離開宜蘭後，首度看見有人煙的跡象。他們上前打聽要去的地方該怎麼走。沒錯！再走幾分鐘的路，就到了村莊的外圍。許先生永遠忘不了兒子的禱告，以及當時得到的回應。

22.

他們步履疲乏卻滿心感恩地走進村子，打聽是否有旅舍可留宿。

他們得到的答案卻是：「哎呀！像這種小地方怎麼會有旅舍呢？」雖然許先生不想到教會去，卻也沒有別的法子可想了。

小小的禮拜堂(worship hall)不難找，一行人就走到後面，呂傳道夫婦的房間去敲門。傳道一開門，就看見鴻謨，多麼驚喜啊！他們受到溫馨的歡迎，傳道娘看他們那麼疲累，頗爲不忍。她馬上燒熱水，同時備好晚餐，他們將累壞又起泡的腳洗乾淨後，坐下來享用美味的中式家常菜，這是全世界都比不上的美食。

　　大家對此行的用意都沒說一個字，但是鴻謨看得出來，父親對主人夫婦很有好感。

　　他再看看那位優秀的基督徒紳士，還有那位不停照料大家、慈母一般的和藹婦女，心想：「這也難怪爸爸會對主人家有好感囉！」

　　隔天早上，這些徒步來的訪客醒來的時候，四肢酸痛、僵硬且渾身疼痛。許先生直到今天，都還記得那次爬上山又下到谷地的經過。他從未這樣長途跋涉過，也沒料到會是這麼辛苦的旅程。

　　至於許先生跑這趟路的任務，其實已經用不著再去打聽呂傳道夫婦的名聲了。他衷心認可這對夫婦，就向呂傳道請求，是否可以見見玉理本人。傳道說，他可以帶大家到淡水去，因為玉理還在女學校那兒。於是大家一塊兒上路了。但是鴻謨沒有和他們去拜訪要訂婚的對象。

　　許先生對玉理的印象，和對她父母的印象相吻合，他告訴兒子可以考慮訂親了。我想，鴻謨當天晚上一定做了個幸福的美夢。

23.

　　我們不用多費時間來敘述鴻謨四年級與最後一年的神學校課程，非提不可的，就是他父母對基督教的態度完全改觀了。那年，許先生好幾次到神學校去探望鴻謨，更棒的是，鴻謨回家過暑假時，還說服母親和他一起到小教會去。他們也不那麼熱衷拜偶像了，逐漸朝著光明邁進。

24.

那時玉理已經從女學校畢業，全時間和宣道婦在鄉下教會服務，到人們家中教學或聚集婦女們來授課。她也和宣道婦去村莊佈道。

玉理工作的地點之一，就遠在東岸。當她在那兒的時候，正巧有一群神學生也在當地巡迴佈道，鴻謨也是其中一員，他們去的剛好就是玉理住的地方。直到目前為止，這對年輕人還沒有機會談過話呢！我能想像鴻謨的同學們，在離那個地點越來越近時，會怎麼取笑、逗弄他，因為福爾摩沙的年輕人，也像我們英格蘭的年輕人一樣，喜愛戲弄笑鬧。

那天晚上，小教堂擠滿了人，第一位上台講道的是個溫柔甜美的女孩，她用堅定的聲音宣揚耶穌基督的福音。那就是玉理本人，我敢說鴻謨看著她，且聽她熱誠傳講的信息，心中一定充滿特別的喜悅。

另一位學生講道結束後，就輪到鴻謨了。這是他和玉理首度在同一個教會分擔事奉。當晚稍後，鴻謨請求宣道婦，是否能安排讓他和玉理說說話。他倆就這樣面對面，安靜地一塊兒談話。

25.

1927 年三月底，鴻謨結束了神學校的課程，現在是個羽翼初熟的傳道人了。他熱切地等候派令，傳道委員會的公文寄來時，他屏住呼吸拆開一看，地點竟是遙遠的東岸！

鴻謨焦慮地想知道父母會怎麼說。對台灣人而言，「東岸」看

起來幾乎就像另一個國家。交通不易，前往當地的旅途要搭小型汽船，經常得行駛在風浪凶猛的海面，登陸的時刻往往也很驚險。所以許先生很不高興兒子被指派去那兒，然而除了順服，也沒有別的法子可想。

26

現在要準備婚禮了，日子訂在酷熱的五月天。

這是我第一次親自與他倆接觸。我到彰化一個朋友家和玉理相會，和她在一起的女孩才剛當了新娘子，再沒有人比年輕的蕭樂善太太更適合當玉理的伴娘了。玉理已經穿好結婚禮服，我心想再也沒有比她更甜美的新娘了。她穿著裝飾了花朵的極淺粉紅絲綢，白色面紗柔軟地摺疊垂墜。面紗固定在一頂小小的花冠下，花冠是淡淡抹上粉紅、淺紫、藍色的花兒所編成。我們一同吃過簡單的午餐後，搭乘汽車前往和美，直接開到小教會去。

這時期在福爾摩沙舉行的婚禮，是非常有趣又興奮的場合，因為許家在和美是好幾代的望族，這場婚禮更應當強調一切照規矩辦理才是。許家的兒子要結婚了，可能嗎？娶的是基督徒新娘呢！更罕見的是，沒有娶親的隊伍在鎮上遊行，沒有展示嫁妝的盛況，沒有雇請劇團，沒有新娘轎，甚至也沒有一般的娶親樂隊！誰聽過這樣的事啊？沒見過！好吧，至少可以到教會去看看是怎麼回事！

因此，當新娘和她的朋友們抵達時，已經聚集了好幾百個好奇的和美人，等著看基督教的婚禮。令人驚訝的事實！許家會舉行基督教婚禮！和美將來會有怎樣的變化呢？

　　教堂很小，所以婚禮安排在一處與教堂相連的開放空間舉行。
於是撐起巨型帆布天篷，阻隔炎熱的陽光，下面密密麻麻排滿長板
凳，準備給觀禮的人坐。

　　汽車一停靠，每雙眼睛都想一窺新娘的面貌，但是她的朋友從
邊門帶她進去教會，一直到她從正門走出來之前，擁擠的觀眾們都
看不見她。

　　迷你的小風琴奏出歌劇《羅恩格林》中的結婚進行曲，這時新
娘由蕭樂善夫人陪伴，從教堂的小門進場。後面跟著兩個拿花的漂
亮花童。玉理很自然地踏著步伐，目光朝下，合乎新娘的儀態，一
抹淺淺的紅暈飛上她沉穩、清純的臉龐。

　　鴻謨和伴郎蕭樂善在一張小桌子旁等待未婚妻，桌子後面放了
四張給新郎新娘和伴郎伴娘坐的椅子。劉忠堅牧師戴著婚禮用領
結，準備就緒，站在桌子另一邊，面對大群觀眾。

　　許先生夫婦和眾多家族成員坐在一邊，新郎的父母看起來很不
自在。他們曉得，自己那天成為全鎮的話題，許多好奇的眼光會落
在他們身上，納悶這不尋常的事怎會發生，他們怎會幫兒子辦個基
督教婚禮！他們坐在那兒，目光多半朝下，我不知道他們心裡怎麼
想。他們對劉忠堅牧師主持的結婚禮拜一定印象深刻！他們看到那
麼漂亮的女孩成為自己的媳婦，怎能不感動。婚禮的誓約是在靜默
中進行，鴻謨和玉理站著，右手相疊，各自用點頭的方式回答劉牧
師的提問。

　　玉理的父母不在場，但是他們請家族中其他人代表出席，他們
就坐在許先生夫婦對面。

　　這時，好幾百人張大嘴坐著，邊聽邊看婚禮進行。劉忠堅牧師
從不放過任何向未信者講道的機會，他以基督教婚禮爲基礎來傳講
信息，讓大群觀眾聽得入神將近一個小時。他穿著大禮服，汗水不
停從臉上滴下，聲音隨著熱烈傳講的信息而顫動。鴻謨之前就已提
出請求，要讓自己的婚禮成爲佈道會，所以教會在婚禮前就已撐好
天篷，連著兩個晚上，劉忠堅牧師和兩位福爾摩沙的傳道人向大群
觀眾佈道，一直講到晚上十一點。現在劉牧師再一次向眾人講道，
看到數百人聆聽的場面眞是奇妙。

　　牧師結束他的證道，大家唱最後一首詩。劉牧師現在走到桌子
另一邊，靠近新人，握起他倆的右手，再將自己的手覆在上面，宣
告祝禱。

27.

　　婚筵是在許先生夫婦家舉行。這是他們第一次招待這麼多基督
徒。之後朋友們有機會到新人自己的公寓去恭賀他們。

　　連著兩三天的晚上都不斷在宴客，和美有好幾百人接受招待。
婚禮就這樣落幕了。

28.

　　婚後不久，這幸福的一對就出發前往東岸工作，爲期一年之
久。從東岸被召回之後，又派往另一個地方傳道兩年，後來被派來
和美，他倆和許先生夫婦都爲此感到喜樂與滿足。他們一直留在和
美教會，成就了傑出的事工。

鴻謨(原書附圖)

我時常與他們見面，尤其常見到鴻謨。我告訴過你，鴻謨打從孩提時代就極為喜愛音樂。他每禮拜四下午會騎腳踏車到彰化教會來，他和我有一堂他所謂的歌唱課。他的音質豐厚、優美，雖然還不夠有力，卻非常熱心學習。我就是趁著這些共處的快樂時光，一點一點勸他把自己的故事說給我聽，但他是這麼保守又謙虛，因此我花了好幾禮拜，才從他口裡誘出點點滴滴。

29.

鴻謨的父母親雖然尚未受洗，但現在都相當規律地參加小教會的禮拜。他們也奉獻金錢供應教會所有的開銷，還特別親切地開放一間房子，隨時歡迎教會的朋友去接受他們懇懃的招待。更棒的是，他們已經幫著帶領人來信主，他們邀請鄰居朋友一同到教會去。我們相信不久他們就會接納耶穌基督做為救主。

在此就向許先生夫婦告辭了。

30.

同時我們也要向鴻謨和玉理道別了。我希望你不會忘記他們，不要忘記鴻謨親近「亮光」的奇妙路程，也不要忘了他為主耶穌而忍受家族的逼迫和威脅。這些對他而言都不容易，也讓他付出很大的代價。但是他忠於自己的異象，我們家鄉的教會是該好好感謝他。

願這些文字成為忠實的紀錄。

福爾摩沙
紀事

From Far Formosa

馬偕台灣回憶錄

19世紀台灣的
風土人情重現

百年前傳奇宣教英雄眼中的台灣

前衛出版
AVANGUARD

台灣經典寶庫
譯自1895年馬偕 著 《From Far Formosa》

甘為霖牧師 原著

素描福爾摩沙

Wm Campbell

一位與馬偕齊名的宣教英雄，

一個卸下尊貴蘇格蘭人和「白領教士」身分的「紅毛番」，

一本近身接觸的台灣漢人社會和內山原民地界的真實紀事……

譯自《*Sketches From Formosa*》（1915）

原來古早台灣是這款形！

百餘幀台灣老照片

帶你貼近歷史、回味歷史、感覺歷史……

前衛出版
AVANGUARD

誠品書店
www.eslite.com

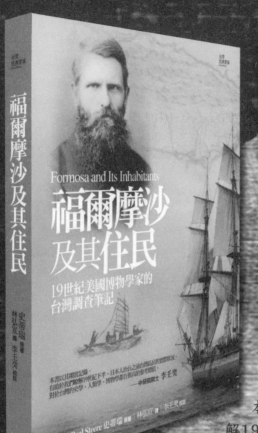

台灣經典寶庫4

封藏百餘年文獻
重現台灣
Formosa and Its Inhabitants
密西根大學教授
J. B. Steere（史蒂瑞）原著
美麗島受刑人 **林弘宣** 譯
中研院院士 **李壬癸** 校註
2009.12 前衛出版　312頁　定價 300元

本書以其翔實記錄，有助於我們瞭
解19世紀下半、日本人治台之前台灣島
民的實際狀況，對於台灣的史學、人類學、博物
　　學都有很高的參考價值。

——中研院院士 **李壬癸**

◎本書英文原稿於1878年即已完成，卻一直被封存在密西根大學的博物館，直
到最近，才被密大教授和中研院院士李壬癸挖掘出來。本書是首度問世的漢譯
本，特請李壬癸院士親自校註，並搜羅近百張反映當時台灣狀況的珍貴相片及
版畫，具有相當高的可讀性。

◎1873年，Steere親身踏查台灣，走訪各地平埔族、福佬人、客家人及部分高山
族，以生動趣味的筆調，記述19世紀下半的台灣原貌，及史上西洋人在台灣的
探險紀事，為後世留下這部不朽的珍貴經典。

回憶在滿大人、海賊與「獵頭番」間的激盪歲月

Pioneering in Formosa

歷險 福爾摩沙

台灣經典寶庫5

W. A. Pickering
（必麒麟）原著

陳逸君 譯述 ｜ 劉還月 導讀

19世紀最著名的「台灣通」
野蠻、危險又生氣勃勃的福爾摩沙

Recollections of Adventures among Mandarins,
Wreckers, & Head-hunting Savages

前衛出版
AVANGUARD

台灣經典寶庫 6

C. E. S. 荷文原著
甘為霖牧師 英譯
林野文 漢譯
許雪姬教授 導讀

2011.12 前衛出版 272頁 定價300元

被遺誤的台灣 Neglected Formosa

荷鄭台江決戰始末記

1661-62年，
揆一率領1千餘名荷蘭守軍，
苦守熱蘭遮城9個月，
頑抗2萬5千名國姓爺襲台大軍的激戰實況

荷文原著 C. E. S.《't Verwaerloosde Formosa》(Amsterdam, 1675)
英譯William Campbell "Chinese Conquest of Formosa" in《Formosa Under the Dutch》(London, 1903)

國家圖書館出版品預行編目資料

蘭醫生媽的老台灣故事：風土、民情、初代信徒 /
連瑪玉（Marjorie Landsborough）原著；鄭慧姃 漢
譯. -- 初版 -- 臺北市：前衛，2017.9
368面：17×23公分
ISBN 978-957-801-686-6（平裝）

1.人文地理　2.社會生活　3.通俗作品　4.臺灣

733.4　　　　　　　　　　　　　101005823

蘭醫生媽的老台灣故事
風土、民情、初代信徒

原　　　著　連瑪玉（Marjorie Landsborough）
漢　　　譯　鄭慧姃
校　　　註　阮宗興
責 任 編 輯　周俊男
美 術 編 輯　Nico
出 版 者　前衛出版社
　　　　　　10468台北市中山區農安街153號4樓之3
　　　　　　Tel：02-2586-5708　Fax：02-2586-3758
　　　　　　郵撥帳號：05625551
　　　　　　e-mail：a4791@ms15.hinet.net
　　　　　　http://www.avanguard.com.tw
出 版 總 監　林文欽
法 律 顧 問　南國春秋法律事務所
出 版 日 期　2017年9月初版第一刷

總 經 銷　紅螞蟻圖書有限公司
　　　　　　台北市內湖舊宗路二段121巷19號4樓
　　　　　　Tel：02-2795-3656　Fax：02-2795-4100

定　　　價　新台幣400元